Eckhard Henscheid

Meine Jahre mit Sepp Herberger

Eckhard Henscheid, geboren 1941 in Amberg; lebt in Frankfurt a.M. und Amberg; Romancier, Erzähler, Essayist, Satiriker, Kritiker. Zuletzt veröffentlichte Sammelbände: »Die Wolken ziehn dahin. Feuilletons«, Zürich 1992. »Über Manches. Ein Lesebuch«, Zürich 1996.

Edition
TIAMAT
Deutsche Erstveröffentlichung
Herausgeber:
Klaus Bittermann
1. Auflage: Berlin, 1999

Grimmstr. 26 — 10967 Berlin
Druck und Bindung: Fuldaer Verlagsanstalt
Buchumschlag unter Verwendung einer Postkarte
ISBN: 3-89320-030-4

Eckhard Henscheid

Meine Jahre mit Sepp Herberger

Neue Feuilletons

Critica
Diabolis
89

Edition
TIAMAT

INHALT

»Das ganze lumpige Lügenwerk dieses Feuilletonismus...«

Karl Kraus

»... das Feuilleton, das wir seither nicht wieder losgeworden sind.«

Egon Friedell

»Wenn Zeitungen gelesen werden, wird alles wie Zeitungen gelesen.«

Paul Valéry

Vorwort

Feuilletons meint Blattwerk, ursprünglich: gemaltes oder geschnitzes Laubwerk, spätestens mit Balzac oder jedenfalls dann eben Proust in der französischen Journaille den literarischen Unterhaltungsteil; zunächst den gehobenen, dann bald den tiefsten bzw. immerhin den unlokalisierbar »jenseits von Gut und Böse« (F. Nietzsche) operierenden und manövrierenden; verfertigt von bald (etwa seit Flaubert oder aber auch den Causerien Sainte-Beuves) sogenannten Feuilletonisten; geschrieben und heruntergerasselt zumeist im Schweinsgalopp; zunehmend bedenken- und gedankenlos und moralfrei; längstens seit der in diesem Jahre sich zum hundertsten Male jährenden Dreyfusaffaire unverantwortlich verantwortet von einer, mit Karl Kraus zu brandmarken, »entfesselten Kanaille« (1925), und nicht zufällig reimt sich ja diese so ganz unzufällig auf die schon genannte und gleichfalls schwer korrupte Journaille; ja, es scheint im Gegenteile diese jener, von Heine oder wem auch immer, praktisch nachgerade nachgereimt.

Dabei, bei diesem Verdikt von und Abscheu vor Journaille und Feuilleton, ist es bis heute geblieben. Kaum einer, der da, Debussys diskret-subtiler Fürsprache für die »Feuilles« (Images II, 1906) ungeachtet, deshalb in der Folge offen und offensiv Feuilletonist zu nennen sich unterstehen, sich dem offenriechbar schlechten Odium und Leumund unterwerfen möchte. Nicht Tucholsky und kaum Polgar; nicht Arthur Kalb und schon gar nicht Arthur Schopenhauer; nicht die und sei's noch so verhohlen-apokryphen und anonymen Verfasser der Bibel und nicht einmal Gerhard Zwerenz stünde an, nicht anzustehen. Obwohl der sich doch sonst kaum je anstellt.

»Die Inflation des geschriebenen Wortes«, so Th. Fontane so ca. 1930 herum, »ersäufte allen geistigen Ernst«. Das gilt vom Journalismus insgesamt, das gilt vom Feuilleton zumal, pfuiteufel.

Lumpiges Lügenwerk oder lausiges Lumpenwerk als »Rotzbüberei« (K. Kraus), ja »Welthirnjauche« (ebd.) des »Auswurfs der Stadt« (a.a.O.), ja sogar des »Auswurfs der Menschheit« (loc. cit.) hin und her: zwarlich bedeutet das Feuilleton, bedeutet der Feuilletonismus auch heute nach sage und schreibe 153 Jahren nach wie vor und wie seinerzeit bei Sören S. Kierkegaard praktischfaktisch »die Tyrannei der Zeitungsliteratur«, genauer »die erbärmlichste, die niedrigste der Tyranneien«, den »verderblichsten Sophismus«, mit einem Wort »ein Falsum«, und mit dem bekannten Dänendarsteller darf man heute noch immer davon überzeugt sein, daß insgesamt und insbesondere »die Tagespresse eine Form des Bösen ist«. Allein, mit der Wochenpresse steht es ja kaum besser – und andererseits gerade jene zum nicht länger hinterfragten pejorativen Kanon ausgewuchtete öffentliche Kondemnation sei nun uns, und das meint keinen darum Wissenderen als mich, also mir, heute vice versa als ein Pfahl im Fleisch der noch im nimmerendenden Dahinsterben feilen Tagesgöttin ein steter Stachel des Ansporns, durch die scheint's normative Kraft der aber werweiß zu widerlegenden Es-Besser-Wisser-ei hindurch es, und sei's zum ersten (und letzten?) Male, evtl. besser zu machen und es so der geilen Götterhure ex negatione abermals zu zeigen und ad infinitum elend heimzuzahlen, ehe wir (und d. h. abermals ich) sie dann doch wieder heimführe(n) ins Reich, im Sinne der christlichen Misericordia, ja Theodizee eines ja nach wie stets noch immer versteckten Deus absconditus –

– denn siehe, was tut man nicht alles für einen in diesem Falle leider bereits abgestatteten und verbrauchten Vorschuß, bei welchem allein es ja aber partout nicht bleiben muß; sondern was anliegt und heute schon ich will mal sagen ein Stückweit Sache ist, hat ja doch ein für allemal Th. Mann bereits im berühmten Kilchberger Tagebuch vom 18.5.54 (Ed. I. Jens) ganz und gar uneinholbar auf den Begriff und trotz bereits stark zitternder Finger wie parzenhaft aufs Papier gebracht und zur Norm erhoben: »Gehobene Laune durch die bevorstehenden reichen Einkünfte« – irgendwelcher trüber Verlagstantiemen fürs mannisch manisch nimmersatte Portefeuille...

Und verderbter, unverhohlen-selbstzerfleischlicher und zugleich gutgelaunt feuilletonistischer kann man es ja eigentlich gar nicht mehr sagen und beschreiben.

Neues von Gott

Eine schöne Invektive fand ich in Fjodor Michailowitsch Dostojewskis Brief an Nikolaj Nikolajewitsch Strachow vom 26.2./10.3. 1869 aus Florenz: »Turgeniews Erzählung« – gemeint ist »Die Unglückliche«, abgedruckt in einer Literaturzeitschrift – »ist gar von einer solchen Nichtigkeit, daß man sie nicht mal dem Herrgott zeigen könnte.«

Obwohl der sonst so barmherzig ist? Obwohl der sonst noch jeden Scheiß wegliest und egalweg gutheißt? Obwohl der eigentlich so gar keinen Geschmack hat?

Wahrscheinlich liest der auch noch den neuen Handke (690 Seiten, 58 Mark, Suhrkamp) und am Ende sogar den neuesten Genazinoschen Buchtitel »Die Obdachlosigkeit der Fische« (Rowohlt) weg, ohne sich dabei groß was zu denken, ohne die Miene zu verziehen, ohne mit der Wimper zu zucken.

Geist und Fahne

»Vom 11. bis zum 15. Jahrhundert stritten Ostrom und Westrom um eine Finesse der Trinitätslehre, die der Papst selbst um 800 noch genauso auslegte wie die Ostkirche: ob nämlich der Heilige Geist, die dritte Person der Trinität, nur von Gott Vater oder auch von Gott Sohn ausgehe (das sog. Filioque). Solche Streitpunkte waren so etwas wie die späteren Hoheitssymbole der Nationalstaaten, z. B. Fahnen« (Kurt Flach »Einführung in die Philosophie des Mittelalters«).

Weil nämlich Fahnen der profanierte und resäkularisierte Heilige Geist sind: Indem nämlich der Hl. Geist irgendwie auch wie eine Taube als Fahne ausschaut.

Sowieso, genau.

Marion Gräfin Dönhoff

Was aber lesen wir da, zwar gut versteckt, aber unserem unbestechlich ewig wachen Auge trotzdem auffindbar, S. 699 in Egon Friedells »Kulturgeschichte der Neuzeit«? Daß keine geringere als eine Ihrer hohen Ahnfrauen, »eine Gräfin Dönhoff«, dem Preußenkönig Friedrich Wilhelm II. im Zuge von »Preußens Fäulnis vor der Reife« (Friedell), nämlich um 1790, neben einer legitimen Gemahlin und einem zusätzlichen Fräulein von Voß, willfährig und nämlich »linkshändig getraut« (a.a.O.) war?

Na, dann haben Sie, Gräfin Marion, ca. 102, vor dem Hintergrund solcher hochromantischer Pikanterien seinerzeit, vor vier Jahren, den Heinepreis der Stadt Düsseldorf ja doch voll zu Recht abgekriegt! Sie Schlingelin, Sie!

(Währenddessen den Grund für die diesjährige Verleihung des Preises an W. Biermann man vorerst noch nicht enträtseln kann.)

Die Tafelrunde der Goethe-Gekränkten

Oder auch: Macht Weimar stocknarrisch?

»...der unglückliche Goethe, der so viele Existenzen unglücklich gemacht hat.«
Kafka, Tagebuch

An der Tafelrunde der Herzogin Anna Amalia, seit 1775 auch als »Musenhof« und »Mittwoch-Diners« für Adelige und wirkliche Schöngeister berühmt, ging es, dem Gemälde nach zu urteilen, mit Goethe immer mittendrin recht friedsam und beschaulich zu. Auch andere Teegesellschaften und »Klatschereien« (Eckermann) etablierten sich vor und nach der Jahrhundertwende rund um den schon »dicken Geheimrat« (Karl v. Stein). Schiller am 16.11.1801 an Körner: »Goethe hat eine Anzahl harmonisierender Freunde zu einem Klub oder Kränzchen vereinigt, das alle vierzehn Tage zusammenkommt und soupiert. Es geht recht vergnügt dabei zu, obgleich die Gäste zum Teil sehr heterogen sind, denn der Herzog selbst und die fürstlichen Kinder werden auch eingeladen. Wir lassen uns nicht stören, es wird fleißig gesungen und pokuliert.«

Es half Schillern wenig, seine vielleicht nur halbherzig-taktische Anschmiegung an die Sonne und den Hätschelhans des Herzogtums und der Stadt; vielleicht schon des Volks. Auch er war schon vorher von Goethe als Opfer aufgegabelt worden, und blieb es. Mehr oder weniger. Bis zu seinem Tode.

Leichen flankieren Goethes Bahn. Wer immer zu Weimar seine Logis hatte, wer immer, sei's als Kollege, sei's als Schüler, mit vollem verehrungsbedürftigen Herzen nach Weimar zog, ihn, den menschlichen Maßen schon halb Entrückten, aus der Nähe zu schauen, ihn gar Rivalität wittern zu lassen, der zog allemal den Kürzeren und verhauen wieder ab. Da kannte er kein Pardon, der Geheimrat, Minister und Primariuspoet der herzöglichen Provinzstadt, diesem von Egon Erwin Kisch viel später sogenannten »Naturschutzpark der Geistigkeit«. In Wahrheit herrschten die Überlebensgesetze Darwins, und Goethe als deren Legislative und Exekutive zugleich. Schiller aber war ihr erstes und prominentestes Opferlamm.

Er hätte es wissen müssen, denn er ahnte es früh und richtig: »Dieser Mensch, dieser Goethe, ist mir einmal im Wege«, stoßseufzt er schon 1789 – und am 12.9. 1788 dem Freund Körner: »Ich zweifle, ob wir einander sehr nahe rücken werden.« Schiller litt brieflich unter der »Superiorität« des anderen – keine Rede vonwegen Dioskuren, als die man sie beide später führte; und auch, als sie sich ab 1788 nolensvolens aufeinander zubewegen mußten, kann es Schiller nicht verhehlen: »Goethe, der bei mir ist, macht zu viel Lärm« (4.1.96 an Humboldt). Oder: »Öfter um Goethe zu sein, würde mich unglücklich machen.« Schon zu viel der Worte. Goethe ahnte Schillers Renitenz. Der alte Stürmer & Dränger wurde in der Nähe des Olympiers nicht nur noch unglücklicher. Sondern starb konsequent am 9.5. 1805, von Goethes ihn bald weit überflügelndem Nachruhm doppelt bestraft. Goethes scheinheiliger Epitaph (am 12.5. 1825 gegenüber Eckermann), die Deutschen sollten sich doch freuen, daß sie zwei solcher »Kerle« gehabt hätten, ist purer Zynismus. Der Verewigte wußte es inzwischen. Schon zu dessen Lebzeiten hatte der Überlebende symmetrisch eingestanden: »Schiller war mir verhaßt.«

Friedrich Hölderlin war 24, als er zum 35jährigen Schiller nach Weimar kam und es doch bei seiner Visite tatsächlich fertig brachte, die Präsenz des 45jährigen Goethe einfach nicht mitzukriegen. »Ich ahnte nichts«, wundert sich der aufstrebende und in Goethes Augen wohl allzu hochfahrende (und schillerähnliche!) junge Griechenschwabe – und klar, daß da ein lebenszeitlicher Bruch nicht mehr zu kitten war: Goethe verzeiht Hölderlin diese »instinktive« (Peter Härtling) Ignoranz nicht, zeiht seine Gedichte mangelnder Fülle und Tiefe, er bürstet den jungen Tübinger Ikarus noch drei Jahre später als »gedrückt und kränklich« ab und empfiehlt ihm die Sottise, »kleine Gedichte zu machen«. Hölderlin, so Härtling, »paßte nicht unter die Meister von Weimar«. Was Wunder, daß er bald drauf wahnsinnig und noch als alter und kranker Mann fix und fertig wird, sobald auch nur der Name dieses Goethe fällt.

Aber allerdings, auch die meisten »Meister von Weimar« richteten auf die Länge wenig aus. Herder ist der bekannteste Fall, der zeitig auf der Strecke blieb. Bleiben mußte. Nachdem er ihn als »etwas leicht und spatzenmäßig« vorgeführt hatte, rechnete Goethe langstrategisch mit ihm ab. Bediente sich zwar allzeit weiter bei Herders Volksliedern, diente dem Jugendfreund aber sonst nur noch mit »Niederträchtigkeiten« (Ehefrau Karoline Herder) sonder Zahl. Herder verschied früh und vergrätzt; nicht viel besser ging es dem Weimarer Senior und Klassiknestor Wieland, der gleichfalls immer gieriger von Goethes Riesenschatten geschluckt wurde; und auch Schopenhauer mußte sich reichlich herablassend-glatte Äußerungen über den »merkwürdigen und interessanten jungen Mann« gefallen lassen; derart indirekt für seine Frau Mutter Johanna büßend, welche sich tratschmäßig an der »unebenbürtigen« Mamselle Vulpius, nun sie trotz ihres Durstes Madame Goethe geworden, vergriffen hatte.

Am härtesten aber traf es bekanntlich Heinrich v. Kleist. Nach Egon Friedells Verdacht war Goethe durch die »Überlebensgröße der Kleistischen Figuren geradezu beleidigt« worden – ja, er wurde, wie konträr von der Überlebenstrivialität der Kotzebueschen, richtiggehend von ihr »abgestoßen«. »Kleists Kampf mit Goethe«, so ein neuerer Buchtitel, endete, wie er enden mußte: Der sich erfrecht hatte, der größte Dichter der Nation zu werden und nämlich Goethen »den Kranz von der Stirne (zu) reißen« (ihm, dem er dabei, laut Nietzsche, gleichzeitig und pervers genug »Liebe mich!« entgegenschrie), der sah natürlich seinerseits und buchstäblich kein Land mehr. Am Berliner Wannsee beschloß sich eine exemplarische Züchtigung aus Weimar.

Sehr plausibel, daß »Goethe, der den Hans Sachs, die Romantiker und die Griechen in sich vereinigt« (so der Dichter der »Nachtwachen des Bonaventura« bereits 1804), genau deshalb den Zweitgenannten weit über Kleist hinaus gleichfalls keine Chance gönnte. »Kranke« und »Lazarettpoesie« war die mindeste seiner gern variierten Romantiker-Beleidigungen – die Brüder Schlegel wurden dabei laut Heinrich Heine (»Die romantische Schule«, 1835), obschon sie Goethe »mit so viel Weihrauch umduftet« und es dabei »nie ehrlich gemeint hatten«, einem »Verdammungsurteil von seinem Postament herab« unterworfen: Es »lächelte Goethe vornehm über sie hinweg«, über all diese ridikülen Schranzen oder auch echten Konkurrenzen im damals schon vollentwickelten Literaturbetrieb resp. Wichtigkeitsgekaspere – und Heine schwant auch der Grund: »Goethe hatte Angst vor jedem selbständigen Originalschriftsteller und lobte und pries alle unbedeutenden Kleinmeister.«

Auch derlei kömmt einem noch heute seltsam bekannt und evident invariant vor – Heine selbst aber tat scheint's sehr gut daran, eine Art Schlängellinie zu halten zwischen dem Bekenntnis zum »Goetheschen Kunstreich« und dessen milder Ironisierung. Offener gesteht Franz Grillparzer 1926 nach einem Weimar-Besuch und einer Abendgesellschaft bei Goethe seine maßlose Enttäuschung über den Lokalmatador ein: »Wie ein Audienz gebender Monarch« sei der Greis aufgetreten und habe sich in Szene gesetzt – »mit höchst unangenehmen Empfindungen« kehrt der Wiener Gast in den »Elephanten« zurück und »bereut fast, nach Weimar gegangen zu sein«. Vielleicht dadurch telepathisch eines Klügeren belehrt, verharrt etwa zur nämlichen Zeit Franz Schubert lieber im fernen Wien, schickt Goethe seine Liedvertonungen per Päckchen – und wird zur Strafe nicht einmal einer kränkend nichtssagenden Empfangsbestätigung für wert befunden. Nichts, gar nichts. »Was ist das für ein Mensch! Welcher Hochmut, welche Hoffart!

Pfui!« rafft Ludwig Börne, der erste und offene Großwidersacher, deshalb schon 1821 entnervt zusammen.

Nur konsequent im Sinne der Logik der Geistesgeschichte, daß es am Ende alle Nahestehenden und Unverbrüchlichen auch noch trifft. Gattin und Ex-Bettschatz Christiane stirbt wie Sohn August am Suff, die Witwe Bettina von Arnim an fortschreitender Närrischkeit, der getreue Eckermann aber am 3.12.1854, nach knapp zehnjährigem symbiotischen Umgang mit Goethe, als dessen Spätfolge: an Gehirnerweichung.

»Voilà un homme!« (Napoleon, 1808).

Ein Mensch, der offenbar das meiste in seiner Sphäre nicht nur hirnzuerweichen, sondern auch glatt zu verzaubern verstand, die Leute verrückt zu machen. Die Beweise? Liegen seit zwei Jahrhunderten so erdrückend wie gedruckt auf der Hand. Was eine Dialektik! Sie litten in Weimar nicht nur allesamt wie die Hunde unter und an Goethe – ihr Gott muß sie andererseits auch glatt verzaubert und vernebelt haben. Aber war er denn wirklich ihr »Gott«?

Nicht einmal darüber konnten sie, verwirrt, sich richtig einig werden. Für einen »Gott« plädierten brieflich u.a. die Zeitgenossen Voss d.J., Bürger, Kayser, Heine, Heinse, Friedrich Schlegel, Karoline Herder, Rahel Levin, Brentano und Mutter Schopenhauer – bloß zum »Halbgott« bringt es Goethe bei Sophie Tischbein, bloß zum »Götterliebling« sonderbar genug bei Eckermann, und auch Voss schwächt später, warum auch immer, zum »Mittler Gottes« ab.

»Welch ein Kopf!« ruft 1820 Feuerbach, und Cousin echot 1825 »Was für ein Kopf!« Aber Konkordanz bei der Präzision betreffs des Gipfelteils des »Montblanc unserer Literatur« (so ein gewisser Langer schon 1807 – Goethe greift die Metapher später, Eckermann zur Lehr', gerne auf) war offenbar nicht drin. Für den »Jupiter« halten ihn Felix Mendelssohn, Cousin, Kugler, Odyniec, Charlotte Schiller, Wolf Graf Baudissin und Kaiser Nikolaus von Rußland – für den »Apoll« steht solo gerade immerhin Lilli Partey; derart den Ruf rettend »eines der schönsten Männer, die ich je gesehen habe« (so Abegg noch 1799 über den 49jährigen); indessen Herder immerhin »Apolls Stellvertreter« erspäht; jedoch Schopenhauer wiederum »Jupiteraugen« auf sich brennen fühlt.

Aber überhaupt – die Augen! Die Augen: War's nun ein »Flammenauge« (Friederike Bruhn) oder ein »Feuer des Auges« (so Carus und auch Gries), was sie da serienweise so verwirrte? Ein »Blitz aus seinen Augen« (Zimmermann) oder nur »Funkeln« (Pfuel)? Waren sie »gewaltig« (Maler Kersting) oder »äußerst geistvoll« (Mosengeil) oder »herrlich« (W. v. Humboldt sowie Koes)? Oder »scharf« (Kanzler Müller) oder »ausdrucksvoll« (Schiller) oder »furchtbar majestätisch« (Voss) oder im Gegenteil »erloschen« (Arnim)? Was soll's, ja nicht mal über die Farbe vermochten sie sich ja halbwegs zu einigen. Auf »schwarz« setzen August Kestner, Frhr. v. Schönborn, Landolt, Ticknor, August Platen und Veit (»kohlschwarz«) – auf »braun« dagegen Johanna Schopenhauer, Leisewitz, Großherzog Carl Alexander, Boie, Sieveking – und gar den Sonderfall »seine Augen: das Weiße war stark gelblich« vertritt 1823 ein gewisser Hoyen. Auf »hell« kaprizieren sich Lavater, Jung-Stilling, Johanna Schopenhauer, Boie (!), Hempel und Weltzien – als »dunkel« identifizieren sie Gotthardi, Swifte und Rojeasline. Auf »lebhafte Augen« redet sich in der Klemme Odyniec hinaus.

»Mit seinen Augen, ach!« seufzte schon 1778, ach, Luise Hempel, mache er, Goethe, hach, alles nieder – aber wie waren sie denn nun? Haben sich diese Augen mit den Jahren chamäleonid geändert? Im Jahreszeitenturnus? Auf Knopfdruck? »Die göttlichen, nicht schwarzen, sondern braunen Augen«, so sucht Graf Baudissin 1809 einen öffentlichen oder eigenen Irrtum zu korrigieren – und Soret, 1823, nimmt es als erster auf sich, das Rätsel prismatisch zu differenzieren: »Die Iris weist deutlich drei verschiedene Färbungen auf: ein breiter blauer Rand umgibt ihren braunen Kern, mit dem tiefen Schwarz der Pupille« – allein, die Konfusion bleibt, wie die nimmerversöhnliche in der Farbenlehre Goethes vs. Newton. Keine Kriminalpolizei hätte Freude mit diesen Zeugen: »Die Augen stehen schräg«, verrennt sich ein gewisser Stackelberg auf Nebengleise – und David Veit, der noch 1793 auf »völlig braune Augen« geschworen hatte, faselt ein Jahr später komplett beschlagen von »kohlschwarzen«.

Heine hat 1825 mehr als recht: »Dieses Auge ist die einzige Merkwürdigkeit, die Weimar jetzt besitzt.«

Und das ist mehr als dezent gesagt. Er muß sie, Goethe, allesamt verhext haben, als die lebendige »Fama von Weimar« (Wieland schon 1776!), er, den die einen »genialisch, herrlich« (Karl v. Dalberg, 1814) finden, die anderen »platt und bierbrudergemein« (Dorothea Schlegel). Der dem Friedr. Heinr. Jacobi ein »aufgeblasener Geck« ist – dem David Veit aber »keine Spur von Aufgeblasenheit« verrät, sondern vielmehr »siebenseltsam« (Wieland) »in allem exzelliert« (Lavater), seine Weimarer »oft wie ein Stern in der Nacht besucht« (Karoline Herder) und damit doch nur erreicht, daß diese Provinzmäuse seine »Bücher lesen und dadurch noch unerträglicher werden« (Seidel, 1775) in ihren »Kabbalen« (Bode, 1799) und in ihrem »Geklatsche« (Gries, 1823).

Ca. 49,5 Prozent aller Zeitgenossendokumente schreiben Goethe »Wärme« zu, ca. 50,5 Prozent »Kälte« – mit den Augen aber operierte er wahrscheinlich einfach als rattenfängerischer Hypnotiseur. Wie anders wäre zu deuten, daß Iffland und Heine in ihnen den »Adlerblick« fürchteten, Mendelssohn aber den »alten Löwen«? Den an der Gesamterscheinung auch ein Herr Trippel erspäht; indessen Zimmermann und Lavater wieder mehr den »Tiger« zu erkennen meinen.

Der letztere, Lavater, allerdings auch ein »Lämmlein«. Er muß sie allesamt geblendet und verrückt gemacht haben, der bei Licht besehen doch ja nur reichlich dicke Geheimrat.

Dumm-Bilanz 1993

Wenn ich die allerblödesten Sätze des abgelaufenen Jahres aus dem Bauch meines großen Langzeitgedächtnisses heraus noch einmal Revue passieren lasse, dann steht wohl doch Björn (»Ein Stück weit«) Engholms Mai-Erklärung ganz obenan, er habe seinerzeit im September 1987 aus einer »existentiellen Grenzsituation« heraus gehandelt. Vulgo: im Vollrausch gelogen; wie ihm aber erst ein paar Tage später wieder einfiel; allein das war nun doppelt gelogen, denn als der einstmals Hohe aus Kiel das mit der Existenz und Grenzsituation schwindelte, da glaubte er's im Sinne seiner exzeptionellen Berufung ja wirklich.

Nicht ganz mehr erreichte Engholm dieses eigene Niveau dann im November, als er, laut *FAZ*, seine Teilnahme beim berühmten Kieler Arkaden-Café-Treff nur für »denkbar« hielt (vgl. die gleichnamige *stern*-Kolumne, die er bei seiner vermehrten Freizeit vielleicht gerade gelöst hatte), nachdem er diese Teilnahme vorher vorm Kieler Ausschuß noch als »höchst unwahrscheinlich« empfunden hatte.

Knapp geschlagen: Die 1993 vielleicht noch unverzichtbarer gewordene Parteigenossin Regine Hildebrandt, welche sich unter den vielen, fast zu vielen und fast zu gleichlautenden Kondemnationen des Kandidaten Heitmann damit hervorgetan hatte, die betreffende Anwartschaft engholmnah als »existentielle Bedrohung« zu verspüren, die ihr sogar »manchmal fast die Spucke wegbleiben« lasse. »Aber ich finde mich dann meist sehr schnell wieder zurecht.«

Eben. Wie auch H. Geißler, der den Stoiber 1993 aus gänzlich unqualifizierten Gründen einen »Hochverräter« nannte, dann aber in TV-Talkshows feixend alles wieder zurücknahm. Obwohl's doch wahr war. Deshalb nur: Platz 3.

Die debilsten Einzelwörter des Jahres waren fraglos und knapp hintereinander in Franz Josef Wagners immer genialer, ja genuiner werdenden *Bunte*-Illustrierten die schon verzweifelte Kreation »Pampers Members« (für alle, die wie Babs und Boris derzeit Babys kriegen); und, noch viel desperater, dissoluter und innovativer: »Bluts-Walker« – und nun raten Sie mal, für wen oder was? Genau: Für Abel Höhler (26), den Sohn der legendären Gertrud (»Professor«) Höhler, wenn er, Abel, nämlich (bewiesen durch ein herrliches Farbfoto der beiden gestörten Herren) jetzt immer mit der verheerenden Mama ausgeht.

Die verlogenste Formulierung – bei härtester Konkurrenz – des Jahres fand der *Sportinformationsdienst*, als er nämlich unser aller Lothar Matthäus ausgerechnet da der »Obszönität« zieh, da dieser fränkische Rekordnationalspieler und Brabbelarsch mit dem Diktum »Hey, unser Schwarzer hat so einen Langen« (Gemeint: Adolfo Valencia, Adresse: Frauenbasketballmannschaft TuS Lichterfelde, Ort: Düsseldorfer Flughafen) für seine Verhältnisse durchaus originell aus der Rolle gefallen war. Was ihm aber trotzdem auch rügende Worte seitens des DFB und FC Bayern nicht ersparte; Gott, was eine bigotte Sportlerwelt.

Indessen der Romrückkehrer Karlheinz Riedle dafür gelobt wurde, daß er bei einer Pressekonferenz in Dortmund mitteilte, seine bisher drei Tore zugunsten der Borussia seien für die 9,5 Mio Ablöse fast ein wenig wenig, nämlich »angesichts der momentanen Arbeitslosigkeit« an der Ruhr. Verwirrend, aber wahr: Riedle dixit.

Das häßlichste, pro Verwendung eine Bastonnade erheischende Wort des Jahres 1993 war das wenn auch nicht mehr ganz nagelneue »Frauenpower« (bzw. »Powerfrauen«, »Mädchenpower« usf.) – zur Power generell der eindrucksvollste Satz gelang kurz vor Jahresende dem da schon nicht mehr ganz so unerklärlich erfolgreichen Top-Trainer Toppmöller (Frankfurt) gleichfalls in F. J. Wagners *Bunte*: »Wenn ich das bei mir entdecke, daß ich die ganze Power verliere, mache ich von heute auf morgen Schluß.«

Dann werde er, Toppmöller, auch »möglicherweise in die Politik einsteigen«. Dort aber sitzt bereits seit einiger Zeit einer, den wir uns, auf Verdacht, namentlich merken wollen: ein sächsischer Umweltminister, der auf den Namen Arnold Vaatz hört; und dem, fünf Jahre nach Bernd Eilerts klassischherber Formulierung vom »weißhaarigen« Pinsel, im Zuge der herrschenden Heitmann-Diskurse, sei's aus Zufall, sei's aus sprachfähigmachender Indignation, ein Treffer glückte, den wir uns, dem Postulat des Positiven gehorsam, als eine der gelungensten Formulierungsleistungen des 1993er Jahres merken wollen: »Am besten soll niemand Nachfolger werden. In Weizsäcker hat das Amt seine letztendliche Erfüllung gefunden, die nicht mehr überboten werden darf.«

Das politische Gedicht

Nicht
länger zu verschweigen
noch zu verheimlichen
bzw.:
zu verniedlichen ist,
daß
der vermeintliche
Pastor & Bürgerrechtler
Schorlemmer
in Wahrheit
und im jetzigen freien Westen
ein rechter
Schnorrschlemmer,
ja Schnorrschleimer,
ist...

Eckhard Henscheid M.A.

Schach
Zwischen Gesamtkunstwerk und Krach

Über die rätselhafte Blödheit einer sonst hochorganisierten Spezies

Es ist das Schach sicherlich das geistreichste, das gestaltenschönste, das variabelste, das komplexeste, meist das spannendste, vielleicht insgesamt das beste Spiel, das der Homo sapiens bisher erfunden hat; sowohl die Newtonschen als auch die Einsteinschen Weltgesetze widerspiegelnd mit etwas anderen Mitteln, nämlich über die rivalisierenden Figurenbewegungen die stetige Umwandlung von Energie in Raum, von Raum in Zeit, von Zeit in Materie, von Materie in neue Energie und so weiter; die klassische Makrophysik versetzt sozusagen mit einer mikrokosmischen Prise Heisenbergscher Unschärferelation als Kausalitätssuspension, vulgo: manches ist und bleibt Zufall, eben Sport, und damit, jenseits der Wissenschaft, Fortuna zugehörig.

Es wurde das Schach verglichen mit der planvoll-verwirrenden Bewegung der himmlischen Gestirne; mit einer sei's mehr Mahler-, sei's mehr Mozart-Sinfonie, derart wiederum Clausewitz' Bild vom Krieg als Sinfonie schlußrundend zum Triptychon; es ist das Schach, wie bekannt, von einer derart rapiden Potenzierung des puren Zahlenspuks, sichtbar schon an der Legende von den je verdoppelten Reiskörnern auf den 64 Feldern, daß selbst hart durchtrainierte Mathematiker- und Informatikerhirne schnell schwindlig gewirbelt werden.

Es führt aber bei all dem kein Weg an der Erkenntnis vorbei, daß Schachspieler, die Welt- und Großmeister wie die Klub- und Kaffeehausspieler, in aller Regel die einfältigsten, die zurückgebliebensten, die eingeschränktesten Geister unter der Sonne sind.

Das klingt paradox, ist aber wahr.

Und läßt sich ziemlich schlüssig beweisen.

Weniger mit den altbekannten Exempeln vom fortgeschrittenen Größenwahn – von Erst-Weltmeister Wilhelm Steinitz (»Ich fordere Gott heraus«, 1894) bis zum zeitweiligen Vize Nigel Short (»Ich habe wie Gott gespielt«, 1994), eher schon mit Shorts zivilen Umgangsformen, die eigentlich nur aus den Wörtchen »kill« und »fuck« bestehen.

Oder umgekehrt mit dem langjährigen deutschen Spitzenspieler Robert Hübner, der kurz vor seiner WM-Kandidatur 1980 mitschreibenden Reportern Satzbandwürmer vorraunte, die sich für Logik und Tiefsinn und Wittgenstein ausgaben, wo sie doch nur Heideggereien, tautologischer Unsinn und negative Theologie waren.

Schach macht, von einem gewissen Niveau an, schrullig kraus, ja dumm. Und offenbar notwendig zivilisationsfern.

Wer 1982 bei der Schacholympiade durchs herbstliche Luzern spazierte, der konnte leicht aus der wohlständigen Ureinwohnerschaft jeden einzelnen der zirka tausend angereisten Schachspieler und -funktionäre herausfischen: am trostlosen Jackett, an der verqueren Gehhaltung, an der unmöglichen Frisur.

Warum muß gerade dieses komplexeste, spirituellste, metaphysischste, teuflischste und gottnächste aller Spiele derart infantile, reduzierte, regressive Protagonisten in die Welt setzen?

Mitnichten ist hier die Rede vom alteingesessenen Klischee von »Genie und Wahnsinn«, wie es uns Curd Jürgens in der Verfilmung von Stefan Zweigs spannender, aber recht ahnungsloser »Schachnovelle« idealtypischer noch vorgezaubert hat als Exweltmeister Bobby Fischer, als ein häufig alkoholkranker absenter Alexander Aljechin oder der allerdings oft curdjürgensähnlich genialgrimmig dreinfunkelnde gegenwärtige Weltmeister Garri Kasparow.

Das Klischee ist hier fast restlos Quark – es sei denn, man nimmt die sportlich durchtrainierte Datenbank in einem Super-Großmeister-Hirn eben für genial und wahnsinnig.

Kaum sei hier auch die Rede von bekannten Legenden einer weltmeisterlichen Schach-Paranoia wie der von Steinitz' Match gegen Gott (bei einem Bauern Vorgabe für diesen). Eher schon zum Beispiel von dem Unfug an Vulgärpsychologie, mit dem das Spiel, weniger von den Schachern selber als von seinen Exegeten und Mystifikateuren, häufig übertüncht wird.

Daß ausgerechnet ein berühmtes und frappantes Fischersches Damenopfer der symbolische Mord an Bobbys gehaßtem Vater sein soll (obwohl ja eher der gegnerische König mattgesetzt wird): Das glaubt doch niemand. Nicht mal seine Mutter, die in diesem Match aber verblüffenderweise ein Springer war.

Noch verräterischer als solche gestalt- und tiefenpsychologischen Albernheiten ist des Schachers Humor, der an Dämlichkeit sogar noch den der Ärzte und Jäger übertrifft. Über den Ex-Weltmeister Michail Tal schrieb das deutsche Fachblatt *Schach-Echo*:

»Tal ist sehr talentiert. Er überspielt seine Gegner total. Manchmal ist er dabei auch brutal, wobei sich seine Opfer in Tan-tal-usqualen winden. Ich fragte Tal, was sein Talisman sei« –

Und so weiter. Dergleichen und noch witzigere Begebenheiten kennt die Schach-Geschichte Legion, sie ziehen einem alle Schuhe aus und den Boden unter den Füßen weg, es hat was Unheimlich-Dämonisches und abermals Kosmisches und Schwarzelöcherhaftes wie andererseits eben auch eine siebenzügige Kombination mit Bauernumwandlung in einen Springer durch Michail Tal.

Es ist eine staunenswerte, schon fast erregende Artikulationsschwäche, welche die Schachwelt (»gens una sumus«) offenbar ab ovo, jedenfalls seit einem Jahrhundert abstrahlt. Scheint's sind die einzigen, die sinnvoll über Schach zu sprechen vermögen, Laien oder bestenfalls Dilettanten, Schriftsteller wie Vladimir Nabokov oder Julian Barnes oder eben ich – und nur Laien setzen allerdings auch Schach mit Logik gleich: Ab einer bestimmten Höhe triumphiert vielmehr ein Komplexitätsknäuel aus Phantasie, Intuition, Psychologie und Sportsgeist, werden Berechnungen unmöglich, absurd. Schach hat zwar mit Logik zu tun, »auf der höchsten Ebene aber bleibt einem die Logik oft verborgen« (Kasparow).

Eben. Und eben deshalb bringt es das deutsche *Schach Magazin 64* im März 1996 auch fertig und über sich, die neue Weltmeisterin Zsuzsa Polgar vorzustellen mit den Worten: Die ungekrönte Queen des Globus sei freilich deren Schwester Judit – und die Paradoxie des Falles erinnere an die der frühen siebziger Jahre, als Karpow Weltmeister war, Fischer aber der Welt stärkster Spieler.

Von Logik verstehen sie also auch nichts. Noch von Paradoxie. Die beiden Fälle sind nämlich weder verschwistert noch verschwägert noch sonstwie verwandt.

Aber was, um Gottes willen, soll hier auch ausgerechnet Logik, wo sich zuletzt doch rausgestellt hat, daß der momentane Computer-Champion »Deep Blue« zwar pro Sekunde 278 Millionen logisch-strategischer Operationen auszuführen versteht, der Human-Champion dagegen gerade mal 2 – Kasparow aber gleichwohl ungerührt 4:2 gewann.

Ja, es geht im Schach wahrscheinlich weder um lebenskundlichen Verstand noch um logischen. Sondern um puren, schieren Mindersinn.

Etwa um Strahlenschutzbrillen und Parapsychologen, mit denen sich 1977 beim Semi-Finale um den Weltmeistertitel Boris Spasski und Wiktor (»Der Schreckliche«) Kortschnoi versahen; es geht um die klare Sprache von Ohrfeigen und um die Fußtritte unter dem Tisch, mit welchen sich ab 1970 das legendäre Feindespärchen Kortschnoi und Tigran Petrosjan wechselseitig versorgte; und es geht – das habe ich selber beim Viertelfinale 1977 am Wörthersee miterlebt – um die sture Penetranz, mit der das armenische Pokerface Petrosjan durch minutenlanges zähes und lautes Schlürfen von Kaffee aus der Thermoskanne den schrecklichen Wiktor beim Denken störte. Und so ein Remis erfocht.

Und derlei – Königsdamenopfermord hin und her – intellektuelle Regression und soziale Degression, die lob ich mir. Mehr ist der Menschheit wohl leider nicht gegeben.

Nur, leiderleider, zu meinem großen Bedauern, hat Kortschnoi dem anderen damals keine gewischt.

Meine Jahre mit Helmut Kohl

Zeit-Umfrage »Eine Ära geht zu Ende«

Also, ob da wirklich eine »Ära zu Ende geht«, dessen bin ich mir, ein halbes Jahr vor der Wahl und bei bester Gesundheit des äratischen Hauptdarstellers, ja keineswegs so sicher; auch nicht recht, ob das eine »schöne Zeit« war, ob, was nachkommt, »schrecklich« wird oder es schon immer war, alles sehr offene Fragen, von mir, dem arm und bescheiden Abseitsstehenden, am wenigsten zu klären – zumal dann, wenn ich da spüre, wie, sollte jetzt wirklich eine Ära enden, ich in ein offenes Loch zu fallen drohe, noch im Fallen vom eisigen Wind eines Horror vacui behaucht, gepackt vom Schrecken und gleichzeitig dem Boden gewohnter, sicherer Realität entzogen, schauernd erspürend ahnungsvoll ein Leben ohne die Gewißheit namens Kohl und seiner Kanzlerschaft und –

Mit anderen Worten:

Wacheren Lesern meiner großen Kohl-Jugendbiografie von 1985 entging schon damals nicht eine gewisse Neugier, ja Grundsympathie, ein elementares Wohlwollen für diesen Mann und Menschen, jenseits aller unverbrüchlicher und unbarmherziger Kohl-Kritik; und heute, nach neun Jahren weiterer Reifung und Blickschärfung, führt kein Weg mehr dran vorbei, daß diese Sympathie ja so wenig mehr latent wie an ihr zu rütteln ist, doch, so weit, gehe ich nur so gewissenhaft wie intimst mit mir zurate, so weit ist es gekommen, hat es kommen müssen, Wiedervereinigung hin und blühende Landschaften im Osten her und kreuzweis und – kurzum:

Jener, der mir schon 1972 als kommender CDU-Chef scheinbar zufällig bei einem eher ländlichen Wahlkampfauftritt wie allen anderen Herumstehern auch so kraftvoll wie unausweichlich in die Pratze griff, mich zu begrüßen und früher oder später in seine Obhut zu nehmen; der, der noch vor zwei Jahren auf der Buchmesse nicht anstand, fast ebenso wahllos meine überaus kritische Kohl-Biografie mit seinem Kohl-Krakel absegnend zu signieren: kein Zweifel mehr, sein Charme, lang und zäh genug ausgesessen, hat längst auch einen Widerspenstigen wie mich besiegt und unterjocht. Definitiv. Auch mich.

Der allerdings, überdenke ich es heute nochmals, dem Rätsel Kohl schon immer ein bißchen verfallen war, seinem gewissermaßen negativ dialektischen Geheimnis. Etwa dem seines seltsamen Erfolgs. Der da beginnt mit den sagenhaften Untiefen seiner legendär brummwuchtigen Heidelberger Doktorarbeit (ich besitze 1 Expl.!) und zügig fortfährt zur scheint's nur allzu idealtypisch-normalen Nachkriegspolitikerlaufbahn im allgemeinen Rahmen der Gnade der Spätgeburt und der seit frühester Jugend konsequent durchgezogenen Imagepflege als spätzuckmayerisch fröhlicher Weinberg (obwohl die Heimat Ludwigshafen flach wie ein Brett vorm Kopf ist) – doch, schon immer, auch damals schon, 1982 ff. und auf dem Höhepunkt der ersten allseitigen Kohl-Bespöttelung (die allerdings so ganz grundlos auch wieder nicht war), strahlte dieser Oggers- bzw. gebürtige Friesenheimer für mich etwas ab, das mit Begriffen kaum, mit »kritischer Reflexion« (Habermas u. a.) schwerlich – – ja, und inzwischen hab ich im Nachgang meiner biografischen Anstrengungen auch noch in jenem Deidesheimer Spitzenlokal zu Mittag gegessen, worein Kohl seine sämtlichen Staatsgäste mitleidlos zu Pfälzer Saumagen zu schleifen pflegt. Und: es hat mir sogar prima geschmeckt.

Natürlich, ganz eingewickelt hat er mich und meine kritische Grundausrüstung doch noch nicht. Natürlich, Kohl ist und bleibt auch immer Haupt- und Staatsexempel für den neudeutschen Aufsteigertypus aus dem älteren Angestelltenmilieu, fast hemmungslos erfolgs- und karrierefixiert, als Leitfigur ausgerüstet mit popularen und manchmal auch allzu folkloristischen Attitüden, der Bauernschlau als Bonvivant und Parvenu, der Jedermann als Weltpolitik – – allein, ein schierer Opportunist war Kohl wohl nie, noch übers erträgliche Maß hinaus Schleimer (wie so mancher aus der heutigen Enkel- und Toscana-SPD); sondern stets sehr eins mit sich selber, Entität sui generis und natura naturans und magna cum voce oder wenigstens corpore o. s. ä. – auch wenn man nun nicht unbedingt wie neulich und reichlich verheuchelt Th. Waigel in ranschmeißerische Entzükkensschreie über dieses baumlang »gestandene Mannsbild« ausrasten sollte.

Manches hat Kohl in Lob und Tadel »und umgekehrt« (H. Kohl) nicht verdient; z. B. nicht, daß man ihn neulich ausgerechnet seitens der komplett unbefugten Wiesbadener Sprachgesellschaft ausgerechnet da mit dem »Unwort des Jahres« strafend abmahnte, wo er mit seinem Diktum vom »kollektiven Freizeitpark« ausgerechnet mal was Elegantes, fast Witziges, Tucholskynahes zuwege gebracht hatte; dies Kohl-Mißverständnis, eins unter vielen, sei hier für die noch später Geborenen immerhin klagend festgehalten.

Nicht vergessen sei allerdings auch umgekehrt z. B. die dummdeutschunsterblichkeitsverdächtige »Solidaritätsaufgabe der Tagesordnung der Zukunft« vom CDU-Parteitag 1985. Auch wenn die »Aufgabenzukunft der Solidarität der Tagesordnung« vielleicht noch den »Hauch einer Nuance« (Kohl) einleuchtender gewesen wäre. Pfälzischer. Irgendwie identischer, moppelhafter. Gesamtkunstwerklicher auch im Sinne der schwallvollen Wiedervereinigung. Ja, und all das soll nun schmachvoll enden und zu Ende gehn. Tja. Ein kaum gewohnter Schauer faßt mich an. Jedoch, ehe ich hier abermals mit der sanft hingerissenen Wehmut des Scheidens in den Schründen eines schauderhaften Horror semiamandi mich verliere, ende ich eilig lieber doch im Vorabendlichen, im Ambivalenten, im – hm: essentiell Kohlschen »sowohl als auch« (a. a. O.).

P.S.: Kohl regierte und residierte, was allzu leicht vergessen wird, nach dieser allzu voreiligen *Zeit*-Umfrage vom April 1994 noch satte 4,5 Jahre. Bis Ende 1998.

Kohl, sei wachsam!

Kanzler H. Kohl,
Fühl Dich nicht gar zu wohl!
Bald 15 Jahre Kanzlerschaft
Zeugen zwar von großer Geisteskraft;
Doch holt auch Dich »Freund« Hein
Irgendwann mal ein.
Denk immer ans »Memento mori«:
Da hilft Dir dann weder Schäuble noch »Jonny« Klein
Noch Deine »Kanzlerin« Hannelori...

E.H.

Gallettiana

»Es kam mit Napoleon sogar so weit, daß sein erstes Kind sogar ein Sohn war.« Der Gothaer Gymnasiallehrer Johann Georg August Galletti (1750-1820) gilt unter Nonsensfreunden viel, nämlich dank seiner Katheder-blüten als eine der ragenden Säulen poetisch blühenden Unsinns, in einem Land, in dem auf diesem Gebiet im 18. wie im 19. Jahrhundert sonst fast gar nichts los war. Galletti, in gewisser Weise auch unserem später so famosen Präsidenten Lübke vergleichbar, fährt in dieses Vakuum hinein wie der Blitz in das Gewitter eines warmen Frühlingsregens. Denn: »Gotha ist nicht nur die schönste Stadt in ganz Italien, sondern sie hat auch viele Gelehrte gestiftet.«

Und dieser eine jedenfalls oft mehr Geist als Hegel im benachbarten Jena und Kant in Königsberg; die auf dem damals von den Philosophen noch mitbewältigten Gebiet der Universalwissenschaft von der Geschichte bis zur Geografie allerdings manchmal ähnlich Unglaubliches zu Papier brachten.

Während Galletti so gut wie ausschließlich vorlas, und dabei immer häufiger bei seinen Glanzlichtern mitgeschrieben wurde – späterzu und vor allem post mortem wurde dann, wieder ähnlich wie bei Lübke, manchmal recht unklar, was wirklich von ihm, was von der Erfindungskraft seiner Spötter und Verehrer abstammte.

»Der Elefant ist das größte Tier im Steinreich.« Gallettis so gut wie immer unfreiwillige Komik entfaltet sich meist aus der Übergelehrtheit des zerstreuten Professors mit zu wenig frischer und zu viel Stubenluft; mit der Folge einer starken Interferenz der diversen und heteronomen und sich überlappenden Gedankengänge: »Die Erde gehört in die Genealogie von Dänemark.« Ein anderer berühmter nimmt S. Freuds »Wo Es war, soll Ich werden« vorweg und dementiert es freilich sofort im Sinne der modernen Ich-Spaltung Gottfried Benns. Galletti: »Ich, der Professor Ukert und ich, wir drei machten eine Reise.« Und erkannten dabei: »Persien ist viermal so groß wie Deutschland, also zweimal kleiner.«

Nach der populären und vielbenutzten dtv-Lichtersammlung von 1965 gibt es jetzt mit der von Gerhard Schaumann herausgegebenen Auswahl »Die klassischen Kathederblüten« wieder mal eine neue Kollektion, die sich von der Ausstattung her auch mehr für Geschenkzwecke eignet (Hain Verlag, Edition Palmbaum). Jeder Gallettianer hat seine persönlichsten Lieblinge. Sie bleiben über die Lebensjahre hin erstaunlich konstant. Bei mir sind es: »Die Kälte wächst gegen den Nordpol hin um 10 Grad, zuletzt hört sie ganz auf.« Eine zweite betrifft die große Einsicht in ein noch größeres Landtier: »Das größte Insekt ist der Elefant.« Und Gallettis persönlichstes Bekenntnis, das sich ganz mit meinem deckt: »Ich bin so müde, daß ein Bein das andre nicht sieht.«

In Närmberch

Der »ars vivendi« ist ein kunstsinnig lebhafter kleiner in Nürnberg ansässiger Verlag, und z. B. sein von Steffen Radlmaier herausgegebenes »Nürnberg-Lesebuch« ist aber nicht nur deshalb interessant, sondern z. B. und nicht zuletzt auch wegen des Gedichts »Ganz privat« von Fitzgerald Kusz:

»in närmberch odda wou
houd ä moo oddä weä
afferm fesd oddä woss
midderä frau oddä wem
danzd oddä woss
also nix«

Meines Erachtens hat dieses kleine Artefakt ebenso einen gemixt poetisch-ethnologischen Nobelpreis verdient wie jener freilich zu seinem Heil anonym gebliebene *Spiegel*-Redakteur die Höllenstrafe, der da einst unter vielen möglichen dummen die denkbar dümmste Behauptung aufgestellt hat, Nürnberg sei »die langweiligste Großstadt Deutschlands«.

In Wahrheit ist sie nämlich die ambi- oder jedenfalls polyvalenteste. Pragdisch und alladings nur allahööchsdns.

Allen und der Humor

Der Filmemacher Woody Allen über den deutschen Humor: »Es ist möglich, daß es einen deutschen Sinn für Humor gibt, der sehr speziell ist. In den USA versteht den keiner.«

Wenn der Satz seitens W. Allen wirklich so oder so ähnlich gefallen ist, so wirft er einige Fragen auf: 1. Scheitert eine Beurteilung des deutschen Humors seitens W. Allen nicht schon an dessen Sprachkenntnissen? 2. Nicht nur seiner deutschen, sondern womöglich, und sofern Übersetzungen des deutschen Humors vorliegen, auch seiner englischamerikanischen? 3. Welche deutschen Humorprodukte von Faust II bis Gerhard Polt wurden überhaupt je ins Englischamerikanische transferiert? 4. Welche speziell in den letzten dreißig Jahren nicht? 5. Welchen geringen Prozentsatz des Transferierten hat W. Allen – weil er ja dauernd beim Selberhumormachen ist – davon wohl mitgekriegt? 6. Drei? 7. Was kennt er – zudem gehindert durch Tochtersex und Ehefrauenstreß – von Thomas Mann bis Bernstein, von Gottfried Keller bis Dostojewski (doch, der war praktisch auch ein Deutscher), von Heino Jaeger bis Achim Greser überhaupt? Wäre der deutsche Humor wirklich so ganz anders als seiner, W. Allens, und der der US-Amerikaner, warum sind dann 8. seit zwanzig Jahren in Deutschland wohl umgekehrt die Kinos mit seinen, W. Allens, Filmen so voll? 9. Ist er nicht irgendwo ein rechtes Depperl, unser alter allzu lange allzu vielgeliebter Woody?

Gross, Nietzsche, Adorno

Man kann – wir leben in einer nie gekannten Freiheit – in dem Publizisten Johannes Gross eher einen Knülch oder einen Intelligenzvertreter sehen; eher einen aufrechten Demokraten oder einen Protofaschisten, eher einen seine Fahne nach dem Wind des falschen Beifalls hängenden Opportunisten wittern oder aber einen erfreulich dem allgemeinen Konsens darwiderredenden Schalksnarren als Aufklärer; kurzum, man kann von Gross' jetzt (bei DVA) erschienenem »Das neue Notizbuch« (1985-1990 der *FAZ*-Magazin-Folgen) groß oder klein denken und sich hin und her reißen lassen – in einem hat der Notizbuchautor aber ganz besonders recht: Wie töricht Nietzsche sich selbst als einen witzigen Kopf fehlinterpretierte. Nietzsche: »Der Aphorismus, die Sentenz, in denen ich als der Erste unter Deutschen Meister bin...« Gross: »Ein hohes Mißverständnis. Nietzsche wollte, konnte nicht lakonisch sein. Er schreibt immerfort, setzt nach dem Atemholen wieder an (...) Der glänzende Stil schon darum nicht aphoristisch, weil ganz rhetorisch, rhetorischen Effekt machend; Prosa, die sich selber mit Regieanweisung versieht, jedes dritte Wort gesperrt, hinter jedem vierten ein Ausrufungszeichen, hinter jedem fünften ein Gedankenstrich.« –

Von Nietzsches hochmerkwürdigem (»in denen ich als der Erste unter Deutschen Meister« – ungeschickter kann man's kaum sagen) Deutsch fast zu schweigen und vollends davon, daß der Aphorismus, die Sentenz vermutlich schon um 1850 ff. abgelebte, abgefackte, ganz und gar unreputierliche Gestalten sind.

Und sehr gut finde ich andererseits Gross wieder ebenda, wo er eine seltsam, fast schockierend ungehobelte Invektive gegen einen bekannten Großdenker und sein noch bekannteres, zudem bis zur Unkenntlichkeit fehlzitiertes Zitat aus dem Köcher holt: »Adorno hat hinterlassen, daß nach Auschwitz kein Gedicht mehr geschrieben werden könne. Die Wahrheit ist, daß Adorno auch vor Auschwitz kein Gedicht schreiben konnte.«

Doch, doch, gegen das wichtigtuerische Gelabere und Geficke gerade dieser endlosen Adorno-Imponiererei hilft nur ein Gegengift: die stupende Geschmacklosigkeit.

Der alte Kaiser

Nachdem er im Rahmen der letzten Jahrzehnte bereits ungezählte Male die gerade verstorbenen Pianisten Horowitz, Rubinstein, Serkin, Kempff und zuletzt natürlich auch Arrau als »nobel« etikettiert hatte, nennt Joachim Kaiser nun auch den verstorbenen (und eigentlich doch eher proletarisch-lärmigen) Dürrenmatt »nobel« – und weil's so gut ging, kriegt auch gleich noch der Humorist Loriot sein »nobel« ab. Könnt's sein, daß der süddeutsche Großkritiker auf seine späten Tage zaunpfahlwinkend lauernd wie nur je ein selffulfilling selfadvertiser selber »nobel« genannt und hochgeschwafelt sein möcht'? Ja, Jochen, alter Schmarrkopf?

PS.: Loriot aber möge sich vorsehen: Er ist unter den »Noblen« der momentan einzig noch lebende...

Avanti popolo

Jetzt wo
Schröder
drauf und dran ist,
Tony Blair
insofern gleichsam zu beerben, als er
praktisch seine
deutsch-sozialdemokratische
Sondervariante vorstellt;
jetzt,
gerade jetzt,
ist es Zeit,
ist es allerhöchste Zeit,
sich aber auch wieder mal
B. Engholms
eingedenkend
zu erinnern.

Eckhard Henscheid

Ich habe gelesen

Schlecht für eine Bücherkolumne, die auf Relevanz und also auch irgendwo auf Lebenshilfe aus ist: Gleich zu Beginn einzugestehen, daß das Lektüreniveau des Kolumnisten in diesem Spätherbst und im 47. Lebensjahr einen bis dahin unerreichten Tiefststand erklomm:

Zuletzt las ich, halb freiwillig, halb unfreiwillig und durch eine matt-maladige Gesamtverfassung gezwungen, zwei alte Fußball-Bücher: »König Fußball regiert« aus dem Jahr 1959 und »Schuß – Tor« aus dem Jahr 1960; ich las beide schon vor einem Vierteljahrhundert, und der unermeßlich verlogene idealistische Schrott, den Flachkräfte wie Hans Körfer und Erwin Dittberner damals zusammensannen, in jeder Zeile nochmals die Kraft-durch-Freude-Denkmuster des Hitlerreichs ungeläutert, aber auch ganz unbefangen durch das via Fußball wiedererstarkte Nachkriegsdeutschland jagend: der macht zwar theoretische Gänsehäute, schürt aber auch eine irgendwie transgeschichtliche Gemütlichkeit. Und allemal ist der Infantilunfug rund um Boß Rahn, den späten Fritz Walter, den tragisch vom Platz gestellten Juskowiak und die glorreiche Eintracht-Frankfurt-Meistermannschaft von 1959/60 (wie sie gegen Real die bravouröseste Niederlage der deutschen Nationalgeschichte erlitt) – was wollte ich sagen? Jawohl: Allemal funzelt diese frühe Aura noch segensreicher als der trostferne Rotz tönt, den heutige Reporterkanonen von den »Standardsituationen« bis zu den »hochmotivierten« Beckenbauer-Flaschen tageintagaus zusammengaunern. Jawohl.

Aber vonwegen nicht-bewältigte Vergangenheit: Versuchsweise teilgelesen habe ich dann doch auch Margarete Mitscherlichs »Erinnerungsarbeit« – und erwartungsgemäß muß ich die *konkret*-Rezension des Buchs scharf korrigieren. »Trauerarbeit«, »Trauerkrankheit«, »Verdrängung des bereits Verdrängten«, »Lernprozeß des Abschiednehmens« – weniger dem Hirn als vorher schon dem Auge wird schwurbelig angesichts solchen grausligen Imponier- und Bläh- und Amöben- und Bonitäts- und Edelsoftievokabulars; nein, hinter diesem Wischiwaschi aus nicht verifizier- und schwer widerlegbarer Wissenschaftlichkeit, hinter dieser zuweilen quallentreibenden Schaumschlägerei mit vertrauensbildenden Totschlag- und Dummdeutsch-Brocken steckt nichts als der häufig zurück zu sich selbst findende pleonastische Dünnpfiff: »Trauerfähigkeit: Damit ist eine Erziehung gemeint, die zur Trauer fähig macht.«

Die Fähigkeit als Erziehung: Ob sie noch ahnt, wovon sie trant? Bei Mitscherlichs Margarete ist die Eigenliebe immer und ewig »narzißtisch«, der Wiederaufbau immer »manisch«, die Trauer arbeitsam – was eine Melange aus Psychoplatitüden und Innerlichkeitsjargon, aus Angelesenem und Verwässertem – es gibt, wer noch zurechnungsfähig bleiben will, endlich auf – nicht ohne verblüfft zur Kenntnis zu nehmen, daß die Frau ihr eigenes weltberühmtes Buch über die Unfähigkeit zu trauern von 1967 kaum auch nur mehr nebelhaft im Kopf hat, was dessen Zentralmetapher angeht. Denn damals (S. 34 ff.) bedeutete die nachkriegsdeutsche Trauerunfähigkeit noch was ganz anderes. Na klar, Alexander hat, wie man jetzt immer häufiger hört, Margareten eben damals unterdrückt.

Weil ich schon mal dabei war, las ich dann auch gleich noch in Marion Gräfins Gedanken über die Außenpolitik von Adenauer bis Brandt herum, erfuhr, wie sie anno 45 mit dem braven Fuchs die Weserbrücke überquerte – und erwittere jetzt langsam, wie man mit Gedankenblässe vor dem Flor ostpreußischer Pflichterfüllung zu jener Spitzenjournalistin wird, in der die westdeutsche Oberstudienrätin sich heute akkurat wiedererkennt. Ja, und wenn ich dann noch gleichzeitig erhasche, daß die scheint's unsterbliche bayerisch-römische Dummnudel L. Rinser für den »hohen Rang« ihres Gesamtwerks den ausgerechnet Langgässer-Preis der Stadt Alzey einfährt, dann, ja dann –

– wird's eben noch schummriger und schwummriger

und schwefliger im Kopf, kein Wunder, wenn ich überschlage, was unsereins sonst so pro Monat an Kraut und Rüben zusammenliest – und dabei bin ich nicht mal Kritiker-Profi: Verdi-Boito-Briefwechsel; nochmals den »Zauberberg«, den ich immer fehlerhafter finde; erstaunlich gut ausgeschlafene Rezensionen Arno Schmidts aus den 50/60er Jahren; Michael Rutschkys elegant parlierendes Vademecum über Zeitgeist und Postmoderne –

– gleichwohl: »Dies ist ein schlechter Biiicherherbst« (M. R. Ranicki), jedenfalls im Romanfach. Das Handtuch geworfen habe ich nach je ca. 50 Seiten bei zwei DDR-Romanen, bei einem bundesdeutschen und bei einem schweizerischen. Bei einem fünften ködert der Klappentext: »Der Betrachtende – selbst Künstler – erfährt die bedingungslose Identifikation Caravaggios mit jedem seiner Themen als dem Prozeß des Schreibens verwandt« – tja nun, die Welt steht halt auf kein' Fall mehr lang, läuft aber vorher noch schreiend vor ihren eigenen Schreibprozessen davon. Ein sechstes Epos, Ortheils Dickleiber »Schwerenöter«, hätte ich mir fast angetan, schon weil die Verlagsreklame gar so schweinisch dick ihre mageren Hoffnungen darein setzte, dringlichst eine neue »Blechtrommel« aus der Nottaufe heben zu wollen; allein, gleich drei Vor-Leser rieten mir ebenso dringlichst vom Lesen ab – na bitte, was braucht's da noch meine Meinung.

Wo fast alles schlecht, bestenfalls verstörend ist, bleibt nichts anderes übrig, als sich an die alten Kameraden zu halten. Belobigt sei also in Gottes Namen Ror Wolfs Spätprosa »Mehrere Männer« (Luchterhand), an der Freude zu haben freilich und leider schwerer fällt, wenn man frühere Bücher des rühmlichen Autors nicht kennt. Nicht ganz so heikel-feinsinnig liegen die Dinge im Fall von Robert Gernhardts großartigem Gedichtband »Körper in Cafés« (Haffmans); obschon auch bei ihm die Volte von den ewigschönen »Hau«-Geschichten über den »Wörtersee« bis eben hin zu diesem jüngsten, erstmals erstaunlich konfessionistischen lyrischen Ich mitzulesen ist. Ein frisch Fünfzigjähriger bewährt sich abermals in einem Kunstgebild der echten Art – Schmerz und Stil, R.-Ranicki hat schon wieder recht, werden pfeilgrad eins. Denn was auch wäre über unser aller innere Befindlichkeit und den objektiven Gehalt der späten 80er Jahre anderes zu sagen als dies Gedicht »Pizzeria Europa«: »Abends aber sitzen Neger / im Lokal des Italieners, / sitzen da und wählen Speisen, / die so klingen, wie sie aussehen. / Große Neger, kleine Neger / halten sich an das, was da ist, / und was da ist, das sind Speisen, / die so aussehn, wie sie schmecken. / (...) / Aber dann! Es geht ans Zahlen, / schwarze Hände, grüne Scheine. / Dunkelheit verschluckt die Gäste, / die so weggehn, wie sie kamen: / Fröhlich.«

Merke: »Alles Poetische soll rhythmisch behandelt werden« (Goethe an Schiller, 25.11. 1797).

Genau.

Unter Cosimo gab es keinen Libero

Horst Bredekamp: »Florentiner Fußball oder die Renaissance der Spiele – Calcio als Fest der Medici«. Campus Verlag Frankfurt/New York, 204 Seiten, 36 Abbildungen, 39 Mark.

Zwar können sich meines Wissens 87,4 Prozent der aktuellen deutschen Bundesligaspieler absolut nichts unter Rinascita oder wenigstens Renaissance vorstellen. Aber das macht nichts, denn jene schon älteren Kollegen, die da ab dem 15. Jahrhundert zum Ruhm der Medici und im Sinne Savonarolas die ersten Pässe in die Tiefe des Raums schlugen, die wußten ja ihrerseits auch wenig von Jacob Burckhardt einerseits, von Franz Bekkenbauer andererseits; weder von der durch sie mitbetriebenen Wiederauferstehung irgendeiner sogenannten Antike – noch von den wahrhaft unermeßlichen Folgen ihrer Pionierleistungen im 20. Jahrhundert; sobald ihr »calcio fiorentino« global bekannter wurde als Dante, Galilei, Machiavelli und sämtliche Päpste zusammen.

Horst Bredekamps Studie »Florentiner Fußball oder die Renaissance der Spiele« führt es verblüffend vor: Was da ein knappes Halbjahrtausend später, wiedergeboren in England, die Welt zuerst mählich, dann immer kraftvoller in den Wahnsinn trieb, das hatte seine wenig bekannte Vorversion im damaligen Weltmeisterland der Schönen wie der oft weniger schönen Staatskünste; als beider Teil.

Allerdings, dieser frühe Fußball war weniger proletarisch als adelig gefärbt, vor allem in Form höfischer Feste – und insofern freilich auch schon wesentlich (wie später unterm Bann des Kapitalismus) Herrschaftsinstrument. Ball, Sonne, Fürst – sie waren eins. 27 Mann (ohne Torwart) zählte damals ein Team, sein paramilitärischer Charakter war unverkennbar – andererseits verlief das Florentiner Spiel vor Effenberg fraglos sportlicher: Es gab unter Cosimo zwar noch keinen entwickelten Libero und keinen Colpo di testa (Kopfball) – aber Gott sei dank auch noch keinen häßlich zugemauerten Catenaccio-Abwehrriegel wie nach 1945 unter Boniperti.

Beim heutigen Fußball weiß man nicht so genau, ob er die Skinheads langfristig friedfertiger macht oder eher umgekehrt. Professor Bredekamp macht beim frühen und aktiv betriebenen immerhin den Charakter beruflicher Härte – und insbesondere vorzüglicher Politikerschulung – geltend. Was der momentane vom alten lernen könnte? Etwa den Einsatz von Trommlern und Trompetern beim Start. Dann die Verwendung bei besonders hohen Hochzeiten (Peter Kohl, Oggersheim?). Zum dritten: Eine Reduzierung auf eine Stunde Spieldauer wie dortmals; dafür zum Ausgleich Übernahme der gleichfalls einstündigen Intrada-Zeremonie (»Mostra«) mit Fahnenträgern und sieben Pagen; ein Fortschritt kraft Rückbesinnung, der auf Dauer sogar dem Weltfußballbund und der *Bild*-Zeitung einleuchten müßte.

Gâwâns Humor

In Wolfram von Eschenbachs »Parzival«-Epos wird wenig gelacht, sondern es geht mehr um den Gral, um das Fragen nach Krankheiten, um das Hadern mit Gott, um Treue und Courtoisie und schwer erotische Aufwartung; einmal (Neuübersetzung Peter Knecht, Nördlingen, 1993, S. 312) kommt es mit »Herr« und »herrlich« zu einem jener Wortspiele, an deren späten Folgen wir heute noch tagein tagaus zu leiden haben; ein paarmal vor allem im 10. und 11. Buch ergibt des Erzählers Einmischung in die Handlungsabfolge selber ein gewisses und leicht steifleinernes Humoristisches; ein andermal klingen Namen wie Kingrimursel oder der zebragestreifte Parzifal-Bruder Feirefiz zumindest für moderne Ohren recht belustigend; einmal aber wird im Epos selber gradheraus gelacht, als nämlich im 13. Buch (V.660) im Zuge einer Nebenhandlung erzählt wird, wie der Zauberer Clinschor, verführt durch Iblis, die Frau des edlen sizilianischen Königs Ibert, »zur Zauberei kam«. Arnîve erzählt es Gâwân: »Er kam dazu mit einem Schnitt, der machte Clinschor zum Kapaun.«

Wolfram:

»Da mußte Gâwân furchtbar lachen.«

Waren schon ziemlich anspruchslos, unsere Voreltern, oder? Obwohl: »Kapaun«! Also ein gefüllter Hahn! Oder ist da gar ein Beschnittener – ein Kastrierter gemeint? Na dann. Doch, grad losprusten möcht' man.

Fußballerhumor

Lediglich von den zahlreichen Intellektuellen unter seinen Fans wurde der einstige Eintracht-Mittelfeldregisseur und Bomber Bernd Nickel »Dr. Hammer« genannt; seine Mitspieler dagegen verfielen auf die seltsame, aber irgendwie einleuchtende Idee, den kleinen und mit großen Fähigkeiten gesegneten Nickel mit dem Spitznamen »Nackel« einzukleiden. Dieter Brei von Arminia Bielefeld andererseits kam mit dem Spitznamen »Bleisoldat« davon. In seinen Teil-Memoiren »Spiele, die ich nie vergesse« berichtete dritterseits Fritz Walter, daß ihn seine Betzenberger Freunde und Arbeitskollegen seit ca. 1950 so beharrlich wie ihm unerklärlich mit »Friedrich« anredeten; hätte er zufällig Friedrich Walter geheißen, dann hätten sie ihn sicher gänzlich unzufällig wie genannt? Genau.

Und das gleiche gilt natürlich auch, wenn er vom Waechter immer als vom Fritz redet, für den Friedrich Weigle.

Komische Memoiren

»Memoiren eines alten Arschlochs« von Roland Topor (Diogenes TB): Das ist, ich hab die 200 Seiten von 1975 erst jetzt nachgelesen, insgesamt recht artig und strekkenweise nicht unpfiffig. Aber diese Verkackeierung des Memoiren- und Wichtigmacherbooms haben zwei mir nächststehende Herren aus dem Frankfurter Autorenumfeld 1972 bzw. 1980 lapidarer bzw. schweifig-kunstreicher erledigt – es soll hier aber auch nicht der Hauch eines Odeurs von Schleichwerbungshautgout aufkommen, nein, kein weiteres Wörtchen scheide von meinen an sich ungern hartmäuligen Lippen.

Dencker

Daß einer es fertig bringt, 1978 im Reclam-Verlag eine 350 Seiten starke Anthologie »Deutsche Unsinnspoesie« herauszugeben und dabei u.v.a. Peter Härtling, Konrad Bayer, Beat Brechbühl, Wolfgang Weyrauch, Friederike Mayröcker, Peter Hacks, Aldona Gustas, Alexander F. Murell, Werner Dürrson, Landfried Schröpfer, Peter J. Fabich, Jochen Lobe, Alexander Herbrich, Kurt Mautz, Brigitte Peter, Günther Braun und Bernd S. Müller zu berücksichtigen; dic 1978 aber schon seit immerhin 16 Jahren säkular führcnden und millenniar maßstabbildenden F. W. Bernstein, Robert Gernhardt und F. K. Waechter souverän, ja beinahe inspiriert schon auszusparen, ja auszugrenzen, mahnt doch recht erstaunlich. Daß derjenige aber auch noch Dr. phil. Klaus Peter Dencker heißt und keineswegs 1897, sondern 1941 geboren wurde, das macht dann wieder »alles, alles gut« (J. v. Eichendorff).

Polt

Der neue Gerhard Polt-Sammelband »Menschenfresser« (Haffmans) ist seitens des Verlags phonetisch nicht sonderlich sorgfältig vom Tonband zum Druck befördert worden, er ist kaum korrekturgelesen und ungünstig bebildert. Aber daß Polt auch diesmal an poetischer Kraft (bayr.: Power) leicht, ja mit links den neuen Handke, Strauß und Ransmayr allemiteinander aussticht, ja aushebelt, das war zwar eh klar, ist aber halt doch wahr.

Und daß aber gegen Polts »Warten auf Dillinger« auch Becketts »Warten auf Godot« ohne weiteres einpacken darf, versteht sich eigentlich schon von selber. Aber das Warten auf ein neu überprüftes und u. U. revidiertes Beckett-Bild wäre darüberhinaus und sowieso halt noch ein eigenes Thema, ja ein »Stigma als Faszination« (Polt, »Historische Dimension«) als postmodernes Paradoxon.

Ottfried Fischer

Ehedem tat sich die Schauspielerin Witta Pohl vor allen anderen darin hervor, daß sie an einem einzigen Abend im Ersten, Zweiten und Dritten Fernsehprogramm zu sehen war, derart das Ziel ihres und überhaupt des modernen Schauspielerdaseins markierend. Ihren Rekord hat aber der Schauspieler und Kabarettist Ottfried Fischer im Sommer 1998 längst übertroffen.

»Die Präsenz ist gefordert«, forderte einst im Namen eines durchtrainierten Oktoberfestrausschmeißers Schwanthaler Gerhard Polt, jener Kollege Fischers, mit dem ihn die vielen Unbedarften unter seinen Anhängern zu seinem Vorteil offenbar gern verwechseln – denn Polt ist oftmals genial, Fischer meist nur nichtig, dafür aber wahrlich omnipräsent. Nämlich in TV-Serien wie der vom Tölzer Kriminalbullen; in Spielfilmen, die unter sehr sprechenden Titeln wie »Irgendwie und sowieso« irgendwie und sowieso auch noch den kompletten Rest aller volks- und kernbayerischen Schauspielerdarsteller vorführen und irgendwo irgendwarumauchnicht beschäftigen; dazwischen steht O. Fischer notfalls in Talkshows, die dann »Menschen in München« heißen, seinen Mann; und wenn die Zeit reicht und der Kragen noch immer nicht ganz voll ist, in der Fernsehreklame für irgendwelche Möbel, in Spots, die sich von den drei vorgenannten Auftrittsformen aber auch in gar nichts unterscheiden.

Der noch über Helmut Kohl hinaus gewichtige Ottfried Fischer ist als Kabarettist wie als komischer Schauspieler bestenfalls ein Leichtgewicht. In den besseren unter seinen humoristischen Momenten macht seine Miene den etwas ambivalenten Eindruck, als könne sie auch nicht recht verstehen, warum ihr Besitzer plötzlich so gefragt ist. In seinen schlechteren Augenblicken mimt Fischer, ähnlich Küppersbusch unseligen Eingedenkens, das schlitzohrige Wissen um und gleichzeitige Unterdrücken von Pointen – die es aber in Wahrheit gar nicht gibt; dies der Overgag in Reserve, falls jemand nachfragen sollte. In seinen wieder mehr ehrlichen Stunden läßt Fischer sich auf Statements ein wie »Meine Figur ist mein Kapital«. *HörZu* kommt dem Mysterium um diesen Erfolg wohl noch näher: »Er macht den Übergewichtigen der Nation Mut.« Daß es dazu des Umwegs über Humor, Kabarett, Entertainment und einen Tölzer Polizisten braucht: das ist nun wieder beinahe schon wirklich komisch.

Wenn's nicht so blöde wäre.

Dichterlachen

»Bert Brecht bewies am hörbarsten, daß er auf dem Gebiet des Lachens zu den Spitzenkönnern gehört«, berichtet nicht ohne Tücke in der *Münchner Zeitung* Erich Kästner nach einem Züricher Gastspiel des Kabaretts »Die Schaubude« vermutlich 1946 oder 47; und auch der beteiligte Werner Finck (»Alter Narr – was nun?«, S. 242) notiert, es zitierend, nicht ohne Heimtücke, daß »die anwesenden prominenten Schriftsteller mit dem Züricher Publikum um die Wette gelacht hätten.«

Doch, das kann ich mir gut vorstellen, daß Brecht, wenn er schon mal für ein paar Stunden nicht selber an der Rampe agieren durfte, wenigstens durch unnachgiebiges Lachen auf seine Präsenz und Führungsrolle aufmerksam machen mußte –

– wer aber wären unter heutigen lebenden deutschen Dichtern die begabtesten und kraftvollsten Lacher? Also, verblüffend innig und inständig und oft grundlos pflegt P. Härtling in aller Öffentlichkeit zu lachen und weit den rundlichen Mund aufzureißen, vor allem, wenn Kameras oder Mikrofone in der Nähe sind; noch lauter und oft schon erschreckend sinnlos sogar halböffentlich, ja privat lacht ein dazu eigentlich überhaupt nicht befugter und begabter Walter Höllerer; und schon konkurrenzlos dauerhaft und nimmermüd und stets fortefortissimo der hauptberufliche Juniorchef einer zumeist presserechtlich tätigen Hamburger Rechtsanwaltsfirma, sofern man diesen manchmal als Rezitator, häufiger als Zuhörer eingesetzten Lachsack als im weitesten Sinne Literaten durchgehen läßt – meingott, was eine maßlose Kraft und Kondition, was eine Röhre ohnegleichen. Wenn Sie Gelegenheit haben: hören Sie da mal rein. Toll.

Sonst aber? Isolde Ohlbaums gräßlichem Fotoband »Gesichter der deutschen Literatur« von 1984 sowie ihrem immer noch studierenswerten Literaturbetriebs-Reader »Bilder einer Branche« von 1979 entnehme ich allerdings nur visuell, daß bei einem Gesamtverhältnis Ernstdreinschauer/Lacher von ca. 3:1 mindestens Hans W. Richter, L. G. Buchheim, Uwe Friesel, Prof. Wapnewski und abermals Härtling besonders hemmungslos dröhnende Lacher und zugleich Lachgrimasseure sein müssen. Und noch gewaltiger: W. Biermann. Und, auf dem Titel, schon fast überirdisch: F. X. Kroetz; doch, der alte Sozialrevolutionär muß schon damals über jeder Konkurrenz gestanden und geröhrt haben.

Wie man nur so lachen kann.

Nun, er wird seine Gründe haben. Oder jedenfalls gehabt haben.

Mnemosyne

Karl Marx ist
tot.
Sagt man.
Und dennoch:
Ist nicht allein schon der Name
Kar-l Ma-rx
selber wie die praktisch
selbstreferentielle
Chiffre seines ureigenen –
Karma?
Mithin ergo also seiner
dereinstigen, ja werweiß schon
baldigen Wiederkunft? –
Wiederkunft in Glanz
u. Herrlichkeit?! – –
Eben. Kar-ma...

Eckhard H.

Aus der Deppenwelt

Lieber Hermann Gremliza, nicht nur Sommers Theo, offenbar auch der *Evangelische Pressedienst* (*epd*) kann's. Nämlich katachresen-katastrophal nicht schlecht:

»Erschütternde Berichte über Massenvergewaltigungen von Frauen in Bosnien stoßen im Ausland zunehmend auf ein empörtes Echo.« (16.11.92).

Also, die Berichte rufen nicht erst lang ein Echo hervor; sondern stoßen, nachdem dieses sich auf Verdacht schon mal freihändig in die scheint's richtige Richtung aufgemacht hat, sozusagen auf halbem Wege und allerdings zugleich zunehmend (an Tempo, an Phon-Dynamik, an Betroffenheit?) auf eben es, das Echo. Die, wohlgemerkt, nicht erschütterten, sondern vielmehr – wen denn sonst – das vorher bereits empörte Echo jetzt noch einmal erschütternden.

Das alles aber nenne ich traun: Eine die journalistische Basisdreckspatzengesinnung noch einmal transzendierende altprotestantische Gesamtverinnerlichung.

Rätsel über Rätsel

»!-?-!!«

Ob der Wolfram Schütte das wirklich geistreich? extrem lustig!? im Sinne und im bewahrenden Ein=Gedenken Arno Schmidts?!? irgendwie freiwillig das Handtuch von Restverstand sowohl als eine perhorreszierende Gedankenblässe steif übermäntelnden Ausdrucksinnovation werfend!!(?)! findet, wenn er seit, meiner (?) schätzungsweisen Zählung nach, sage und glaub's nicht 25 Jahren (!! – ? – – ?! – !) in der – sintemalen kein anderes Käsblatt es drucken würde – *Frankfurter Rundschow* immerzu und wie manisch unterm Diktat einer sozusagen masochistisch freudig auf die breiten Schultern von allgemeiner anämischer Anästhesie geladenen postgardistischen Meschuggertheit diese (vom 3.4.92) und überaus ähnliche Überschriften in sein Blatt hebt, obwohl die=jene Manier uns heute ja wohl schon bei wei=land Erfinder Schmidt, nicht mehr so ganz mental koscher, ja reichlich unzurechnungsfähig dünken möchte?

Man weiß es nicht, man wird es nie erfahren.

Raddatz rehabilitiert

Abbitte, schwere Abbitte ist F. J. Raddatz zu leisten; ihm, der wie erinnerlich, 1985 im Rahmen eines ihm dann ja auch langfristig seinen mächtigen Job als Kulturchef kostenden und auch sonst ziemlich unvergleichlichen *Zeit*-Leitartikels zur Buchmesse insonderheit den ersten Frankfurter Eisenbahnbahnhof in die Goethe-Lebenszeit, also auf 1832 wenn nicht schon früher datierte und taxierte –

– was ihm damals auch sehr viel Gelächter, Hohn und Spott der direkt zynisch-menschenverachtendsten Art eintrug samt einer verhängnisvollen Halbkündigung durch seine Hamburger Platzhirschen –

– indem, was lesen wir jetzt in Herders Brief an Kant vom November 1768? Genau! Daß nämlich, »sollte sich ein Zug nach Deutschland vorfinden«, er, Herder, eben diesen nehmen und damit schleunigst Riga verlassen werden würde.

Womit »der Raddatz« (Gremliza) nicht nur endgültig und vollständig rehabilitiert wäre – auch sein rasanter Rückzug ins *Zeit*-Amt möchte nach dieser die britische Eisenbahn um glatte 57 Jahre abhängenden Tour de vite frappe o.s.ä. längst überfällig sein. Zumal die Nachfolger von Greiner bis Hage es halt einfach nicht adäquat unterhaltsam, exciting genug bringen und brachten und zumal ja auch seitens des FJR, wie man liest, irgend so ein Memoirenquatsch seinerseits eh schon im Anzug ist, und auch hier abermals des Mirakels gedenkend, daß laut Raddatz dem Karl Kraus zu Hitler ja gleich noch weniger eingefallen ist als später dem Goethe.

Und es gebe also die hochreife Gräfin Marion ihrem Sack einen Stoß und der Helmut Schmidt endlich die Weiche frei: Alsdann, Amico Fritz, auf ein Neues: Allons avanti ferrovia!

»Scheu sein«, Peter Handke,

»ist für mich ganz wichtig geworden«, sagen Sie in der *Welt* und quatschen deshalb, weil die Auflagen trotz aller mystischen Scheu letztlich doch sinken, eine komplette Seite Gespräch bzw. genau zu nehmen Gewäsch mit der *Welt* voll.

Ach, Peter Handke, wir würden ja nichts sagen; aber wenn nur das nicht alles so langweilig und absehbar wäre.

Scheuklappenlos:

Eckhard

Von Wolff zu Kuschel

Von meinem alten Freund Karl-Josef Kuschel aus dem Tübinger auratischen Großambiente der weitläufigen Küng-Jens-Erbschaft lese ich, am Ball zu bleiben und ja nichts zu versäumen, einen – ich streifte den Fall kürzlich schon – grundlegenden Aufsatz »Überlegungen zu einer Theologie des Lachens« (aus: Thomas Vogel, »Vom Lachen. Einem Phänomen auf der Spur«, Tübingen 1992), und da lese ich denn unfehlbar und an zentraler Stelle über den von Abraham und Sarah zurückgelegten Weg »vom skeptischen Verlachen Gottes zum befreienden Lachen aller mit Gott«; dessen »theologische Pointe« natürlich in der »beglückenden Erkenntnis besteht, daß das Lachen des Menschen auch über Gott von Gott zugelassen ist (...) Gott hält selbst den lachenden Zweifel des Menschen aus und verwandelt ihn in ein glückliches Lachen der Freude« –

– und das heißt ja wohl auch und in der letzten Konsequenz, daß Gott als neotübingische Pointe die schlechten Witze über ihn weniger gern, die guten aber lachend durchgehen läßt. Nach Kuschels momentanem Erkenntnisstand, der aber irgendwie stringent das alte Theologem des Theodizee- und Aufklärungsoberphilosophen Christian Freiherr v. Wolff (1679-1754) triumphal weiter und reziprok zu Ende führt, daß Gott den Menschen zu dem einzigen und alleinigen Zweck geschaffen hat, damit ihm später wenigstens irgendeiner applaudieren kann. Laut Egon Friedell, »Kulturgeschichte der Neuzeit«, die stupendeste Vulgarität eben dieser – die aber jetzt durch Kuschels späthegelianische Antithetisierung als Verwandlung doch eine gewisse beglückende neckarhafte Neckischkeit erfährt.

Präludium zur Wahl »98«

Denk ich an Old Germany schon untertags,
Dann macht ein Ruf gesund, statt krank.
Der Ruf gilt Gerh. Schröder: »Pack's!
Pack Kohl in Deinen Tigertank!«

Noch wen'ge Monde, dann wird's tönen:
»Bürger! Kreuz Dein Wahlkreuz an!«
Straf deine Politiker – oder tu sie löhnen –
Seh ein jeder zu, was er kann.

Italien: Prodi – England: »Tony« Blair.
In Deutschland – bald schon? – Gerh. Schröder?
Frankreich Chirac als Zünglein an dem Köder?
In jedem Falle sei der Wahlkampf: *fair*

Kosoffo-Albaner gehören nicht nach Italy;
Sowenig wie nach Deutschland Polen
(die uns ja nur den Speck von uns'rer Butter holen) –
Für Schröder aber heißt's bald: »Jetzt oder nie!«

Der Tscheche weiter Unrecht tut an den Sudeten.
Unklare »News« hört man jetzt auch aus Schweden.
Was dort passiert, dünkt uns oft allerhand.
Was hört man eigentlich von – Frau Rut Brandt?

Bernard Tapie gehört ins Kittchen,
Auch längst ist ja Kim Jong-il reif.
Kohl pfeift vor Angst, pfeift sich ein Liedchen...
Gerhard, halt die »Ohren« steif!!

Unklar ist die Lage zwar in Lima,
Doch Österreich auf »Vordermann« bringt Mr. Klima;
Und – Frankreich? France? Das hatten wir schon: Chi-
rac.
Der bringt sein Land erst recht »auf« Zack.

Muß denn immer »Identität« (Habermas) sein?
Muß Schäuble immer nur – Westerwelle frei'n?
Soll denn immer der Chef – sich selbst gleich sein?
Gut. Bon. Kohl stellte stets die Weichen.
Aber jetzt könnte er auch – gut und gern – mal weichen.

Die viel-be-unkte Gaugk-Behörde
Sitzt künftig nicht nur an der Förde –
Bald auch am Fjord? Wie unter – Hitler?
Nun, man wird sehn. Für so manchen Aussiedler
– rebus sic stantibus – wird's sehrsehr bitter...

Drum: sollte – endlich! – Schröder ran,
Ran an den Speck des Kanzleramts.
Kohl, gehe unter, Helmut, go home! Mann! –
Gerh., sei unserens Glücks Garant!...

Eckhard Henscheid

Die Einsamkeit des Amokläufers

Günter Görlitz und sein Doppelleben

Dies ist der Bericht über einen deutschen Mitbürger. Er fürchtet die Russen, er fürchtet die Kommunisten, er fürchtet die Sozialdemokraten, er fürchtet all die unheimlichen Mächte, die ihn regieren und vermeintlich bedrängen. Er hat den Bundeskanzler und den Bundespräsidenten angezeigt und das ganze Bundeskabinett, denn er kommt mit der Welt nicht zurecht. Eckhard Henscheid hat ihn aufgesucht und durchleuchtet. Seine Begegnung mit einem in manchen Zügen nicht untypischen Bundesbürger hat ihn ziemlich erschüttert.

Herr Günter Görlitz aus Augsburg ist ein kleiner Mann: Kaufmännischer Angestellter in einer Baumwoll-Spinnerei, Abteilung Datenverarbeitung, 52 Jahre, älter und verbrauchter aussehend, geschieden, drei Kinder. Er lebt in einer deprimierend häßlichen Mietskaserne in der Otto-Lindenmayer-Straße. Ich habe mich mit ihm verabredet, und er ist zur Auskunft gern bereit.

Herr Günter Görlitz aus Augsburg ist ein Mann, der das Vaterland zu retten versucht hat. Vor den Russen, vor Gustav Heinemann, vor Willy Brandt, vor Egon Bahr, aber auch vor Käte Strobel, dem verstorbenen IG-Metall-Vorsitzenden Otto Brenner und Kurt Bachmann, dem DKP-Chef. Er hat sie alle angezeigt. Denn er sieht eine gewaltige Verschwörung am Werk: »Tag und Stunde des Einmarsches der Sowjet-Armee in die Bundesrepublik sind sehr wahrscheinlich bereits bestimmt und zumindest den Rädelsführern bekannt«.

Das Zitat entstammt einer Strafanzeige, gerichtet »an die Staatsanwaltschaft bei dem Landgericht Augsburg«. Aktenzeichen 5 JS 219 ab/68. Herr Görlitz weiß, wie man so eine Schrift verfertigt. Er hat einmal Jura studiert. Er hat das Studium nicht beenden können, aber sein Glaube an die Justiz ist unerschütterlich geblieben, vielleicht gerade deswegen.

Seit gut zehn Jahren beschäftigt Herr Görlitz die Augsburger Staatsanwaltschaft mit Eingaben, Strafanzeigen, Beschwerden. Ziemlich präzis mit seiner Ehescheidung begann sein Kampf gegen Unrecht, Verschwörung, Juristenklüngel, Verbrechensvertuschung, Ostpolitik und so weiter: »Ich bin seit 1960 mit der Staatsanwaltschaft beschäftigt«. Bei der angestammten Arbeitsweise der Justiz – jedes Verfahren muß eingeleitet, registriert, geprüft und eingestellt werden – darf man annehmen, daß er einen Sachbearbeiter ziemlich exklusiv beschäftigt. Bei der Staatsanwaltschaft Augsburg ist man nicht gut auf ihn zu sprechen und zu Auskünften über ihn nur ungern bereit.

Herrn Görlitz' letzte große Schlacht hat der Ostpolitik gegolten. In einer Serie von Strafanzeigen hat er die ganze Staats- und Regierungsspitze bei der Augsburger Staatsanwaltschaft angezeigt, aber auch Gewerkschaftsführer und die Bonner Ehefrauen Hilda Heinemann und Rut Brandt. Denn ein gewaltiges Komplott ist zwischen Bonn und Moskau geschmiedet worden, Verrat und Verschwörung grassieren, Ausverkauf und Selbstpreisgabe werden betrieben von Rädelsführern, verräterischen Teilnehmern und Helfershelfern. Dies alles ist wörtliches Zitat aus Herrn Görlitz' Schriftsätzen, das wortgetreue Vokabular der *Nationalzeitung*, des *Bayern-Kurier*, der *Deutschen Nachrichten*, des Adolf von Thadden, des Franz Josef Strauß, des Herbert Hupka und des Rainer Barzel. Die Saat, die sie gesät haben, ist aufgegangen. In den verwirrten Köpfen der Nation sprießt Unkraut. Solches zum Beispiel:

»An die Staatsanwaltschaft bei dem
Landgericht Augsburg – Az 5 Js 219 ab/68
Betreff: D. Dr. Dr. Gustav Heinemann, Bundespräsident, Willy Brandt, Bundeskanzler, Walter Arendt, Bundesminister, Prof. Dr. Horst Ehmke, Bundesminister, Dr. Erhard Eppler, Bundesminister, Josef Ertl,

Bundesminister, Egon Franke, Bundesminister, Hans-Dietrich Genscher, Bundesminister, Gerhard Jahn, Bundesminister, Dr. Lauritz Lauritzen, Bundesminister, Georg Leber, Bundesminister, Prof. Dr. Hans Leussink, Bundesminister, Walter Scheel, Bundesminister, Prof. Dr. Karl Schiller, Bundesminister, Helmut Schmidt, Bundesminister, Käte Strobel, Bundesminister, Herbert Wehner, Fraktionsvorsitzender, Martin Hirsch, Bundesverfassungsrichter, Otto Brenner, Vorsitzender der IG-Metall, Kurt Bachmann, Vorsitzender der DKP, und weitere Teilnehmer wegen Friedens- und Hochverrats u.a.

Es ist meiner Ansicht nach offenkundig, daß die Friedens- und Hochverräter D. Dr. Dr. Gustav Heinemann, Willy Brandt und die übrigen Teilnehmer die Vorbereitungen eines gewaltsamen Unternehmens gegen den Bestand und die verfassungsmäßige Ordnung der Bundesrepublik im ablaufenden Jahr erheblich haben forcieren können. Die beiden genannten Verräter werden gewiß nicht ihre Absicht bestreiten, die weiteren Vorbereitungen vor allem mit Unterstützung der verräterischen Funktionäre der Gewerkschaften und nicht zuletzt auch der Deutschen Kommunistischen Partei mit der gleichen Intensität auch im kommenden Jahr fortzusetzen, um sie mit der Ratifizierung des Moskauer Vertrages etwa Anfang Juni 1972 im wesentlichen abzuschließen. Die Anzeichen sprechen dafür, insbesondere auch der Zeitpunkt der Ratifizierung, daß unmittelbar darauf das geplante gewaltsame Unternehmen gegen die Bundesrepublik mit dem Ziel folgen soll, die Vorherrschaft der Sowjetunion noch im gleichen Jahr zumindest auf die Bundesrepublik auszudehnen.

Abschriften dieses Schreibens erhalten die Friedens- und Hochverräter D. Dr. Dr. Gustav Heinemann, Willy Brandt, Herbert Wehner, Martin Hirsch, Otto Brenner, Kurt Bachmann, der Deutsche Bundestag, die Bayrische Staatsregierung, die Amerikanische, Russische, Britische und Französische Botschaft.
gez. Görlitz«

Das tippte Herr Görlitz am zweiten Weihnachtstag 1971 akkurat in die Maschine. Seine Briefe sehen immer fein säuberlich aus und bemühen sich, den juristischen Jargon einzuhalten. Es sind die Briefe eines guten Deutschen. »Ich schreibe seit Jahren etwa 30 Briefe dieser Art wöchentlich«. Er schickt sie an Gott und die Welt und an alle, die er für mächtig hält: »Auch an dpa, an das ZDF, an das Bayerische Fernsehen«. An Herrn Abs oder Herrn Flick, die wirklich Mächtigen, aber Unsichtbaren hierzulande, hat er noch nie geschrieben. Es ist die verwirrte Einsamkeit des Amokläufers, die da wirkt.

Am 6. Februar schlägt er wieder zu. Diesmal – leider hat die Staatsanwaltschaft Augsburg das verräterische Unterfangen zwischen Bonn und Moskau immer noch nicht gestoppt – vergrößert sich der Verschwörerkreis noch um die Staatssekretäre Dr. Klaus von Dohnanyi und Dr. Hildegard Hamm-Brücher, die Gewerkschafter Heinz Kluncker und Oskar Vetter, den Landesbischof Dr. Hermann Dietzfelbinger und sogar Augsburgs Oberbürgermeister Wolfgang Pepper. Nur die CDU/CSU und die NPD sind offensichtlich über jeden Verdacht erhaben. Sie kommen in den Strafanzeigen des Herrn Günter Görlitz nicht vor. Als Rainer Barzel sich nach seinem mißglückten Kanzlersturz doch auf Gespräche über die Ostverträge einläßt, muß für Herrn Görlitz eine Welt zusammengebrochen sein. Gehört nun auch Barzel zum Komplott?

Immerhin weitet sich der Verschwörerkreis ohnedies ständig aus. Neben den Gewerkschaftern und Politikern hat er am 6. Februar in alphabetischer Reihenfolge auch den DDR-Anwalt Friedrich Karl Kaul sowie die Augsburger Rechtsanwälte Ferdinand Dax, Dr. Hermann Gwinner und Josef Lindauer angezeigt. Auch das Delikt differenziert sich. Neben »Friedens- und Hochverrat« sollen diese Herrschaften nun auch begangen haben: »Gefährdung des demokratischen Rechtsstaates, Mord u. a.« Denn neben der Ostpolitik hat die Brandt-Heinemann-Gang offensichtlich auch noch ganz finstere Augsburger Geschichten auf dem Gewissen:

»Hinsichtlich der Teilnahme an der Ermordung des Rechtsanwalts Dr. Konrad Max Trimolt am 24. 1. 1972 steht zu meiner Überzeugung fest, daß vor allem die friedens- und hochverräterischen Rädelsführer D. Dr. Dr. Gustav Heinemann, Willy Brandt und Herbert Wehner sich der Mittäterschaft schuldig gemacht haben. Mit diesem Mord sind die Rädelsführer gemeinsam mit den übrigen Gewalttätern offenbar entschlossen, gegebenenfalls weitere Morde und andere Gewaltverbrechen vorsätzlich in Kauf zu nehmen, um das für etwa Mitte des Jahres geplante verräterische Unternehmen gegen den Bund und die Länder nicht zu gefährden. Bedarf der wahre Grund, weshalb insbesondere der Rädelsführer D. Dr. Dr. Gustav Heinemann die Todesstrafe ablehnt und einer weitgehenden Liberalisierung des Strafrechts mit dem Ziel einer gewaltsamen Ablösung der demokratischen Rechtsordnung das Wort redet, noch eines Beweises?«

Außer den Rädelsführern wurde diesmal auch Frau Hilda Heinemann eine Abschrift der Anzeige zugeleitet. Sie muß schließlich wissen, was ihr Mann so alles treibt. Später werden auch Rut Brandt, Karsten Voigt, die Botschafter der Großmächte und die Bundespressekonferenz informiert, alles Personen und Instanzen, die der Kleinbürger hierzulande für einflußreich hält. Herr Görlitz macht da keine Ausnahme.

Eine bisher letzte Anzeige datiert vom 4. März. Es geht wieder um Brandt und Heinemann: »Kann das friedens- und hochverräterische Unternehmen gegen die Bundesrepublik samt Vollzug der verräterischen Konvention noch verhindert werden?« Sachverständig verweist der abgebrochene Jurist auf die Möglichkeiten des Grundgesetzes, lange bevor sich Rainer Barzel zum Mißtrauensvotum entschloß: »Mit Artikel 67 des Grundgesetzes ist meines Erachtens nur noch die einzige Möglichkeit gegeben, um die bevorstehende gewaltsame Umwandlung der Bundesrepublik in Satelliten-Staaten der Sowjetunion mit Erfolg abzuwenden. Wird der deutsche Bundestag dieses Mittel noch rechtzeitig einsetzen, um somit den freiheitlichen demokratischen Fortbestand der Bundesrepublik zu sichern?« Der Bundestag hat Herrn Görlitz' Ratschlag, wie man weiß, nicht beachtet. Was aber hat Herrn Görlitz zu seiner Staatsaktion bewogen? Die erwünschte Klärung erweist sich als eine Komplikation ins Unendliche. Herr Görlitz ist arm dran. Bei ihm geht alles durcheinander, kommt alles zu allem. Je massiver die Hintergründe seiner »politischen« Anstrengungen hervorrutschen, desto hoffnungsloser schwindet alles Licht.

Für Herrn Görlitz ist die große Crux – und er ist spürbar stolz, sie entdeckt zu haben – die »verräterische Konvention« zwischen den Verhandlungspartnern. Wie er denn auf die Idee kommt, daß es so was gibt? Görlitz wird in seinem rednerischen Pathos geheimnisvoll. Dazu müsse man eben die Geschichte kennen, denn da gibt es eine exakte Parallele, und das ist die »Konvention von Tauroggen« vom Jahr 1812: Ein Stillhalteabkommen zwischen dem Führer des preußischen Hilfskorps, dem General York von Wartenburg, und Zar Alexander I. erlaubte es den russischen Soldaten, die preußischen Grenzen zu überschreiten und so die Franzosen aus Preußen zu drängen – der Beginn der Befreiungskriege gegen Napoleon. Die Parallele zu den heutigen Verträgen sei evident. – Auf den General York und diese exzellente Idee ist nicht einmal die CSU gekommen.

Wie kommt nun aber der Herr Görlitz, in seiner zweiten Anzeige, dazu, außer den bundespolitischen »Rädelsführern« und »verräterischen Teilnehmern« auch Augsburgs OB und eine Reihe von lokalen Rechtsanwälten anzuzeigen? Seine »verräterische Konvention« mit der »Ermordung« des Augsburger Rechtsanwalts Dr. Trimolt zu verbinden? Görlitz demonstriert mir eine Geste überlegener Nachsichtigkeit. Ja, das sei freilich ein sublimes Feld, und da müsse man also nochmals ganz von vorne anfangen.

Es begann mit einer Scheidungsklage der Görlitz-Ehefrau im Jahr 1960. Die Scheidung kam zustande, »mit Hilfe ihres Arbeitgebers«. Görlitz erstattete – immer seiner eigenen Darstellung folgend – nun Selbstanzeige wegen sittlicher Verfehlungen sowie Anzeige wegen Anstiftung zum Meineid gegen einen Arzt, der wiederum Freund des Chefs der Frau ist: es soll da vor der Scheidung 1956 bei der Frau eine Abtreibung gegeben haben, die das Gericht aber als Ausschabung erklärt. Die Frau umgekehrt lastet Görlitz an, während der Ehe schon mit einer anderen verlobt gewesen zu sein. Seither geht es rund, die private Malaise eskaliert ins Uferlose: Anzeigen wegen Beleidigung und Verleumdung, wegen Selbstmord und Doppelmord. Mit den Jahren wächst die Undurchsichtigkeit.

Und nun stirbt der Dr. Trimolt, der, immer nach Görlitz, erstens Scheidungsanwalt der Frau und zweitens Duzfreund von deren Arbeitgeber ist. Dieser Trimolt, der nach allen seriösen Auskünften zum Jahresbeginn 1972 einer seriösen Krankheit erlegen ist, hat für Herrn Görlitz »Selbstmord begangen«. Das heißt, der Mann wurde von den Rechtsanwälten »in den Tod getrieben«. Denn »Menschen kann man töten, ohne einen Finger zu rühren«.

Wie beim Vera-Brühne-Prozeß übrigens, denn »der spielt hier auch mit rein. Und der Contergan-Prozeß natürlich auch«. Denn beide Male kam es zum Mord, ohne daß der Mörder einen Finger gerührt hätte. Denn – und jetzt kommt's – hinter all dem steckt die »verbrecherische« Strafrechtsreform und mithin der D. Dr. Dr. Heinemann, unter dessen Ägide sie geboren wurde. Und damit ist die schwierige Kurve zum Rädelsführer in Sachen Friedens- und Hochverrat endlich genommen. Es ist ein Komplott aller gegen jede Ordnung und gegen jedes Recht, im Innern wie im Äußern, und gegen Günter Görlitz ganz besonders.

Die gedankliche Brücke ist von einer schon ätherischen Windigkeit, aber Herr Görlitz bringt es auf die fast raffinierte Manier aller Vereinfacher fertig, sie fürs eigene Wahngebäude zu fundamentieren. Letztlich fügt sich alles. Dem Heinemann z. B. nimmt der Görlitz auch krumm, daß er positiv über den Grafen Stauffenberg geredet hat, der »ein typisches Beispiel für meine Theorie der Kapitulation vor den Russen« (!) ist. Denn: »Der Krieg war längst entschieden. Jetzt kommt der Knallkopp daher und macht *den* Blödsinn. Wer Widerstand macht, trägt das Risiko zum Erfolg, der dem Wohl der Allgemeinheit dient. Deshalb ist Stauffenberg der größte Massenmörder«. Und ergo Heinemann...

Das sind nicht nur erneut die monströsen Denkklischees aus der reaktionärsten Ecke der Nation, das ist – man denke an die diffuse Haltung der Bundeswehr zu Stauffenberg – im, allerdings vergröberten, Zerrbild ein ganzer Sektor dieser Nation. Und als die CDU/CSU am 27. April ihr Mißtrauensvotum eingebracht hat, hat sie gewissermaßen nur das ungeschriebene Diktat der verwirrtesten Kleinbürger draußen im Lande ausgeführt. Görlitz ist ihr ehrlicher Repräsentant: Das arme Hirn arbeitet ohne Halt. Die wiederholt behaupteten »tiefen Zusammenhänge« zwischen seiner Scheidungsgeschichte und der Ostpolitik kann es zwar nicht präzisieren, aber dafür sprudelt es Wust: »Die Gewerkschaften haben die Tendenz, die Bundesrepublik zu Satelliten des Ostblocks zu machen«. »Der Mahler hängt auch in meiner Geschichte mit drin und die ganze Meinhofgeschichte«. »Ich hab den Heinemann auch deshalb angezeigt, weil er die DKP wieder zugelassen und die Bundeswehr in Frage gestellt hat«. Die Ängste des Kleinbürgers, von Thadden, Löwenthal, Strauß und Barzel heftig geschürt, wachsen ins Uferlose.

Bei der Staatsanwaltschaft Augsburg weiß man auf Anhieb nichts über Herrn Günter Görlitz. »Natürlich, Krankhaftes kommt oft auf uns zu«. Oberstaatsanwalt Dr. Perscher ermittelt dann, daß über den gescheiterten Kollegen ein vier Jahre altes Gutachten vorliegt, über das er aber zum Schweigen verpflichtet sei. Bei der *Augsburger Allgemeinen Zeitung* hat man ebenfalls von den Aktivtitäten des Mitbürgers gehört: Bei der Polizei liegen noch ganze Stapel von Anzeigen.

Günter Görlitz, das ist der negative »Prozeß« von Kafka. Niemand verfolgt ihn, aber er glaubt sich dennoch bedrängt, und er verfolgt sie nun alle: Politiker, Professoren, Juristen, weiß der Himmel, wen noch. Er schießt nicht, er ballert nicht drauflos, er zeigt an. Herr Görlitz ist ein aktivierter Teil in der schweigenden Mehrheit dieses Landes, mit all ihren Ängsten, Beschwerden und all ihrer Hilflosigkeit. Das macht ihn fast sympathisch.

P.S.: Bei Günter Görlitz handelte es sich um den nämlichen, der im Jahr darauf, im Oktober 1973, ein – folgenloses – Attentat am damaligen Bundespräsidenten Heinemann verübte, der Nr. 1 seiner Hochverratsriege.

Die Exoten der Republik

Eine bayerische Sittenstudie

Seit Jahrzehnten rennt Ludwig Volkholz, ein Weingroßhändler aus dem bayerischen Wald, gegen die »halbmarxistische« CSU an. Er appelliert an Solschenizyn und Kissinger, gegen die Unterdrückung der Bajuwaren durch Franz Josef Strauß Stellung zu beziehen, fordert das Verbot von Damenringkämpfen und Steuerfreiheit für Schnupftabak. In diesem Wahlkampf versucht er noch einmal, mit seiner Christlich-Bayerischen Volkspartei für die Befreiung Bayerns zu fechten. Aber das Ganze ist nicht nur eine Mordsgaudi, sondern weist auf ein echtes Problem hin: Die in der Tat geradezu sittenwidrige Verquickung von Bayernstaat und Straußpartei.

»Sind wir wirklich die Exoten der Bundesrepublik?« So fragt in aller Unschuld die CSU-Zeitung *Wahl '76*, die gegenwärtig als Postwurfsendung über bayrische Haushalte hereinbricht: »In Wahljahren ist das selbstverständlich ein besonders ergiebiges Thema. Gilt es doch nachzuweisen, daß hierzulande die Leute wohl nicht ›alle Tassen im Schrank‹ haben können.«

Zugegeben: Auch wenn die CSU in der genannten Schrift zum Beweis sofort alles unternimmt, Exotik, genauer: allerlei Orientalisches unters Volk zu mischen – gemessen an der landeseigenen Christlich-Bayerischen Volkspartei nimmt sie sich tatsächlich harmlos aus.

»1. Freiheit und demokratische Verhältnisse müssen in Bayern wieder hergestellt werden. Die Diktatur der CSU muß gebrochen werden.

2. Jeglicher Schaden wird von Bayern abgehalten. Von den durch die Bonner Zwangsrepublik geraubten Steuergeldern aus Bayern muß soviel wie möglich wieder zurückgeholt werden.

3. Das Königreich Bayern wird in seiner Konstitution bestätigt, weil es noch nie aufgehört hat zu bestehen.

4. Dieses Königreich Bayern erhält das Recht auf freien Zusammenschluß des gesamten bajuwarischen und fränkischen Volksstammes sowie aller allemannischen Volksteile.

Selbstbestimmungsrecht aller Volksteile Europas.«

So steht es – allemannisch oder alemannisch hin und her – im *Pressedienst* der »Christlichen Bayerischen Volkspartei – Bayerische Patriotenbewegung« (CBV) vom 8. Mai 1976, und damals ist diese gerade eine Woche alt. Gegründet wurde sie von vorerst 40 Mitgliedern am ausgerechnet 1. Mai in ausgerechnet Gammelsdorf im Landkreis Freising. Als Landesvorsitzender wurde der Kreisrat Ludwig (»Wiggerl«) Volkholz 8493 Kötzting bestimmt, ihm zur Seite als Schatzmeister stehen Alfons Haimerl, Kaufmann zu Waldetzenberg, und als Generalsekretär René Freiherr von Godin, Finsing, Obby. Vorausgegangen aber ist dem das Folgende:

Im Kolpingsaal zu Regensburg sollen Mitte März 1976 82 Delegierte der damals nur noch 360 Mitglieder starken, ja eigentlich schon gebrochenen und nicht mehr existenten Bayernpartei (BP) sowohl neue Einigkeit als auch einen neuen Vorsitzenden bekommen. Nach sechs Stunden der endgültige Bankrott: Nicht der bis dato der BP als Landesparteiausschußvorsitzende dienende Volkholz wird gewählt, sondern mit drei Stimmen Mehrheit der Gefängniswärter Ludwig Drasch, der noch vor kurzem bei der CSU tätig war. Wegen dieser doppelten »politischen Geschmacklosigkeit« läßt Verlierer Volkholz als Saalmieter eben diesen von der Bayernpartei räumen und ruft – unerreicht von den Teiresias-Rufen des BP-Mitgründers Max Lallinger: »Die Volkholzleute werden in Bedeutungslosigkeit versinken« – sofort eine nagelneue Partei aus.

Diesem Ganzen vorausgegangen war wiederum ein Etwas zwischen Volksbelustigung und Sittenwidrigkeit. Im Januar 1976 erklärt – Aussage Volkholz – Lallinger im BP-Vorstand, er habe »mit der CSU einen Dreh gemacht«, nämlich 90.000 DM bekommen unter der Voraussetzung, daß die BP sich aus dem Bundeswahlkampf raushält und so der CSU indirekt Stimmen zuschanzt. Mit diesem – tonbandfesten – Text geht Volkholz, alles auf eine Karte setzend, an die Öffentlichkeit. Es kommt zu etlichen Einstweiligen Verfügungen: das Geld sei vielmehr von privater Seite eingetroffen. Man will jetzt Volkholz loswerden.

Insgesamt aber schafft die Bayernpartei, von der sich schon 1967 die »Bayerische Staatspartei« abgespalten hatte, nur die endgültige Selbstauflösung. Der einstmals mächtige, 1949 im Landtag mit 39 Abgeordneten vertretene Block, bei den letzten Wahlen unter die Ein-Prozent-Grenze gefallen, verendet im Regensburger Debakel und im Schisma des CBV-Renegaten Volkholz.

Anfang Juni wird Volkholz vor dem Gasthaus Eiber in Schafberg bei Furth im Wald unter freiem Himmel und bei strahlendem Sonnenschein mit 46 von 48 Mitgliederstimmen zum Direktkandidaten des Bundestagswahlkreises Schwandorf bestellt. 30 Kandidaten insgesamt sollen in den Wahlkampf ziehen, die nötigen 2000 Unterschriften, verkündet Volkholz, seien zusammen. Der 3. Oktober müsse zum »Tag der Abrechnung mit CSU und SPD in Bayern und Bonn werden«; die »diktatorischen Übergriffe« der CSU vor allem im Landkreis Cham müssen aufhören.« Schließlich und wesentlich: »Die Machtübernahme der CDU/CSU in Bonn bringt keine Veränderung, weil sie fast auf demselben halbmarxistischen Kurs wie die SPD liegt.«

Eigenartig genug nehmen an der Freiluft-Kandidatenkür zu Schafberg auch europäische Vertreter teil und ergreifen das Wort. Für die Südtiroler Freiheitsbewegung referiert der – unglaublich, was es alles gibt – Landesbeauftragte für Bayern, Heinz Ammon: »In einer Zeit, wo jeder Negerstamm das Selbstbestimmungsrecht fordert und notfalls mit Waffengewalt erzwingt, gehört Mut dazu, die Befreiung Südtirols mit friedlichen Mitteln zu fordern. Die Freiheit eines Volkes ist unteilbar.« Und als Vertreter der Elsaß-Lothringischen Volkspartei lädt Herr Harry Wilkens die CBV für den 31. Oktober zu einer Zusammenkunft aller europäischen Freiheitsbewegungen nach Straßburg ein. Dort bereiteten auch Gesandte aus Südtirol, Elsaß-Lothringen, Belgien, Norwegen, Irland und Galicien-Spanien die Europawahl 1978 in diesem Sinne vor.

Zum Ausklang noch einmal Volkholz: »Machen wir die Grenze dicht, dann werden wir schon sehen, wo es besser geht, in Bayern oder in der übrigen Bundesrepublik!« Ab sofort präzisieren der CBV-Pressedienst und ab Juli auch die CBV-Zeitung *Rautenbanner* diese bayerisch-europäischen Zielperspektiven:

»Bayern muß das Recht erhalten, eine seinen Verhältnissen angepaßte bayerische Wirtschaftspolitik zu führen. Grund und Boden kann in Bayern nur besitzen, wer in Bayern wohnt ... Bayern erhält eine eigene Armee zur Verteidigung seiner Neutralität, weil die NATO nicht in der Lage ist, die Sicherheit Bayerns zu garantieren. Die CBV wird ein bayerisches Staatsangehörigkeitsgesetz schaffen, nach welchem bayerischer Staatsbürger nur werden kann, wer in Bayern geboren oder als Heimatvertriebener nach Bayern gekommen ist oder für ein freies Bayern einen Loyalitätseid geschworen hat.«

Schuld an der bisherigen Misere haben die bayerische Regierung und vor allem die dahinterstehende CSU:

»Die bayerische Staatsregierung ist deshalb als illegal zu betrachten, weil sie aus undemokratisch geführten Wahlen hervorgegangen ist und weil Bayern legal ein Königreich ist, dessen Staatspräsident allein berechtigt ist, eine Regierung einzusetzen. Freiheit oder Sozialismus, sagt die CSU – Freiheit oder Machtmißbrauch der CSU, erwidert die CBV. Oder meint die CSU mit ihrer Freiheit lediglich noch mehr Freiheit für ihre Parteibonzen? Dann gnade uns Gott in Bayern. Was sich die CSU mit einer Bayernpartei seit Jahren geleistet hat, bringt einem politischen Normalverbraucher den Kragen zum Platzen.«

Manchmal wird die Doppel-Antipathie gegen CDU/CSU und SPD kompliziert; und doch wieder auch logisch: »Die CSU-Regierung wird aufgefordert, endlich Maßnahmen zur Beseitigung der Arbeitslosigkeit zu ergreifen, für welche in erster Linie die bayerische Staatsregierung verantwortlich ist. Wenn dem Bund die Schuld gegeben werden sollte, so müßte sich eben Bayern von diesem Bunde lossagen, der nichts taugt.«

Wenn es nicht schon zu spät ist:

»Die CBV steht auf dem Standpunkt, daß diese Vorstellung der bayerischen Patrioten mindestens in vier Jahren erreicht werden soll, weil sonst in Bayern nicht mehr dazu die substantielle Volkskraft der bayerischen Bevölkerung ausreichen wird.« Man darf sich zwar immer wieder einmal darüber wundern, daß dergleichen dezidiert Verfassungsfeindliches ausgerechnet in Bayern noch immer frei und sogar als politische Partei kursiert. Auf den ersten Blick ist die Geschichte des Ludwig Volkholz die von der Stimmigkeit sämtlicher bayerischer Politikerklischees. Die Karriere des heute 57jährigen Weingroßhändlers aus Feßmannsdorf (150 Seelen) bei Kötzting im Bayerischen Wald hob an, als der damalige Revierförster von Watzlsteg 1949 für die Bayernpartei in den Bundestag einzog und diese damals mächtigste CSU-Konkurrenz auch im Landtag vertrat.

Profil, welches auch immer, gewann der Waidmann rasch, als er im Bundestag eine Lippenstiftsteuer, im bayerischen Landtag dagegen ein Ende der Schnupftabaksteuer forderte. Weghaben wollte er auch die damals modisch gewordenen Damenringkämpfe, Bayerns Rosenkranzschnitzer sollten wegen ihrer Hungerlöhne in Streik treten – schnell waren Volkholz' Versammlungen in den Bier- und Nebelschwaden der »Wald«-Wirtshäuser so attraktiv wie heute nur der Dorf-Porno. »Hinter mir steht der Bayerische Wald«, verkündete der Folklore-Politstar damals, im Vollbewußtsein von Kraft, Krach und Karriere.

Aber dann passierte halt, was seine Spezln eine »dumme Sach« nennen, was der Wiggerl heute wie vordem für den »größten Justizirrtum in Bayern« und die »größte Gemeinheit seit der Ermordung Ludwigs II. im Starnberger See« hält, was aber Staatsanwälte und ähnlich unfreundliches Personal in Worte kleideten wie Beleidigung, Mißachtung des Staates und schließlich Meineid.

Im benachbarten Zwiesel war's, wo der BP-Mann Kollegen von links nach rechts, von Carlo Schmid bis Strauß, gleichermaßen mit Würdigungen wie »Gesindel« und »Abschaum der Menschheit« bedachte – die Sache wurde gerichtlich, der Volkholz zunächst freigesprochen, von der Anklage nämlich, er habe Zeugen zu falschen Aussagen veranlaßt. Die neue Affäre kommt vor den Ältestenrat des Landtags, dem der Beschuldigte selber angehört, es gibt eine Untersuchung, in der ein gewisser Reimann unter Eid aussagt, er habe bei der Versammlung mitstenografiert, die Anwürfe gegen Volkholz seien haltlos. Andere wollen aber auch mit- beziehungsweise gegenstenografiert haben, zum Beispiel ein Sozialdemokrat, und schließlich gibt Reimann seinen Meineid zu, sitzt in Straubing ein und macht sich anschließend in die DDR auf. Volkholz gesteht die Anstiftung zum Meineid nicht, wird aber trotzdem zu zehn Monaten Gefängnis verurteilt, flieht bei tiefstem Schnee über die Grenze in eine österreichische Berghütte, wird dort von dem Gedanken überfallen, daß er die Strafe ja »auf einer Backe« absitzen kann, kommt zurück und sitzt ein.

Das Jahr 1959 sieht den Büßer wieder an der politischen Front. Die BP hat mit ihm vorübergehend gebrochen – in aller Stille läßt Volkholz sich von der FDP, mit der er bis dato noch nie etwas im Sinn gehabt hat, als Bürgermeisterkandidat des Dorfes Voggendorf nominieren, wird auch glatt gewählt, gilt erneut als »König des Waldes«, alles geht flott seinen Gang – bis eine Änderung des Gemeindewahlgesetzes 1966 den Volkholz erneut abblockt: Als Vorbestrafter kann der bayerische Märtyrer zwar Bundestagsabgeordneter, ja Bundespräsident werden, aber nicht kommunaler Wahlbeamter. Damals gab es in Bayern nur einen einzigen Betroffenen von der Gesetzesänderung (»Lex Volkholz«) – daß die späte Rache der CSU dahinter steckte, konnte sich Wiggerl an zwei Fingern abzählen.

Der aber gibt nicht auf, sondern schickt seine 44jährige Gattin Paula, eine anerkannte Jodlerin aus der Steiermark, in den Wahlkampf und läßt sich nach gewonnener Schlacht von ihr, der Frau Bürgermeisterin, als Gemeindeschreiber anstellen. Und Paula macht ihre Sache so gut, daß sie im Landtagswahlkampf als Strohfrau erneut für ihren Prinzgemahl Ludwig kandidiert – und zur einzigen Landrätin der Bundesrepublik avanciert. Sensationell, nahezu irreal schlägt sie mit 54 Prozent den CSU-Mann Lemmer, der 18 Jahre Landrat von Kötzting war, und, peinlich peinlich, sogar der Landesvater und Erzfeind Goppel muß telegrafisch gratulieren.

Auch wenn der nachmalige Cham-Kötztinger CSU-Landrat später das Gerücht ausstreut, Paula Volkholz habe »den Landkreis Kötzting regiert wie eine Sau im Gemüsegarten«; auch wenn Paula »die Schulreform rückgängig machen will« und gelegentlich ähnlich Unbedarftes plappert: Sie arbeitet sich erneut ein und findet, wie der Waldkönig selber, durch Reschigkeit und Engagement Resonanz und Vertrauen der Waldler, nicht zuletzt der kleinen Leute. Problematisch wird die Sache – wie noch jede in der Volkholz-Biografie – jedoch schnell. Erstens will Paula wirklich selber regieren und gönnt ihrem Gemahl nur einen Stuhl im Landratszimmer. Zweitens dient hier auch ein Oberregierungsrat Dr. Georg Karl, und der soll der Paula, obwohl diese die Münchner Boulevardzeitung *tz* an ein »niederbayerisches Geselchtes« erinnert, gar zu schöne Augen machen und umgekehrt. Jedenfalls kommt es in der Folge dieser bayerischen Herzensaffäre erneut zu einem vollends undurchschaubaren Knäuel von Gerüchten, Augenzeugenberichten, Dementis, Leserbriefen, Klagen und Prozessen: unter anderem gegen die *Bild*-Zeitung, die freudig darüber berichtet hatte, wie Ludwig seine Landrätin watschte und sonstwie bedrohte. Die anhaltende Volksgaudi verflüchtigt sich erst, als kurz darauf die Landkreisreform Kötzting zum Großlandkreis Cham schlägt. Hier hat Paula keine Chance, und Volkholz selber, abermals zermürbt, entdeckt jetzt scharfe Parallelen zwischen seinem und dem Los der Vera Brühne. Er wolle keine Gnade, so ließ er längst mediengeschult wissen, sondern nur sein Recht – wie Vera Brühne, die auch nur eingesperrt worden war, weil sie angeblich eine Hure gewesen sei. Wenn aber, so Ludwig, alle Huren eingesperrt würden, so hätten wir bald heraußen keine Frauen mehr. Rechtsanwälte wittern hier erneut Beleidigung, da stellt Ludwig fest, er habe nur gesagt, wenn solche juristischen Methoden Schule machten, dann wäre letzten Endes in Bayern keine Frau mehr sicher.

Ein Mann setzt sich zur Ruhe? Niemals. Was der wohl lebendigste aller deutschen Politiker (insgesamt etwa 150 Strafverfahren, von ihm oder gegen ihn eingeleitet) allein seit 1974 bis zur Gründung der CBV an Spektakel angezettelt hat, würde leicht ein Buch füllen. Es vergeht in Bayern kaum eine Woche, in der nicht zumindest regionale, sehr oft auch überregionale Gazetten sich der unterschiedlichsten Aktivitäten des Volkholz gern und dankbar annehmen. Eine bescheidene Auswahl:

Im Februar 1974 schreibt Volkholz einen offenen Brief an Solschenizyn: dieser habe zwar gegen das Einparteiensystem der UdSSR Front gemacht, aber »die Verfolgung der Opposition in Bayern ist viel totaler als in Ihrem Heimatland. Es wäre für die Bayernpartei eine große Hilfe, wenn Sie nun auch für diese Partei das Wort erheben könnten.« Ähnliche Briefe erhalten im Lauf der Zeit die UNO, Amnesty International und Willy Brandt, der sich gleichfalls nur für die Opposition in der Sowjetunion, nicht aber die in Bayern einsetze.

Im Oktober 1974 schreibt Volkholz an den US-Präsidenten Ford: Er sei »Opfer einer Intrige des amerikanischen Geheimdienstes« und fordere »Wiedergutmachung«. Im gleichen Monat verliert Volkholz vor Gericht seine Klage gegen einen Journalisten, der behauptet hatte, Volkholz habe Gattin Paula 1971 mindestens viermal geschlagen. Polizisten hatten es bestätigt. Wegen uneidlicher Falschaussage zahlt Volkholz 3000 DM.

Gleichfalls im Oktober 1974 fordert BP-Mann Volkholz die »Evakuierung Berlins aus der Bundesrepublik«.

Die Stadt sei ein »unerträglicher Zankapfel« geworden. Im Februar 1975 setzt das Enfant terrible durch, daß die Chamer Kreistagswahl von 1974 »wegen Stimmenkonkubinats« für ungültig erklärt wird: Eheleute waren gemeinsam in die Wahlkabinen gegangen.

Im April 1975 ruft Volkholz nach der Todesstrafe und attackiert Straußens Besuch in China: »Wir Bayern wollen keine Chinesen unter einem Gauleiter Strauß werden.«

Im August 1975 protestiert er gegen Straußens Geburtstagsfeier in der Münchner Residenz, da diese nur Königen, nicht aber trivialen Abgeordneten und Landesvorsitzenden zugedacht sei.

Des Nimmermüden vorerst letzter Einsatz: Ein Brief an den in Bodenmais mit Kissinger konferierenden Südafrika-Premier Vorster, den Volkholz wissen läßt, daß es in Bayern »eine fast totale politische Apartheid gibt«, nämlich die des Franz Josef Strauß, der gleichwohl wunderlicher Weise nun »die Apartheids-Politik Ihres Staates kritisiere.«

Sein ältestes Gesetzlein – sehr originell gewendet: Beobachtet man die im jetzigen Wahlkampf geradezu sittenwidrige Identifikation von Bayern und CSU, hat Volkholz nicht einmal unrecht. Abhelfen soll sein neuestes und wohl doch letztes Schoßkind und Spielzeug – die christlichbayerische Volkspartei europäischer Freiheitsstoßrichtung. Die Zahl ihrer Mitglieder soll 2000 überschritten haben. Bedenkt man, wie Volkholz 1970 kraft eines puren Irrationalismus die eingesessene CSU hinwegfegte, scheint nicht einmal ausgeschlossen, daß CBV und Wählerblödsinn der CSU wichtige Stimmen, ja segensreich gar ein Mandat wegnehmen könnten.

Die negative Wahrheit sieht freilich anders aus. Im Zentrum vernichtet hat den Ludwig die Erfahrung, daß ihm im affärenträchtigen hinterbayerischen Politikmilieu so oft der Boden unter den Füßen weggezogen wurde – während ein Zimmermann, Leo Wagner, Heubl und Strauß immer wieder wundersam auf die Füße fielen.

Kuddl Schnööf

Es mag der einstige (1966-73) SPD-Oppositionsführer im Kieler Landtag, der als »Roter Jochen« bekannt gewordene Jochen Steffen, insgesamt eine entschieden erträglichere Natur gewesen sein als jener sein Nachfolger B. Engholm, der da vor wenigen Jahren ums Arschlecken auch noch unser aller Kanzler geworden und es werweiß sogar heute noch wäre: Aber das rechtfertigt noch lange nicht die jetzige Neuveröffentlichung der schon seinerzeit ziemlich zu Unrecht unziemlich legendären »Kuddl Schnööf«-Satireglossen zu fast allem und jedem »Vonnas Leben – Noieste un olle Gedankens«; deren dunnemals nahezu alleinzigste Pointe des merkzeichenmäßig mundartlich wiederholten »Nu komms du!« auch dadurch nicht gescheiter wird, daß es Siegfried Lenz in seinem Vorwort der Neuausgabe einem »Sokrates in Kiel« zuvermutet. Was ein Quak, das »Nu komms du!« ist ja grad nicht sokratisch-dialogisch; sondern sein allenfallsiger Witz gründet gerade im Scheindialogischen dieses nicht übermäßig witzig spintisierenden Monologiseurs. Dessen Charme trotz einiger schöner Worte wie »Sölpsentfaltunk« und »Frauninnitschatife« heute wie ehedem – anders als im Fall Polt, anders auch als bei Jürgen von Manger – durchs Distriktional-Mundartliche eher gehemmt als entfacht wird.

Mit der von Kuddl Schnööf fast immer und angeblich »hintersinnig« (Verlag) thematisierten Blödheit »vonnas Leben« versöhnt allerdings beinahe wieder, daß mit dem Buch in diesem Frühjahr einer lesungsmäßig zugange war, der (anders als der linksradikale Schnauzer Steffen) den unveräußerlich reformsozialdemokratischen Kinnvollbart zum ewig lachhaften Gesicht trägt, der auf den Namen Gert Börnsen hört und der, Gedächtnisstarke erinnern sich, einstens der Unfähigenriege rund um Engholm 1987 ff. angehörte. Der noch nordischere Pedder Peddersen wäre, nun Barschel und Gott Güpi ohnehin tot, der aber noch glanzvollere Interpret gewesen.

Die Kultur als Kneipe und Denkverhinderung

Ein Schelm, ein humorloser, wer da nicht mitlacht, wenn dieses geschieht: An einem Stammtisch, zwischen Geldautomaten und Flippergeräten, spielen ein paar Dichter eine Art Dichtungs-Quartett-Kartenspiel; eine Schauspielerin singt ein Lied vom Kuckuck; ein junger Lyriker rezitiert aus einem Lyrik-Band; drei Mimen, die schon einmal Maria Stuart, Götz von Berlichingen und Faust gespielt haben, tragen gemeinsam den »König von Thule« aus eben diesem »Faust« vor; der Leiter des Ganzen, Reinhart Hoffmeister, fragt: »Wie wäre es denn jetzt mit Horror-Lyrik?« und gibt einige davon zum besten; an einem Rednerpult stehend, empfiehlt der Kritiker Hellmuth Karasek drei Bücher; zwei deutlich clowneske Clowns geißeln (und das war ja endlich mal nötig) die Selbstbespiegelung der Literatur; Hoffmeister blättert in ca. 20 weiteren Büchern und empfiehlt sie; zuletzt singt ein Schauspieler »Schöner Gigolo«, und jetzt werden auch die Biergläschen, die eine Stunde lang etwas krampfhaft in der Sendung herumstanden, lockerer zu den Mündern geführt. Ein Schelm, der bei soviel Schelmerei stänkert.

Welcher Furz da wen geritten hat, als die Sendung »Litera-Tour« betitelt wurde, mag in den Schatzkammern des ewigen Fernseh-Schwachsinns verborgen bleiben: das ist immerhin exakt so intelligent und pfiffig, wie auf die erotische Ausstrahlung des Allerwertesten zu setzen und das Ding »Po-esie« zu nennen, auf daß noch der letzte Opa hinterm Ofen hervorgekrabbelt käme. Doch worum geht es?

»Bücher – Lieder – Gags.« Hoffmeisters stets saloppe Mixture aus Literatur und Unterhaltung, bei der Kritik umstritten, findet beim Publikum offenbar Gefallen. 1,3 Millionen Zuschauer sahen am 16. 9. 1976 noch kurz vor Mitternacht »Litera-Tour II« zu (die Fernsehzeitschrift *Gong*); woraus hervorgeht, die Zauberformel heißt erstens »groß, salopp – Mixture – Gags«, zweitens, die »Umstrittenheit« in der Kritik stellt scheint's, wie die der Frankfurter Theater-»Medea«, einen Wert per se dar. Und drittens, die Zahl 1,3 Millionen ist einfach so beweiskräftig wie die Nullen auf dem Bankkonto von Nullen, die es eben deshalb nicht mehr sind, und wer es nicht glaubt, ist ein Esel oder – neuerdings – sogar ein Reaktionär oder Volksfeind.

Denn »Litera-Tour« meint den Fortschritt; und jetzt beginnt der Wahnsinn. In »Litera-Tour II« wurde, nach dem Vorbild der ZDF-Sportschau, ein Motorrad zu Literaturzwecken ins Studio befördert; diesmal waren's nur eine Einkaufstasche für Lyrik, ein Kartenspiel und der Gesamteindruck von Kneipe und Boutique, aber das Signal der optischen Reize war das nämliche: Kultur, wenn sie schon sein muß, darf alles sein, nur nicht erstens ernst und zweitens »elitär«.

Dem fügt sich das gesamte Ritual, ob nun Hoffmeister und seine Kombattanten zäh an Rollkragen und offenen Hemden festhalten oder lächelnd-eilig in allerlei Büchern blätternd, den astreinen Flachsinn verteilen: »Walter Jens als beispielhafter Humanist und Republikaner«. Der übergeordnete Unernst erlaubt sogar den Ernst als Unterabteilung: Als Parade-Gag hat sich Hoffmeister eine Art Streitgespräch zwischen Peter Handke (sammelt er Stoff für neue Fremdheits-Epik?) und den zur DKP-Galionsfigur veralberten Franz Xaver Kroetz (treibt ihn der wahrhaftige Missionarismus zu solchen Feten?) ausgedacht–und hier haben nun alle Klischees der poetischen Klasseneinteilung und Schnellinformation Pate gestanden.

Doch plötzlich wird der Disput ernst und scharf: Sofort will Hoffmeister »die Schärfe wegnehmen«. Zwänge des Mediums? Handke über Kroetz: »Auf billige Weise« werde bei ihm soziales Mitleid erzeugt, nämlich nach dem Muster des »bourgeoisen Dramas« – und damit wäre das einfältige Rollenspiel Handke/Kroetz endlich durchbrochen. Doch was ist? Nichts ist, denn bevor das mit einem Mal beinahe relevante Gespräch zu einem ersten Sinngehalt käme, ist ein neues Chanson dran, dessen Allegorie man schon deshalb nicht kapieren kann, weil man gerade noch über Handkes letzten Gedankengang am Nachdenken ist. TV-Kultur als Beschneidung? Als Denkverhinderung?

Es geht um Goethes »Heiteres in der Kunst«, und es geht mithin und vor allem gegens »Elitäre« – die Boutique, die Kneipe ist das formale Gegenprinzip zur herkömmlichen Kultur, eben der »elitären«. In Wirklichkeit aber geht es um nichts, nämlich um Tralala, um Remmidemmi, Wort geworden in der Unsäglichkeit der Literatur-Tour. Die dahinter prunkende, absolut würdelose Anbiederung der »Kultur« an den Zeitgeist namens Peter Fonda und Niki Lauda ist entsetzlich und ein entsetzliches Mißverständnis. Von Hoffmeister, dem Weltmeister der unverbindlichen progressiven Attitüde, vorgeführt, wird exemplarisch die Verlegenheit derer, die von Programmkommissionen, Zuschauerzusammenzählern und weiß der Teufel seit Jahr und Tag als »elitär« begeifert werden: von Dummköpfen, denen außer dem Vorwurf des Elitären gar nichts anderes mehr einfallen kann, weil sie nichts können, nichts wissen und das auch nicht mehr ändern wollen. Wovon der »Ulysses«-Übersetzer Hans Wollschläger, dem der Schimpf durch studentisch-getarnte Banausen auch nicht erspart blieb, in seiner Akademie-Preisrede 1976 handelte: »Elitär« sei das Wort, in dem sich doch bloß die Denkfaulheit kugelt.

Der Zusammenhang, so will es scheinen, hat sich bis zur TV-Kultur noch nicht herumgesprochen.

Denkanstoß

»Denkanstöße« erteilt in einer ziemlich regelmäßig nachproduzierenden gleichnamigen und ziemlich saudummen Taschenbuchreihe, die an sich eher »Wundertüten« heißen müßte, vor allem der Münchner Piper Verlag. Und das, obschon der reife F. W. Bernstein in einem noch reiferen Gedicht schon 1980 auf die geradezu körperlichen Verletzungsgefahren durch den Denkanstoß eindringlich insistierend hingewiesen hatte:

»Da ham Sie einen Denkanstoß / Denk-an-stoß / (gibt mir einen Denkanstoß – WAMM!) / Jetzt hab ich meinen Denkanstoß, Denkanstoß, Denkanstoß / ich glaub, jetzt geht das Denken los / Mach ich bloß, was mach ich bloß? / Wie werd ich die Gedanken los? / Danken – los?«

Dem Denkanstoß, der oft auch von den sog. »Querdenkern« (Lore Lorentz, Werner Schneyder, H. Hamm-Brücher, H. Geißler, Achternbusch, Paul Breitner u.m.a.) oder Querköpfen (U. Ranke-Heinemann, G. Gysi) ausgeht, sehr verwandt ist häufig das »Denkabenteuer« bzw. »Denkspiel« (vor allem im Zuge des sog. modernen Regietheaters und seiner Folgen z.B. im *FAZ*-Feuilleton), die »Denkerziehung« (vor allem nach Auschwitz!), das »Denkmodell« (also z.B. Reformsozialismus, Mittelfeldmotor Matthäus als Libero), der »Denk-Tank« (ein Denkmodell der Computerei) sowie die konträr-korrespondentative »Denkpause«, welche in der Folge von Helsinki den früher oft sog. und aber gar zu zynisch-menschenverachtenden »Denkzettel« etwas verbessert hat.

Gehört hat man auch schon vom »Denkstil«; verboten aber, ja tabu ist nach wie vor das »Denkverbot«.

Nicht durchgesetzt hat sich evident G. Zwerenz' Vorschlag innerhalb seiner Tucholsky-Autobiografie, im Sinne von moderner tucholskyabgesicherter Aufklärung die Dimension »ein Denk« (komplementär: »ein Fühl«) ein- und durchzuführen –

– um so populärer inzwischen das nicht zuletzt von

Björn Engholm propagierte und wiederholt 1987 ff. auch praktizierte »Andenken« bzw. sein »ein Stück weit Denken«, welches bei ihm, Engholm, zum Teil sogar dazu führte, »stundenlang Philosophie am Stück« zu treiben.

Heute hält Engholm, wieder vorsichtiger geworden, seine Teilnahme am berühmten Kieler Arkaden-Café-Treff nur für »denkbar« (vgl. die gleichnamige *stern*-Kolumne); nachdem er sie kurz vorher vor dem Kieler Ausschuß noch als »hochgradig unwahrscheinlich« empfunden hatte. Hochdenkbar, daß er dabei gleich zweimal gelogen hat.

Anything goes

Früher war alles anders. Da war alles klar. Da war entweder einer ein Charakter oder es war einer ein Schweinigel. War einer, z. B. in Bayern, ein Charakter bzw. immerhin Charakterdarsteller und -mime wie die kurz hintereinander verstorbenen Gustl Bayrhammer und Fritz Straßner oder (gerade noch) auch Walter Sedlmayr, dann durfte er auch für die Bayerische Vereinsbank, das Weizenbier und die Landesbodenkreditanstalt als Werbeträger fungieren; auch sogar für so unberührbar Moralisches wie die Aktion Sorgenkind oder den Kavalier der Straße. War er ein Schweinigel oder gar Schweinepriester, dann durfte er das alles nicht.

Jetzt ist auch dieses Säulenaxiom, diese moralische Medienaporie ins Wackeln geraten. Der RTL-beheimatete Bauerntheater-Simulateur Peter Steiner, ca. 88, ist zwar trotz Charakterschnauzbart ein Saubär der spekulativsten, dem Verbalzotenwesen wie dem Voyeurismus uneingeschränktest dienenden Art; er darf aber trotzdem in Fernseh-Spots mit aufrechtem Augenaufschlag auch für Ausländerfeindlichkeitsbeseitigung o. s. ä. baumgerade stehen.

Jetzt paßt wirklich kein Topf von Verhaltensnorm mehr auf den Deckel von Verhaltenskodex und umgekehrt. Jetzt ist wirklich alles erlaubt, jetzt goes wirklich anything – jetzt ist Polen restlos offen, und der Arsch ja sowieso.

Euro-Europa ahoi!

»Euro« – so lautete (seit Maastricht) die
bange Frage allerorten,
Zustimmung (Agreement) hie –
schwerste Zweifel dorten (s. Stoiber u.v.a.)
Verlieren wir Geld? Werden wir's –
au contraire – horten?
Denn nicht umsonst reimt sich Euro auf »Neuro«
(sei's neurotisch, sei's Neutronenbombe, sei's
auch neuronale Dynamisierung unserer
»grauen Zellen«).
Was zählt? Che cosa? What's up? Quoi donc?
Goes anything?
Nun, so viel läßt hier und
heute immerhin sich unschwer sagen:
Euro, das meint:
E – rstklassige Währung (»Euro«)
U – eberdurchschnittliche »Lebensqualität«
R – ealbezogene Konsumverbesserung
O – pa selbst macht gerne mit
P – olen gar wird eines Tages nachziehen
A – lles wird gut (Nina Ruge)

Alles in allem mithin:
Ave, Eur-opa!

E.(»uropa«) Henscheid, 57 Jahre

Von Frankfurt nach Freiburg

42 Jahre sind genug. Weiß Gott. 42 Jahre sind schon mehr als genug. 42 Jahre treue Anhängerschaft hinsichtlich der Frankfurter Eintracht sind längst übergenug, jede, auch die leidenschaftlichste Liebe endet mal. Selbst die treueste Liebe währt, mit Ludwig Tieck zu wähnen, zwar lange, in diesem Fall 42 von 53 Lebensjahren, und dies ungeachtet einer praktisch immerwährenden Krise seit 1960, also seit dem Einzug ins Glasgower Europacupendspiel gegen Real Madrid, ein Jahr nach dem erst- und auch letztmaligen Gewinn der deutschen Meisterschaft – nein, Krisen, etwa die des heroischen Abstiegskampfs im Bundesligaskandaljahr 1971, vermögen ja eine Liebe eher zu befestigen, ja zu adeln – aber jetzt, heute, 1994, nein und abermals nein: nicht mehr die Frankfurter Eintracht. Nein, nie mehr und nie wieder.

Nach – 1994 minus 1952 – 42 Jahren Eintracht-Anhängerschaft an guten wie an schlechten Tagen hat es sich ausangehangen und -gehängt, es führt kein Weg mehr dran vorbei. Doch, der Entschluß ist so unwiderruflich wie irreversibel: 42 Jahre genügen. Genau.

Und es lag weiß Gott nicht an mir, daß wir beide in acht Jahren kein 50jähriges feiern können, ich als Fan, die Eintracht als Fanverein, nein, es lag offenbar an der anderen Seite der Medaille. Denn ich war lang genug, ich war oft genug das, was der Fan zu sein hat: nachsichtig. Langmütig und nachsichtig und zum Verzeihen bereit. Doch zu viel Langmut, Nachsicht muß früher oder später auf Selbstverleugnung hinauslaufen. Ist unsportlich, ja ungesund.

Nein, 42 Jahre sind genug, nein, es geht nicht an, daß ich mich im Jahre 1994 n. Chr. nach der endlich gelungenen Verabschiedung eines Uli Stein jetzt auch noch für einen Maurizio Gaudino verwende und stark mache, ich, der ich 1952 einem Alfred Pfaff und 1959 einem Egon Loy und Richard Kress angehangen und zugehört habe. Und dann noch einem Istvan Sztani, einem Erwin Stein, einem Jürgen Grabowski, einem Willi Huberts, später einem Bernd Hölzenbein, einem Bum Kun Cha und zuletzt noch – zugegeben, im Prinzip keine unwürdigen Partner – Anthony Yeboah und einem Uwe Bein. Aber nein, auch die Verpflichtung von Torwart Köpke reicht ja längst nicht aus, mich in meinem Entschluß nochmals wankend zu machen.

Nein, es bleibt dabei – 42 Jahre Eintracht Frankfurt sind weiß Gott genug.

Genug aber auch, um nochmals nicht ohne Wehmut eines längst Vergangenen zu gedenken. Zu gedenken und aus den bleichen Schlünden fahler Tiefenzeit noch einmal hervorzuholen die Tage der frühen Jugend, ja noch der späten Kindheit, beide schon geprägt und mitgefärbt durch Eintracht Frankfurt.

Aufgetan und prachtvoll eröffnet hatte sich damals dem Zehnjährigen eine neue Welt, die des Fußballs, ihn einführend in eine noch unbekannte und gänzlich neuartige Wirklichkeit, und es war diese persönlichkeitsbildender als die des ganzen und etwa gleichzeitig auf ihn einwuchtenden gymnasialen Wissens- und Bildungsstoffs, als Englisch und Latein und der Pythagoras zusammen, süßer bebenmachend, sanfter schauerbildend als selbst die sich damals im zumal südlichen Deutschland noch stark und majestätisch aufrichtende Welt der katholischen Religion und zumal ihrer farbigen Liturgie, der Oper so nahe und verwandt – ja, doch, eine Ersatzreligion im durchaus metamarxistischen Sinne war der Fußball dem zweifellos hochbegabten Kinde längst geworden und blieb es in etwas modifizierter Form für Jahrzehnte; schon der 11jährige aber horchte und gehorchte dieser Parareligion mehr noch als der damaligen und gerade mit einem 1:0 Länderspielsieg gegen die Schweiz wiedererstandenen Nationalmannschaft, die damals noch meist auf den Namen »Ländermannschaft« hörte –, mehr noch affiziert war diese neue und durchaus hohe Gemütsreligion ab 1952 erstmals der Frankfurter Eintracht von der »Süddeutschen Oberliga«, jener also, die sich damals aus mir heute noch erinnerlichen Namen konstituierte wie Torwart Henig, Verteidiger Bechthold (sein Sohn brachte es später zum zeitweisen Eintracht-Mittelstürmer), Linksläufer Kudras und auch schon Alfred Pfaff auf dem linken Flügel, als Spielmacher etwas wie Halblinks und Linksaußen zugleich.

Und alle 18 Mann Stammspieler samt Trainer nämlich versammelt in 18 knapp streichholzschachtelgroßen Farbpaßfotos, gesammelt im heute längst unbezahlbaren Kiddy-Kaugummi-Album Oberliga Süd Saison 1951/1952, das heißt, man kriegte diese den 11jährigen restlos verzaubernden farbigen Spielerköpfe damals als Sammel-Beigabe für Quieta-Kaffee, für Suleika-Tee und eben für den pfefferminzigen Kiddy-Kaugummi – und nachdem ich also ja nicht den ganzen Tag Kaffee und Tee wegtrinken konnte, kauften wir Buben, ein Jahr vorher frisch ins Gymnasium eingerückt und eigentlich schon ein bißchen mit Shakespeare und Cornelius Nepos befaßt, tagelang praktisch ununterbrochen Kiddy-Kaugummi, um ihn ebenso ununterbrochen zu kauen, sodann wieder 30 Pfennige für drei neue Packungen aufzutun und gleichzeitig die Bildchen je nach Bedarf untereinander zu tauschen (der Gefragteste war damals zeitweise Siegfried Bestle von Schwaben Augsburg, für ihn mußte man schon gut fünf Max Morlock oder Dr. Teufel oder Keuerleber vom VfR Mannheim rausrücken) – ja, je 18 Spieler von 18 süddeutschen Klubs waren derart geschlossen zu sammeln und zu erraffen, und natürlich gab es da auch ganz andere hochfaszinierende Vereine von (in der Reihenfolge des damaligen Tabellenbilds nach) SpVgg Fürth mit Max Appis und Horst Schade über den Nürnberger Club noch mit dem unvergessenen langbehosten Stopper-Gentleman Kennemann, aber auch schon mit der später konkurrenzlosen Läuferreihe Bergner-Baumann-Ucko, sodann heute praktisch verschollene Vereine im unteren Tabellenbereich wie Singen, Reutlingen, Waldhof und sogar Neckarau – Augsburg war noch mit zwei Vereinen vertreten, Schwaben und dem BC, der heutige Karlsruher SC hieß damals noch nach der Vorstadt VfB Mühlburg und gehörte wie Mannheim zur aktuellen Spitzengruppe der Liga –

– ja, und da wohl erstmals war es, daß die Frankfurter Eintracht ins Zentrum meiner Aufmerksamkeit, meiner morgenblütenjugendlichen Wünsche und Sehnsüchte rückte, aus einem mir nicht mehr erinnerlichen, gewiß aber langfristig gottgewollten Grund. Und dies, obwohl der Lokalrivale FSV, dessen entsinne ich mich wieder genau, damals in der Tabelle vor der Eintracht stand und mit dem Torwart Rado und dem Rechtsaußen Drziwoki auch die – was ein 11jähriger alles zusammenfühlt und -träumt – schöneren Spieler hatte; nach Maßgabe jedenfalls des Kiddy-Albums; gesehen hatte die Provinzmaus realiter ja noch keinen einzigen Oberligastar!

Es spielte damals 1952 bei meinem kindlichen Erkenntnisschock, bei meiner kleinen visio beata, daß sie, die Eintracht, meine wahre Mannschaft sei, meine mir vorbestimmte Mannschaft, indessen sich das restliche Süddeutschland entweder auf den Club oder auf Fürth oder auf Bayern München oder damals mehr noch auf 1860 stürzte und kaprizierte, – es spielte bei mir sicherlich dann auch eine integrale und stabilisierende Rolle, daß die Eintracht in einer rechten Ursache-Wirkung-Korrelation von Henne und Ei auch meine erste Tischfußball-Mannschaft wurde, mein Freund Willi hatte schon den Nürnberger Club erkoren, blieb mir also nur die Eintracht, d. h. ich glaube mich jetzt doch fest zu erinnern: zuerst war die Passion via Kiddy-Bilder da oder jedenfalls präformiert, dann kam das aus farbigen Flohhüpfern bestehende Tischfußballteam hinzu, mit bereits neben Pfaff Kress im Sturm, Lutz in der Verteidigung und Josef Weilbächer in der Läuferreihe – und als Mittelläufer prangte dann, jetzt kommen mir die genauen Bilder zurück, als ein besonders kompakter Doppelflohhüpfer der Jugoslawe Horvath, den sie als einen der, noch lang vor Jusufi, ersten nachkriegsdeutschen Gastarbeiterkicker in der Sportpresse immer den »Baumlangen« hießen; ich mußte es glauben, noch immer hatte ich keinen wirklichen – mit der Bundesliga dauerte es noch gut zehn Jahre – Oberligafußballer leibhaftig spielen sehen.

Das mußte auch nicht sein. Auch so war die Eintracht längst meine vermutlich vom biblischen Gott prädestinierte und mir zuerkorene Leib- und Magenmannschaft geworden – spielen sah ich sie im Stadion tatsächlich erst und erstmals 1963 (!) in Nürnberg. Daß ausgerechnet im fernen und thüringischen Saalfeld ziemlich gleichzeitig ein neun Jahre älterer und reiferer nachmaliger Schriftstellerkollege und Freund seine begehrlichen Augen gleichfalls längst auf die Eintracht geworfen hatte, das konnte ich bei allen evident theologischen Implikationen der Causa Eintracht Frankfurt noch nicht wissen – genug, seit ca. 1970 wetteiferten Ror Wolf und ich diesbezüglich in Kenntnisreichtum und Gunstbezeugungen. Bis endlich 1974 sogar dem Sportchef der *Bild*-Zeitung auffiel, daß wohl sonst kein Verein der Bundesliga, ja der gesamten deutschen Sportgeschichte gleich zwei großmächtige Poeten hörig und zu Chefideologen sowohl als Chefelogisten gemacht hatte – Wolfs Wissen um die Eintracht und ihre räumlichzeitlichen Tiefen reicht genaugenommen sogar noch weiter zurück, was berühmte Namen angeht, bis knapp in die Vorkriegszeit sogar; und noch weiter zurück greifen jene Rentnergespräche am Spielfeldrand des Trainingsfelds im Riederwaldstadion, wie sie Ror Wolf in den siebziger Jahren für hörspielartistische Radiozwecke ganz seriell und seriös per Mikro und Tonband festgehalten hat: Das Gedächtnis an ehedem eintrachtberühmte Namen zu konservieren und im Buch festzuhalten, Namen, von denen selbst der DFB, ja wohl auch die Eintracht-Archive sonst wenig gewußt mehr hätten. Denn merke, schon laut Hölderlin: Was aber bleibet, stiften die Dichter.

Verehrung bis hin zur Verklärung der neuen und der alten Kämpen: Es ist mit Sicherheit kein Zufall, daß Ror Wolf der Eintracht auch fast gleichzeitig mit mir ade gesagt hat, Abschied genommen hat in seiner Eigenschaft als Hymniker, als Stadionbesucher, als Vereinshistoriker und zuweilen wohl sogar als Spielerberater, Seelenberater. Abschied nehmen mußte, es ging nicht mehr, es wäre anders auf Selbstverleugnung hinausgelaufen, bei ihm wie bei mir, nein, es war dies ja seit allerspätestens 1990 nicht länger die Mannschaft Pfaffs und Grabowskis und Nickels, hier half länger keine Selbstbeschwörung, schon vor Jahren bestätigte mir Ror Wolf brieflich meine eigenen Gefühle prazise:

»Nein, nein, das ist nicht mehr unsere Truppe. Diese kunstlose Langeweile geht mir auf die Bandscheibe.«

Und Ror Wolf tippt knapp große Historie an:

»Neulich war ich wieder einmal in aller Unschuld auf dem Trainingsgelände am Riederwald, also da, wo ich vor vielen Jahren die aufregendsten Abenteuer erlebt habe: Im Hintergrund die schwarzroten Zauberer; nicht nur Hölzenbein, oder vorher Huberts und Schämer, jeder ein Charakterspieler. Das ist alles verschwunden: eine Primanertruppe, eine Primanersportstunde und am Rande gar nichts mehr, keine Magie, keine Kunst, nichts, was ins Herz geht. Nur Mercedeswagen.«

Die Unfähigkeit zu spielen reicht der, darüber wenigstens zu trauern, ohnmächtig die Hand. Seit einem, alles in allem, runden Jahrzehnt. Mindestens. Ach, und dabei streift Wolf in seinem auch schon wieder überholten Brief ja nur den mindesten Bestand der seit Jahren, der letztlich seit einem satten Vierteljahrhundert waltenden Defizite – dabei konnte er damals noch nicht einmal das größte kennen, jenes, das auf den Namen Maurizio Gaudino hört, mit seinem penetranten Dreitagebart und seinem das Blaue vom Meer versprechenden freilich mannheimstämmigen Namen als Latin-Lover für die unbedarfteren Frauen im Waldstadion fungiert und, schlimmer noch: Weil er früher drei mal den Ball ganz nett getroffen hat und deshalb sofort in die Nationalelf beordert worden war, als Hoffnungs- und, laut eigener Aussage, sogar als Leistungsträger der Mannschaft galt. O der Schande. O des unverständigen Geschmadders.

Allein, es ging und geht ja längst nicht allein um Gaudino – ebensowenig mehr wie um Hoffnung dergestalt, daß kurzzeitig ein Doppelgestirn namens Yeboah/Bein das Stadion zu erwärmen schien, bis hin zu den albernsten Träumen von der Deutschen Meisterschaft. O der Schande, o der Schmach. O der Erinnerung an das Meisterjahr 1960, da man in der Endrunde samt Endspiel gegen Kickers Offenbach (5:3 n. Verl.) nicht ein einziges Pünktchen abgab und den Gegnern gönnte. O des Eingedenkens der gloriosen Semifinal- und Finalspiele im Europacup 1960. O des noch ein paarmal wenigstens kurz aufflackernden Glanzes und Glimmers anläßlich der deutschen Pokalsiege und des Europapokals in den siebziger-achtziger Jahren. Um so eherner: Heute, 35 Jahre nach der Deutschen Meisterschaft, bleibt es dabei: Nach einer letzten, immerhin periodisch und legendär launisch Glanz aufblitzenden Ära zwischen 1977 und 1981 und einem letzten, beinahe schon mehr zufälligen Nachwehen um 1992, nach einer Zeit kurzum, als man an guten Tagen den Spitzenreiter Bayern München mit 6 : 0 und an mittleren Rotweiß Essen immerhin noch mit 9 : 1 niederzumachen vermochte – nach dieser Spätblüte ist es 1990 und gar 1994 endgültig aus. Längst nur noch von Verklärung umflort die Tage und Jahre, da man im Herbst 1979 – der Koreaner Cha Bum war soeben zur Mannschaft Grabowskis, Hölzenbeins und Nickels gestoßen – hintereinander nochmals den VfB Stuttgart, den HSV und Bayern zur Strecke brachte, so wie um 1960 Glasgow Rangers oder gar die argentinische Nationalmannschaft, welche vorher die deutsche ausgeschaltet hatte.

Ein später und weh hesperidischer Abendrotstrahl von Ruhm und Größe Frankfurts schimmerte und glimmte da nochmals auf, etwas von jener alten Glorie, so da mir und meiner adoleszierenden Seele ein Vierteljahrhundert vorher den oft freudetaumelnden Weg zu dieser Eintracht bereitet und gebahnt hatte, zu dieser wenn auch damals schon ziemlich zu Recht sogenannten Primadonna von Main, jener seltsam launischen Diva, die da aber halt immer wieder und oft genug in Mittelfeld und Sturm und quer übers gesamte Spielfeld ein Capriccio aus Witz und Technik, eine Sinfonie aus Mozartscher Eleganz und Beethovenschem Brio und Chopinscher Filigrankunst zu veranstalten vermochte, das pastose Brucknersche Finalmaestoso nicht zu vergessen, das noch die stärksten Schwarzen aus Köln und München und selbst die Manndeckung um Beckenbauers Bayern niederzumähen vermochte, ach! –

– und nun also Binz und Furtok und Weber und Bindewald. Nein, nein, es geht nicht mehr. Nein, nichts geht da mehr. Und mit dem genuinen und immerwährenden Bübelchen Doll im bereits dritten Versuchsanlauf gleich schon gar nichts. Und wieder nichts.

Schuld hat wer an dem letzten Endes schon fast zwanzig Jahre wirkenden Desaster? Richtig, das Gift des Spätkapitalismus auch, diese Standardsituationen aus Geld und noch mehr Geld, aus Bauherrenmodellen und gleichwohl nicht gelingen wollendem Sozialstatus, ja der ausgebliebenen Sozialisation. Dieser Pesthauch, der den Fußball aber ja insgesamt global umdünstet, und im Deutschen offenbar nur besonders fluchvoll und schwerst miasmatisch. Der gewiß noch nachwirkende Fluch dieses Torwarts Uli Stein und seiner unermeßlich inferioren Sprüche. Und dies in der Nachfolge des großen, edlen, noch mit Torwartkappe und Knieschützern eingedeckten und einstmals aus Schwabach herübergeholten Egon Loy!

Wohin sind sie geflohen, die Wonnestunden der Kindheit, der frühen Jugend und noch der späten Mannesjahre? I bellissimi momenti des ach so großen Entzükkens, da das Herz sich weitete und zugleich zusammenzog angesichts dessen, was die Primaballerina der Oberliga und dann mitunter auch noch der Bundesliga da spätestens jeden dritten Samstag auf den Rasen zauberte! Ach der Erinnerung an die Grabowskischen Dribblings allercharmantester Zaubrischkeit! Ach der Ballverteilerkünste eines Pfaff und später Nickel – nebst beider ungeheurer Freistoßhämmer! Ach der Hubertschen Kreiselfigurinen im Geiste mäßig raschen Wiener

Walzers! Kressens rassige Haken auf Rechtsaußen und sein Tordrang! Der kecke Antritt Rohrbachs! Athletik Chas, Neubergers Märsche nach vorne, für Freund und Feind fast gleich gefahrenvoll. Ach und o der von Ror Wolf im Vers besungenen strammen Weitschüsse Schämers. Ade, du Friedel Lutzsches Abwehrbollwerk. Lebt wohl ihr Hölzenbeinschen Finten und Kapriolen, die selbst Beckenbauer zuweilen narrten, daß die entrückte Seele mitten in der Stehsüdkurve hoch aufjauchzte! Per sempre addio! – –

Und heute also Falkenmayer und Dickhaut und Bindewald. Und: Rauffmann. Damit hat es sich. Damit geht nichts mehr. Nein und abernein: Nach 42 Jahren Dienerschaft bei der Frankfurter Eintracht geht's nicht mehr.

Und aber ich nach – Freiburg. Von Frankfurt am Main nach Freiburg im Breisgau. Zum dortigen SC Freiburg.

Doch, wie in gar zu langlebigen Ehen: Wechsel, zuweilen tabula rasa, muß halt sein. Leider. Leider und Gott sei Dank. Eh es zu spät wird und das Herz verstockt:

Der SC Freiburg soll es sein.

Wohl jedermann wird mir zugeben, daß meine Wahl keine schlechte ist. Meine späte Erwählung jener also, die, kaum ins Oberhaus aufgestiegen, die Herzen, die Zuneigung, die zuweilen etwas allzu gönnerhafte Liebe praktisch der gesamten deutschen Fußballwelt für sich gewannen. Die schon 1993/94, kaum in die Bundesliga hochgerückt, gleich mal vermeintliche Asse wie Bayern und die besagte Eintracht putzten; die da allseits Beifall für ihre selten schöne, offensive, unzeitgemäß leichtsinnige Spielweise erwirkten – und dann freilich tatsächlich im Zuge einer recht unwahrscheinlichen Kausalkette von Nonchalance, Unbedarftheit, falscher Ökonomie und schierem Pech scheint's hoffnungslos in Abstiegsnot gerieten, schon abgestiegen schienen und endlich durch eine noch unwahrscheinlichere Koinzidenz von Fakten und Zufällen in der allerletzten Schlußkurve doch noch die Errettung erlangten. Zur großen Freude, ja beinahe Verzauberung praktisch aller deutscher Fußballfreunde. Zum noch größeren Schmerz nur des stellvertretend wieder mal absteigenden 1. FC Nürnberg.

Und vor allem zur leisen oder auch lauten Verwunderung jener Fachkräfte rund um den fußballfuturistischen Chefideologen U. Hoeneß, die da Spielweise, Gesinnung und Klubführungsstil der Breisgauer schon immer als amateurhaft, ein bißchen lachhaft und zutiefst anachronistisch, ja als atavistisch von oben herab behandelt hatten. In einem einzigen Spiel war jener Hoeneß eines schmerzlich Besseren belehrt worden: Gegen seine Bayern schoß ein einziger Freiburger, der für ein paar tausend Mark in den Schwarzwald gekommen war, in einer einzigen Halbzeit mehr Tore (drei) als manche von Hoeneß' Millionenkäufen in der gesamten Saisonvorrunde zusammen!

Ein Anachronismus, den sich nun freilich keiner so heftigst wünscht wie ich, der neue Freiburg-Anhänger und Ideologe und Idolatriker. Vorzüglich dann, wenn es, das scheint's rettungslos Veraltete, die Modernisten und Hoeneße hereinlegt.

Noch kenne ich meinerseits nicht all die alten und neuen Spielernamen des SC Freiburg aus dem Effeff (wie heute noch, ach, die Meistermannschaft von Eintracht Frankfurt im Schlafe auswendig): Diese herrlichen und zuweilen herrlich badensisch oder badenbrasilianisch bzw. feldbergalbanisch daherplaudernden Spieler rund um den inzwischen, kurz nach Niederschrift, leider wieder abgewanderten Spielmacher Rodolfo Cardoso, also diese allseits bezaubernden Rraklli und Todt und Wassmer und Spanring und Heinrich und Uwe Spies – aber, fraglos, ich lege schon mit diesem Bekennerbriefartikel hier scharf zu. Und eingestehen muß ich, daß ich den SC Freiburg bisher nur vom Fernsehen her kenne, allerdings, ich bin so sicher wie festen Willens, nach der Niederschrift dieser Konfessio und der damit verbundenen Kanonisierung – des Vereins wie meiner geistigen Verpflichtung für ihn – das längst berühmte, nämlich immer rammelvoll ausverkaufte und dabei bestgelaunte Freiburger Dreisam-Stadion erstmals auf-

und heimzusuchen. Anders nämlich als der mir inzwischen wohlbekannte Präsident des Freiburger Sportclubs, Achim Stocker, der als »der größte Fan des SC« *(FAZ)* die Auftritte seiner Elf nicht mitansehen kann, weil ihn die Herzenssache Fußball sonst zum Herzinfarkt treibt.

Langvertraut ist mir inzwischen der Name des Trainers Volker Finke, jener also, den die angestammt linke *Frankfurter Rundschau* zum glücklichen Ende der letzten Spielzeit als das Mirakel eines im nachmarxistischen Sinne »nichtentfremdeten« Fußballtrainers aus dem Profilager ausruft. Wogegen noch darüberhinaus ich, einmal im Kommentarschwung, im SC Freiburg, im Prinzip Freiburg der Ära Finke, nichts Geringeres virtuell realisiert sehe als die berühmte Ernst Blochsche Heimat Novalisschen Geistes sowie, so wäre meinerseits zu ergänzen, die noch orientierungs- und namenlose Sehnsucht nach dem »Ganzanderen« des späten Max Horkheimer dazu und obendrein. Genau das also, was ich 42 Jahre vorher zu Recht bei Eintracht Frankfurt gesucht und gefunden habe und das nun im Windschatten des Schwarzwalds das wirkliche und wahre Erbe dieser und jener Frankfurter Schule nebst ihrer Kritischen Theorie weit über den eher unbefugten Nachlaßverwalter Habermas hinaus so legitim wie kompetent fort- und zu Ende wahrlich – äh: führt.

Und daß der Assistent des Trainers Finke einer meiner Leser und, als Nachwuchsautor, sogar Schüler ist, dies rundet nicht nur den Kreis von Intuition und Beglaubigung. Es macht mich fast ein wenig stolz und gar gerührt.

Als Wunder wurde die Rettung des SC Freiburg zum Schluß der vorletzten Saison und nach einem gloriosen 4 : 0-Sieg in Stuttgart allseits empfunden. Es war ein Wunder aber ausschließlich der Unwahrscheinlichkeit. Nach meinen Berechnungen betrug die mathematische Probabilitätsquote des Nichtabstiegs drei Spieltage vor Saisonschluß exakt 1 : 1492. Ja, es war wie ein kleiner Taumel des Numinösen aus dem Geist der wahrlich schwindelmachenden Mathematik – aber da fällt mir ein: eigentlich könnte ich ja ab sofort unter Stocker und Finke mein spätes Auskommen als wenn nicht Panegyriker und Pressesprecher, so als Freiburger Hofmathematicus noch finden.

Ja, doch, das wäre eine Perspektive fürs nächste Millennium.

Ach, Sepp Maier,

was tust Du uns da an. Längst hatten wir Dich abgehakt, dankbaren Herzens im Hirn zu denen postiert, deren unerträglicher Daueranblick uns endlichendlichendlich für alle Ewigkeit erspart bleiben würde – und jetzt holt Dich, o grausame Katze von Anzing, als ob seine eigene Gegenwart nicht schon genug schmerzte, dieser Beckenbauer nochmals aus der Versenkung Deines Tennis-Ruhestandslochs!

Nein, sag nicht, dafür sei aber jetzt der Barschel definitiv weg. Diese Rechnung geht schon deshalb nicht auf, weil irgendwann ja auch leider der Uli Stein wiederkommt. Ach, Sepp Maier, wenn Du intellektuell auch nur ahnungsweise zu begreifen in der Lage wärst, wie subtile Menschen unserer Art unter derlei Comebacks leiden, leiden, leiden – Du tät'st es Dir doch noch mal überlegen. Schau, die zwei Torwartdeppen warmzuschießen, ist ja doch auch so ein blöder Kas, daß sich sogar Deine alte Mutter dadafür noch schamen muß.

Gott zum Gruß, Erwin Huber,

Gott zum Gruß auf dem Stuhle Deiner Vorgänger Stoiber, Wiesheu und Tandler sowie in Deiner neuen und endlich und endgültig ratifizierten Funktion des CSU-Generalsekretärs. Gottes Segen im Amte möge Dich geleiten, ein starker Durchsetzungswille sowie eine nibelungentreue Gefolgschaft durch dick und dünn für F. J. Strauß. Unseren Segen, Erwin Huber, hast Du jedenfalls. In diversen TV-Sendungen konnten wir uns nämlich schon ein Bild machen und überzeugen: Ein loyaleres FJS-Sprachrohr, einen weltanschaulich gefestigteren Parteidenker, einen im Sinne des »innerparteilichen Fitnessprogramms« (E. Huber) innovatorischeren Top-Strategen, einen niederbayerischeren Kloiffel als Weltpolitiker, kurz: einen 110prozentigeren Saubauern als wie Dich haben wir trotz Stoiber, Wiesheu und Tandler bisher noch nicht erlebt.

Zum 95. Wiegenfest, Luis Trenker,

nur wenig verspätet auch unsere Glückwünsche. Das Ganze fand statt im Zuge eines imposanten ZDF-Zombie-Auflaufs von Millionen bunter Blumen, 100.000 gratulierenden Kleinkindern, 10.000 Trachtlern und Tausenden von Folklore-Funktionären und Landeshauptmännern, die meisten von ihnen auch satt über 90 – es war ziemlich höllisch, es war von einer ganz himmlischen Kardinalgemeinheit und Langkofelniedertracht des Lebens – und wie Sie da vollrohr mitten drin gesessen sind, Luis Trenker, eine Leiche auf Sprungfedern, aber knallbraun wie die damalige große Zeit, den ganzen Scheiß zackig furchig todbereiter Miene über sich ergehen lassend, aber im Zweifelsfall ihn eben doch tolerierend, ja feiernd: Es war eine Offenbarung, es war Urgestein, ein hoffentlich nicht letztes Mal »zeigte es sich, wie schön es ist, ein Tiroler und ein Christ zu sein« (Trenker a.a.O.) – und, was uns angeht – eben ein Fernseher.

Griabigi saluti bis zum 100.!

T. Jens' Berührungen

»Dieses Buch hat mich berührt wie lange nichts mehr«, schrieb schon vor Jahren Tilman Jens über D. Hildebrandts Lebensbilanz »Was bleibt mir übrig« – und der Kindler-Verlag verwendet dies Zitat (neben anderen, aber kleiner gedruckten) noch heute in seiner Reklame.

Daß Verlage, so weit ihr Arsch auch offen, im Zweifelsfall doch immer die falschesten Fürze lassen, dessen wollen wir uns hier nur abermals leicht wundern. Daß aber ein noch nicht einmal 30jähriger Rhetoriker-Filius über ein zudem eher kunstlos-platt heruntergeschriebenes Buch einen derart bräsig-geschwollenen Brummstiefel schwurbelt, als ob er sich seit 40 Jahren von Büchern berühren lasse wie ein schon unmenschlich Zarter, obschon er doch eher ein unleugbar Korpulenter und Robuster ist: Das, weil es die schwafelnde Kontinuität Vater-Sohn sichert, wollen wir doch wieder kraftvoll loben.

Wie dumm darf ein deutscher Professor sein?

Eine akute Fallstudie

»Wer kann sagen, wie die Gehirne der zweitnächsten Generation beschaffen sein werden ... Das, und nur das ist der Inhalt unserer Kultur: Die Rapidität, mit der uns die Dummheit in ihre Wirbel zieht.«

Karl Kraus

»Warum aber wird das Pelemele der Professoren, wie der Menschheit, doch nie entscheidend anders, warum sich dann erregen, sich mokieren?«

Karlheinz Deschner

Früher, zu Goethes Zeiten, da konnten manche Professoren die halbe Bibel und die ganze Homersche Odyssee auswendig aufsagen. Noch früher, da kam der Professor Doctor Johann Faustus schwer angesoffen an den Katheder und verzauberte zwölf Studenten. Und um 1800 flüsterte eine daimonische Kraft dem gesegneten Professor Johann Georg August Galletti zu Gotha Sätze ein wie diese: »Das größte Insekt ist der Elefant« und »Ich bin so müde, daß ein Bein das andere nicht sieht.«

Das war zwar alles schon ziemlich kurios, aber heute ist es noch viel bescheuerter. Zum Beispiel dieser Satz: »Die Gründe für eine Einbeziehung Benjamins in Adornosche Sentenzen (...) ist (!) zunächst die unendliche Selbstreflexion der Subjektivität.« Was könnte gemeint sein? Wie könnte der Satz richtig lauten? Wie könnte man den grundlos in Adornosche Sentenzen einbezogenen Benjamin wieder aus der Selbstreflexion herausholen? Hat es Adorno in der Subjektivität – zunächst? – allein nicht ausgehalten? Gemeint war vermutlich: »Adorno schien zu glauben, daß Benjamin eins mit seiner eigenen Philosophie teilte: Die unendliche Selbstreflexion der Subjektivität«. Was immer das sein mag.

Das Buch heißt »Walter Benjamin – Zwischen Marxismus und Theologie« (Walter Verlag, Olten und Freiburg im Breisgau 1974), so steht's jedenfalls auf dem Schutzumschlag. Schlägt man das Buch auf, heißt es plötzlich (irgendjemand war sich da nicht einig): »Walter Benjamin und der humane Marxismus«, und das klingt ja tatsächlich noch viel zielgerichteter.

Der Autor Henning Günther, Jahrgang 1942, Dr. phil., hat Philosophie, Literaturwissenschaft und Erziehungswissenschaften studiert und ist Wissenschaftlicher Assistent an der Pädagogischen Hochschule Münster. Günther zeichnet auch verantwortlich für das Werk »Philosophie des Fortschritts – Hermann Cohens Rechtfertigung der bürgerlichen Gesellschaft.« Ein weiteres Werk »Kritik der emanzipatorischen Schulreform« ist angekündigt. Allerdings: Kritischere Sätze dürfte es auch nicht mehr zu bieten haben als das vorliegende Benjamin-Buch.

Für seine Interessenvielfalt hat nämlich Benjamin nun wirklich ein Lob aus berufenem Munde verdient, zumal er auch sonst die Augen offenhielt: »Benjamins wichtigste Arbeit bestand in der Aufmerksamkeit (!) auf (!) die geschichtliche Kultur (!), um (!) den Augenblick des Rettens nicht zu versäumen.« Eine Arbeit, die in Aufmerksamkeit besteht, und noch dazu auf so etwas Famoses wie »die geschichtliche Kultur«, ist allerdings nötig, auf daß – nicht »um«! – der Augenblick des Rettens falscher Satzbauten nicht versäumt werde. Dies gilt auch für die Aufmerksamkeit auf den nächsten Satz: »Benjamin hat nicht an eine Chance vernunftgeleiteter, autonomer Praxis geglaubt, den Weg in die Katastrophe verhindern zu können.« »... die den Weg hätte verhindern können« wär' zwar auch noch nicht gerade glanzvoll, aber doch schon irgendwie fast richtiger.

»Benjamin bemühte sich zunächst (!) darum, ob (!) es einen Begriff der Kritik geben kann.« Henning Günther sollte sich zunächst, wenn nicht schon alles zu spät wäre – zum Beispiel um das Buch »Die Sprache« von Karl

Kraus bemühen, ob ihm dann vielleicht beim nächsten Mal der Satz also geriete: »Benjamin fragte sich, ob ...«

»Es gibt aber über (!) die politischen Konsequenzen der Herrschaft des Mythos noch einen eigentümlichen Bereich (!), von dem nun die Rede sein soll.« Nein, um Gotteswillen nicht; vielmehr vorerst wollen wir diesen Satz zwar nicht verständlicher machen, ihm aber, soll er überhaupt irgend einen Sinn transportieren, ein »hinaus« nach »Mythos« anhängen.

»Benjamin spricht hier vom ›Ausdruckslosen‹ als eines (!) kultischen Gehalts.« Ein wahrhaft kultischer Genitiv. »Auf diese Frage gibt es zwei extreme Antworten.« Nein, zwei extrem entgegengesetzte. »Benjamin führt den Nachweis durch zwei Hinweise.« So soll es sein. Zwei Hinweise ergeben allemal einen Nachweis. »Aber eine Ontologie des Seins des Daseins konnte...« Wenn man irgendwie das sichere Gefühl hat, daß eine Ontologie eine Seinslehre ist, dann hätten wir hier also so etwas wie eine Seinslehre des Seins des Daseins. Na fabelhaft, wie hat uns doch die unendliche Selbstreflexion so herrlich weit gebracht! Von schlichterer Schönheit ist wieder der nächste Satz: »Die Wahrnehmung der Geschichte ist deshalb durch Strukturen möglich.« Genau. Dunkler dieses Highlight: »Die Konfigurationen des Lebens haben längst als Kollektiv sich verwirklicht.«

Neben dem Aparten des (O Adorno, was hast du da in den Köpfen angerichtet!) postponierten Reflexivums transportiert dieser Satz Somnambules sowie einen Stabreim. Ist das gar nichts? »Benjamin hat versucht, Städte flanierend mit der Erlebniskapazität zu fassen, die...« Konzediert man, daß Kapazität Fassungsvermögen ist, dann hat der Benjamin also flanierend (!) versucht, Fassungsfähigkeit zu fassen. So gehört es sich.

Nehmen wir einen weiteren Satz: »Diese Theorie gewinnt aufgrund von Erfahrungen mit Haschisch als einer Epidemie in den Großstädten mehr Plausibilität. Benjamin war der erste, der hier (!) einen unaufhaltsamen Verlauf prognostiziert und vorweggenommen hat.«

So. Der erste Satz ist fast richtig, auch wenn er vielleicht eleganter hieße: »Weil in den Städten viel gehascht wird, könnte das stimmen.« Aber dann wird's unklar: Hat er nun die Haschisch-Welle bloß prognostiziert? Oder aktiv vorweggenommen? Ganz allein? Respekt! Weiter im Text:

»Die Alternative von Faschismus und Kommunismus ließ Benjamin ohne Schwanken am Kommunismus festhalten.« O wahrhaft kühne Metapher, die die Alternative Benjamin ohne Schwanken an ihrer einen Seite festhalten läßt! »In diesem Fragment kommt wieder die Position zum Tragen.« Na, ob das gut geht, wenn eine ganze Position zum Tragen kommt?

»Benjamin ist hierin Rosenzweig gefolgt bis hin zu der tiefen Konsequenz Benjaminschen Ingeniums.« Unendliche Selbstreflexion! Benjamin folgt Rosenzweig bis hin zu Benjamin! Aber es wird noch reflexiver: »Die Immanenz der Geschichte und ihrer Rituale des Immergleichen...« – gefällt uns auch sehr gut.

»Im folgenden soll die Virulenz des theologisch-geschichtsphilosophischen Horizontes in allen Phasen seines Denkens belegt und gedeutet werden.« Kann ein Horizont wirklich »Ansteckungskraft« haben? Kann andererseits ein Horizont denken? »Benjamin ist diesem Entwurf der Erfahrung einer konkreten Totalität ebenso treu geblieben, wie er ihn selber revidieren mußte.« Ja, also, was denn nun? »Benjamin hat explizit auf die Diskussion politischer Theologie Einfluß gehabt.« Also »explizit« bestimmt und garantiert nicht. Vielleicht »nachweislich«. Oder »tatsächlich«. Aber warum sollte einem auch genau im entscheidenden Augenblick das richtige Wörtchen einfallen?

»Das Schicksal der Unterworfenheit der Menschen unter Gewalt und die Blindheit im Erkennen der Gewalt (...) sind durch Erkenntnis nicht aufzuheben.« Wahrhaftig, die Blindheit im Erkennen ist durch Erkenntnis nicht aufzuheben – das mußte auch mal gesagt werden! »Die Dialektik der Natur müßte von Benjamin aus ganz anders bestimmt werden, als die Imputation (!) Darwins in den Marxismus durch Engels gelehrt hat (!). Diese

Dialektik in theologischem Kontext ist das Eigentümliche der Profanität. Die Beliebigkeit des Bedeutens (!!) entfremdet die Realien vom Sinn. Die Entfremdung vom Sinn setzt alles in eine vernichtende Freiheit. Aber diese Freiheit gibt den Dingen unter allegorischem Blick ein vieldeutiges Verweisen. Damit unterliegt Natur der Geschichte ihrer Bedeutung.«

Ja, das ist es vermutlich: »Die Beliebigkeit des Bedeutens entfremdet die Realien vom Sinn.« Mit dem Ergebnis einer »vernichtenden Freiheit.« Aber das Ganze ist nicht allein lächerlich. Günthers Benjamin-Stuß, seine, von seinen sprachlich-denkerischen Stupenditäten abgesehen, stupide Beschreibung Benjaminscher Texte, die man besser im Original liest, scheint ein Modellfall für einen neueren Typus von Wissenschaftlichkeit zu sein, der, wäre man – mit Deschner zu reden – nicht schon zu abgebrüht, das Schaudern lehren müßte.

Den Typus systematisch zu untersuchen, wäre heute eine wichtige und lohnende Aufgabe. Henning Günthers Opus in seiner, freilich extremen, Tölpelhaftigkeit gibt immerhin wertvolle Hinweise auf wahrscheinlich Exemplarisches. Denn Sprachschlamperei und -stümperei treten ja nicht nur komisch auf und zufällig, sondern als Ausdruck einer Gesinnung: Der des Parvenüs und Lakaien zugleich. Ihre Formen lassen sich fürs erste als unerschrockener Dienst an der Mode, als geistiges Schmarotzertum und eine Ignoranz skizzieren, die, das Fähnlein nach dem je aktuellen Wind gedreht, noch über ihre eigene Leiche marschieren.

»Marxismus und Theologie«: In erster Instanz zitiert man die modernen Großdenker von Marx bis Benjamin und Adorno, in zweiter schüttelt man sie mit etwas Beliebigem, das »Theologie« heißen mag, aber genauso gut »Humanismus«, »Judentum« oder »Emanzipation« heißen könnte, durcheinander, in dritter Instanz aber läßt man durchblicken, daß man – kraft der eigenen universellen Perspektive und Bildung – sowieso noch kritischer ist als Marx, Benjamin und die Frankfurter Schule zusammen.

Das sozusagen legale Abstauben von geistigen Gütern reicht einer besonders zerrütteten Form von afterwissenschaftlicher Vielfältigkeit die Hand: Dem Hantieren mit allem und jedem, was von Bloch bis Benjamin, von der Hoffnung bis zur Kabbala gerade mal so im Schwange ist.

So besetzt im Zeichen der Hochschulreform ein jeder sein wissenschaftliches Eckchen, ackert universalwissenschaftlich drauf rum und verteidigt seine ausgeflippten Mittelmäßigkeiten. Wobei die Eckchen ihrerseits vermutlich von Universität zu Universität je nach Standort des Weltgeists verschieden zu besetzen sind.

Und wenn man zufällig, wie unser Mann, irgendwo für Benjamin und Theologie gleichzeitig ist, dann hat die »Frankfurter Schule« gefälligst eins auf die Finger zu kriegen, und wäre die Schlaghand noch so unbegabt.

Man sieht: Dieser Benjamin-Forschung, das noch vor kürzlich in die Hände der marxistisch Disziplins lag und dem Frankfurter Schule, legt heute in beste Hände, insbesonders was Grammatica, editorisch Sorgfältigkeit, gut Deitsch und kritisch Denkschärftum der neueren deutschen Professorenschaft in dialektischer Analyse nebst reflexiver Autoreflexivität betriff. Prima prima academia. Nam nam.

Karlheinz Deschner hat vor sieben Jahren den älteren Typ des jüngeren deutschen Professors elaboriert: Den Schlamper, den Orakler, den Vergreisenden, den halbgöttlich in seiner eigenen Fachidiotie herumschreitenden Hohlkopf. (»Wer lehrt an deutschen Universitäten?«) Der noch neuere, vor allem seit dem Ende der Studentenrebellion sich etablierende Typ hat sich – bei gleichbleibender Grundsubstanz – nur in Nuancen gewandelt: Zum Großepigonen, Großbluffer, zum progressistisch sich aufspielenden Hansdampf in allen Gassen.

Alles und jedes, Halbverdautes und Unverdautes, ist ihm in der sogenannten schnellebigen Zeit gerade gut genug, es auf Wissenschaftlichkeit komm' raus zu verwursten und zu verbraten. Das Schlagwort von der interdisziplinären Kooperation taugt zur Verschleierung von Unfähigkeit auf allen Feldern – bis hinunter zum Satzbau.

Betrieb ist alles: Natürlich ist das »System« schuld. Will man standhalten im akademischen Ramschgewerbe, muß geklotzt werden, muß mit aller Macht profiliert werden, müssen die Dinger auf den Markt. Die Karriere-Macherei der Professoren fängt an mit einer kalkulierten Spezialisierung, Marktlücken mit Penetranz zu besetzen, und wäre es – gegenwärtig berühmtestes Beispiel – die Marktlücke »Warenästhetik«, die Wolfgang Fritz Haug aus Berlin nicht nur unnachgiebig beschlagnahmt hat: Er besteht in seinem gleichnamigen Buch (wo anders als bei Suhrkamp hätte es erscheinen können?) sogar darauf, das Wort erfunden zu haben, ja, er gibt sogar das Erfindungsdatum an – Gebrauchsmusterschutz, eingetragenes Warenzeichen.

Der heutige Zusammenhang Marxismus – Karrierismus wäre einer gründlichen Untersuchung wert – die *Frankfurter Rundschau* widmete dem Thema immerhin unlängst eine Feuilleton-Seite: Ironisch und symptomatisch genug freilich, daß der Autor selber ein Vertreter der zu behandelnden Gruppe ist. Die schärfsten Kritiker der Elche waren früher selber welche...

Eine Gesamtdarstellung verdienten endlich auch jene Großvertreter von Kleindenkern, die sich seit Jahren halsbrecherisch darum bemühen, die Firma »Marx & Freud« zu gründen – wie überhaupt sämtliche »&« Kleisterer, die wiederum bevorzugt bei Suhrkamp ihr Auskommen finden. Da wird analysiert und seziert, konstruiert und kritisiert, neuentdeckt und revidiert, daß es eine wahre Freude ist.

Schon kurz nach Adornos Tod erschien ein Sammelband »Die Linke nach Adorno«, in dem die Unverfrorenheit dieser neuen wissenschaftlichen Generation sozusagen im Urzustand der Unschuld nachzulesen ist. Fortgeschrittenere Formen hat es erneut bei Suhrkamp. Der genannte Haug vervielfältigt sich aufs Manierlichste. Zu seinem älteren Editionsbändchen über Warenästhetik gibt's nun ein dreimal so dickes, in dem alles drinsteht, was bisher über das erste Bändchen dahergeredet und -geschrieben wurde: Die Presseabteilung hat ihren Rezensionskorb ausgemistet. Der Schmäh heißt dann bei Suhrkamp jeweils »Diskussion« oder »Materialien«. Auf Altdeutsch: Geschäft, Horatio, Geschäft...

Der Laden funktioniert – ungeschützt aber trifft es die Genies, ausgerechnet jene, denen kaum eine Gesinnung verhaßter war als die ihrer Blutegel. Lessing hat sie einst »Aufkläricht« genannt.

Ein Opus wie das von Henning Günther bezeugt wahrhaft beredt die gegenwärtige Kultur der Wissenschaft und der Universität. Daß ausgerechnet Günther noch den Satz von Walter Benjamin zitiert: »Was soll das: In einer Welt, die in Totenstarre versinkt, vom Fortschritt reden?« – dieser Witz macht schon beinahe mutlos. Wie dummdreist darf eigentlich ein deutscher Professor sein? Antworten wir güntherisch: Die Frage zu stellen, heißt sie ontologisch zu verneinen.

Der Krypto-Komiker

Thomas Bernhard – eine Zwischenbilanz

Der 42jährige österreichische Romancier und Dramatiker Thomas Bernhard, Büchner-Preisträger des Jahres 1970, gilt als einer der potentesten der deutschsprachigen Autoren – bei Konservativen wie Progressiven gleichermaßen. Deutsche Kritiker über die Werke Thomas Bernhards: »Was ihn schreiben macht, ist das am Rande des Unsäglichen gerade noch Sägliche.« (Otto Breicha). »Kritische Inbilder mentaler Prozesse ideologischer Formationen, die eine konservativ-nihilistische Philosophie des hoffnungslos Invarianten, des elitär Zerstörerischen bewegen.« (Botho Strauß). »Es dröhnt und hallt darin das Alleinsein, wie die Schritte eines Menschen, der als Letzter, Vergessener, in einem riesigen dunklen Gewölbe, etwa nachts im versperrten Petersdom, eingeschlossen wäre.« (Carl Zuckmayer). »Empfindlichkeitswörter, Qualwörter...« (Peter Handke)

*

Im August 1972 verfaßte der österreichische Schriftsteller und Büchner-Preisträger Thomas Bernhard anläßlich der Absetzung seines eben uraufgeführten Theaterstücks »Der Ignorant und der Wahnsinnige« – es ging um die sehr erhebliche Streitfrage, ob nach Stückschluß totales Dunkel im Zuschauerraum walten solle oder aus feuerpolizeilichen Rücksichten die Notbeleuchtung angeschaltet bleiben müsse – verfaßte Herr Thomas Bernhard ein Protestschreiben an den Präsidenten der sogenannten Salzburger Festspiele, Herrn Kaut:

»Mit kühlem Kopf muß ich heute von der Festspieldirektion veröffentlichte Argumente (...) als Infamie und die Tatsachen umkehrend bezeichnen (...) und haben Sie selbst die Verträge gebrochen (...) im letzten Augenblick und tatsächlich hinterhältig gebrochen (...) und den

Schluß des Stücks durch Ihren skandalösen Eingriff verfälscht haben (...) Sie selbst haben zugegeben, (den Regisseur) Peymann hereingelegt zu haben. Durch diesen Ihren Eingriff aus dem Hinterhalt, einen Vertrauensbruch ohne Beispiel (...) eine kriminelle Handlung (...) absolut vertrauens- und vertragsbrüchig geworden. Der Vertrauensbruch liegt voll und ganz auf Ihrer Seite (...) sind Sie vertragsbrüchig und für alle (...) Schädigungen verantwortlich (...) Nicht das Ensemble, sondern Sie sind für das Narren des Publikums verantwortlich (...) denn Peymann und seine Schauspieler, zu welchen ich hundertprozentig stehe, sind absolut im Recht, welches Sie durch falsche und (...) infame Angaben listig zu hintergehen trachten«.

Armer Herr Kaut. Er bekam nämlich nicht zufällig, wie hier der Übersichtlichkeit halber skandiert, eine finstere Ode, sondern einen wirklichen Protestbrief auf den Schreibtisch geschickt. Einen ehrlich und ernst gemeinten. Der trotzdem nichts als hoffnungslos komische Prosa ist. Warum? Komisch ist schlicht das Auseinanderklaffen von Form und Inhalt: Der Herr Kaut, stellvertretend für das sub specie Austriae vollkommen indifferente Salzburger Festspielgewurstel, kriegt einen Brief, der – peinlich peinlich – schon vom elementaren biblisch-rustikalen Vokabular her (Hinterhalt, hereinlegen, listig, hintergehen etc.) alle eingeleierten Kommunikationsgepflogenheiten »hintergeht«, indem er ihn, Kaut, in seiner werten Eigenschaft als Präsident irgendwie für alles Unheil und alle Katastrophen dieser Welt furchtbar und absolut verantwortlich macht. Bernhard schrieb keinen Protest, sondern komische Prosa.

Und sollte es selber nicht spitz gekriegt haben? »Kühlen Kopfs«? Und als einer der sprachsensitivsten deutschsprachigen Autoren? Der Fall ist merkwürdig. Einen österreichischen Unterrichtsminister Piffl-Percevic voll auflaufen zu lassen, indem man anläßlich einer Staatspreisverleihung dem zugehörigen Land »Schwachsinn« attestiert (worauf der Minister erbost den Saal verläßt, sich unter der Tür aber noch einmal umdreht und laut verkündet: »Wir sind trotzdem stolze Österreicher«) – dergleichen fügt sich gut dem exzentrischen Schriftsteller-Image des Thomas Bernhard. Ein wirkliches Protestschreiben aber in ein literarisches Capriccio umzufunktionieren, so daß nicht nur der Herr Kaut ausgetrickst wird und das Protestschreiben sich seiner Würde entkleidet sieht, sondern am Ende auch Bernhard und seine »hundertprozentigen« Verbündeten, der Regisseur Peymann und seine Mimen, ihr eigenes Vorpreschen satirisch nivellieren – das will nie und nimmer dem nach aller Kenntnis seiner sonstigen Verlautbarungen unweigerlich ernsthaften Herrn Bernhard zuzutrauen sein.

In der Tat ist in deutschen Feuilletons zwar viel über den Tragiker und Apokalyptiker und Weißderhimmelwas Bernhard bekannt geworden, kein Wörtchen aber darüber, daß dieser inzwischen schon mythosumwölkte alpenländische Herr in der vollen Katastrophenträchtigkeit all seiner Bücher einer der mächtigsten Spaßmacher ist, welche die deutsche Sprache je beackert haben.

Einer untergründigen, ja, um mit Bernhard zu reden: hinterhältigen Komik, die erst einmal einige Les-Übung verlangt. Am leichtesten nähert man sich diesem Herrn über eine kleine biographische Notiz, die das österreichische *Neue Forum* im Vorjahr abgedruckt hat. Bernhard erzählt da über einen Prozeß, der ihm vor 20 Jahren wegen fortgesetzter journalistischer Beleidigung des Salzburger Theaters (»Schwachsinn und Schweinerei«) gemacht worden war: »Der Richter hatte während der vierstündigen Verhandlung ununterbrochen (...) in den vor ihm auf dem Richtertisch aufgetürmten Leitzordnern voller Kritiken« – höchst negativen, von Thomas Bernhard – »die der Intendant Stachnina mitgebracht hatte, geblättert und immer wieder gesagt: (...) und klatschten herzlichen Beifall (...) und klatschten herzlichen Beifall (...) Ununterbrochen blätterte er und sagte: ›und klatschten herzlichen Beifall(...)‹ Und immer wieder sagte er: ›also‹, was wollen Sie? (...) und klatschten herzlichen Beifall (...) Und bevor er das Urteil fällte, sagte er, das Theater sei ein gutes Theater, und nachdem er das Urteil gefällt hatte, sagte er noch einmal, daß das Theater ein gutes Theater sei«.

So präzis satirisch-komisch geht es in Bernhards Romanen und Erzählungen selten zu; und doch haben diese allesamt in der kleinen virtuosen Gerichtsszene ihr Modell: die Welt als ein einziges und unglaubliches Kompendium aus Verstörung und Niedertracht, Schwachsinn und Schweinerei, von Wahnsinn und einer so permanent suggerierten Tödlichkeit, daß der Rückschlag in Komik so notorisch wird, daß nur feinsäuberliche deutsche Kritikerohren diese zu überhören in der Lage sind.

Thomas Bernhard stellt zweifellos den gnadenlosesten Schimpfer und Raunzer deutscher Zunge, vermutlich einen der größten aller Zeiten – der alte Abraham von Santa Clara in all seiner Pracht zieht glatt den kürzeren. Bernhard schimpft, im Zuge der katastrophalen Welt- und Menschenverfassung seiner Romanwelt, mehr oder weniger auf alles: Auf »Naturgemeinheit«, auf »Intellektualkatastrophen«, auf »Subverstand« und »Hochgeistestum«, auch auf Kolosse wie »Wirklichkeitsverachtungsmagister« und »Niederlagenheraufbeschwörer« (nämlich Kinder!), freischwebend raunzt er gegen die »arrogante Weltkonfusion«, über »Verheerungen der Politik«, über »katastrophale Zustände in meinem Hinterkopf«, über »grauenhafte Schulkonzentrationen« und immer wieder über den »ungeheuren Überfluß an Menschen«. Komisch daran ist das haarscharfe Auseinanderklaffen von spontaner Überzeugungskraft und totaler Unausgewiesenheit solcher Sprüche: ihrer querulantischen, verallgemeinernden und meist superlativischen Abstraktion und Übertreibung.

Trostloser noch wird's bei den längeren Sentenzen, wie sie Bernhard oder seine Figuren en masse von sich geben: »Alles ist immer in allen Köpfen.« (»Verstörung«) – »Die Finsternis ist eine politische Wissenschaft.« (ebd.) – »Die Kälte ist der scharfsinnigste Naturzustand.« (»Frost«) – »Die Juristen stiften Verwirrung in der Menschengeschichte.« (ebd.) – »Die Welt ist eine einzige ungeheure Jurisprudenz.« (»Ist es eine Komödie? Ist es eine Tragödie?«) – »Das Theater ist eine einzige perfide Ungezogenheit, eine ungezogene Perfidie (...) eine Schweinerei« (ebd.)

Ebenso bös kommen weg die Steiermark: »Hier herrscht eine generelle Kraftlosigkeit und der Wille zu nichts.« (»Jauregg«); Österreich generell: »Diese katholische Türkei«; das Postwesen: »Die Post, die ganz und gar verwahrloste österreichische Post.« (»Verstörung«); die Ärzteschaft: »Ärzte, (die) in vollkommener Unwissenheit praktizieren.« (»Gehen«) – und in »Frost« ist gar die Rede von »Schwächezuständen der Ärzteschaft« (!), von »viel verhexten Operationen, Plastiken (!), Zwischenfällen und so fort«. Und dann immer wieder Staat und Nation: »Ein unvorstellbarer Schwachsinn kurbelt an unserer Staatsmaschine.« (»Ungenach«); »Dieses (...) durch seine extreme Unmenschlichkeit und Unverantwortlichkeit unheimliche Land.« (»Kalkwerk«). Un-Un Un- – – Alles geht grauenhaft schief.

Noch unbarmherziger bringt's der allein durch die Vehemenz der Formulierung, aber durch keinerlei abendländische Contenance abgedeckte Bernhardsche philosophische Aphorismus. Da geht's dann permanent tödlich her: »Wenn wir die Schönheit dieses Landes mit der Gemeinheit dieses Staats verrechnen, sagte Oehler, kommen wir auf den Selbstmord.« (»Gehen«). Ähnlich heißt's in »Der Ignorant und der Wahnsinnige«, die Oper sei ein »Schwachsinn«, die »Gemeinheit des Publikums« hinzugenommen, »kommen wir in den Wahnsinn«.

Noch komischer, nämlich schockierender, wird dergleichen durch Bernhards phantastische, scheinbar beliebige und doch suggestiv einleuchtende Kombination der Schlüsselbegriffe. Jedermann assoziiert zu Österreich, neben der schönen Landschaft, zuerst seine Musikkultur. Bernhard macht daraus: »Unser Staat ist lächerlich. Zudem gibt sich das Ganze noch hochmusikalisch.« (»Frost«). Gelegentlich streift die Komik solcher einfachen Gedanken- und Wortverbindungen die Zonen von träumerischem Nonsense: »Der Gedanke an ein Glas Bier führt zu den allergrößten Überschätzungen.« (»Frost«); »Der Bürovorsteher hat einmal gesagt, ich sei ein guter Zahlenzusammenrechner.« (»Jauregg«). Oder, den Studierwilligen ins Stammbuch: »Die Anreise junger Menschen aus der Provinz in die Hauptstadt, um ein gefürchtetes Studium anzufangen, das die meisten nicht wollen, geht fast immer unter den entsetzlichsten (!) Umständen im Gehirn und Verstand des Betroffenen und Betrogenen und auf diese Weise Gefolterten vor sich.« (»Das Verbrechen eines Innsbrucker Kaufmannssohns«).

Äußerst ergiebig vertraut sich Thomas Bernhard bei der Produktion solcher Katastrophen-Komik österreichisch Idiomatischem an. Dieser und jener habe geheiratet und sei »augenblicklich in dieser Ehe untergegangen« (»Verstörung«). Der Maler Strauch, die wohl rührendste Bernhardsche Figur aus dem Romanerstling »Frost«, besucht den Hochgebirgspfarrer und erzählt dann, dieser habe ihm »von den großen Umwälzungen gesprochen, die innerhalb des ungeheuren Kirchenapparats vor sich gingen, und vorm großen Schwung (!!) des neuen Papstes«. War es der Paul?

Der für Thomas Bernhard nicht aufzuhaltende allgemeine Marsch des Zeitgenössischen in die Debilität zeitigt plötzlich Schmelz, eine fast lyrische Komik – je dichter sich die Niedergangszustände ballen: »Vor Müdigkeit habe sie oft nicht mehr stehen können, er veranlaßte sie aber rücksichtslos zu Wegen in verschiedene (!) Gasthäuser um verschiedene (!) Schnäpse.« (»Der Zimmerer«). »Obwohl ich jetzt schon hunderte Male diese Straße auf- und abgelaufen bin, falle ich immer noch hin. Vorgestern bin ich viermal hingefallen, letzten Sonntag zwölfmal.« (»Die Mütze«). Dem Maler Strauch war es einst »möglich gewesen, von Zeit zu Zeit eine Hilfslehrerstelle zu finden. Er wunderte sich, daß man ihn kein einziges Mal eine Prüfung, nicht die geringste, habe ablegen lassen (...) Es gab damals ungeheuerlich viele Schüler und keine Lehrer«.

Wo der Ruin universell ist, wo der Blick seines Chronisten unbeweglich wird, da erwächst – selten hat das einer frappanter vorgeführt als Bernhard – das Grundlächerliche auch. Am dichtesten gerät Komik bei ihm, wenn er die inhaltlichen Zusammenhänge restlos der Konfusion übereignet: »Bemerkungen über die außergewöhnlichen Witterungskonstellationen, über Farben, den Egoismus der Natur (!), blitzartige Exzesse auf der voralpenländischen Erdoberfläche (!?), über (...) Absichten, Absichtslosigkeiten, über die katastrophale Unlust (!) aller (!) Zöglinge am Studieren, über die eigene Unlust, über Essen und Schlafen, Wahrheit und Lüge, vornehmlich aber« – und jetzt kommt's: »über die von den Verantwortlichen auf das gemeinste (!!) vernachlässigten Waldwege.« (»Zwei Erzieher«).

Zweifellos wieder eine Untat des Präsidenten Kaut...

Nirgends aber erscheint in den Büchern Bernhards das Knäuel an Lyrischem, Melancholischem und Lächerlichem unentwirrbarer als im Abschluß des 12. »Frost« Tages. Da geht alles durcheinander: Strauch, die Hochgebirgskälte ignorierend, sitzt im Freien, sein Begleiter-Chronist sucht ihm den wärmenden Rock. Doch den hat Strauch ganz aus dem Bewußtsein verloren. »Gedankenlos hänge oder lege man irgendwo etwas hin, vergesse es und komme dadurch in die fürchterlichsten Zustände.« Und dann, fährt der Erzähler mit bezaubernder Abruptheit fort, »erklärte er mir die vielen Sterne, die hoch oben ein Firmament bildeten, wie schon lange Zeit nicht so wunderbar.«

Ein total verwirrtes Romanpersonal – ein gigantischer Verwirrer als ihr Beschreiber. Ein Autor, der ganze Scharen Berufskritiker auf den Holzweg führt und vielleicht selber nicht einmal weiß, was er da Verheerendes anrichtet. Anzuraten ist, dem Mann vorerst einmal kein Wort aufs Wort zu glauben. Daß aus Österreich immer diese Verunsicherungen kommen müssen!

Ein Heiliger für die Unmündigen

Elvis Presley: Ein Nachruf und fast ein Plädoyer

Der Arzt Franz R., Jahrgang 1937, war ein gußeiserner Fan: »Wir sind sogar im Rock-'n'-Roll-Rhythmus an die Klassenarbeiten gegangen.« Nach dem bürgerlich-popligen Abiturball »hat die ganze Mannschaft in einem Keller weitergerockt. Und ›Tutti-Frutti‹ haben wir sogar zum Kartenspielen gehört«. Bei Elvis' Tod empfand Franz R. »absolut nichts«. Er hört heute am liebsten Bruckner und die Hubertus-Jagdmesse.

Die Sekretärin Helga N., Jahrgang 1943, war ein mittelschwerer Fan. Die 13jährige Handelsschülerin werkte glühenden Herzens an einem Scherenschnitt von Elvis, »mit Gitarre, aus der irgendwie Blitze funkten«, und sie beneidete noch glühender eine Mitschülerin, die den im benachbarten Grafenwöhr dienenden GI Presley für die Heimatzeitung interviewen durfte. Bei Elvis' Comeback vor einigen Jahren hat Helga ihre »drei Elvis-Singles für 4.50 Mark, auf die ich damals ewig lang hab hin sparen müssen, für 50 Pfennig das Stück an eine Bauern-Diskothek verscherbelt«. Helga hat sich »von diesem läppischen Zeugs befreit« und weint dem Mann auch keine nostalgische Träne nach. Über die Etappen Folk-Musik und Jazz kam sie auf die Oper, fährt deshalb regelmäßig nach Nürnberg und sommers nach Verona in die Arena.

Der Chemiker Hans B., Jahrgang 1942, kam erst in die brenzligen Jahre, als Elvis schon fast wieder out war – und wurde gleich Jazzer. Aber:

»Wir danken den Rockern viel. Wir übernahmen z. T. ihren Habitus: die schwarzen Kluften, die Lederjacken, die Nietenhosen, das Durch-die-Stadt-Stenzen – da hat damals ja Mut dazugehört –, und selbst da hat der Elvis seine Finger dringehabt.« Hans B. ist heute noch »eisgrauer Jazzer«.

Der Schreiber dieser Zeilen meinte lange Jahre, Elvis überhaupt nichts zu danken. Bildungsbürger wie aus dem Bilderbuch, hatte er sich früh für ein Gemengsel aus Bach, Chagall und Hemingway entschieden; für Elvis' Rock-Kultur, obwohl als Jahrgang 41 genau im richtigen Alter, fast nur kalte Verachtung. Erst viel später ist so etwas wie Sympathie nachgewachsen. Woher das?

Der Nachrufe auf den am 16. August 1977 42jährig in Memphis verstorbenen Sänger Elvis Presley waren viele und erwartbar hochgelehrte. Zumindest in Europa war und ist der Mann weniger Idol als Objekt kulturhistorisch-sozio-psychologischen Interesses – von daher kommt, scheint's, auch mehr Freundliches als von den allermeisten ehemaligen Jüngern; Comeback und neueste Meldungen von einem neuesten Platten-Boom scheinen eher Zweck-Fama.

Das »wissenschaftliche« Interesse besteht zu Recht. An Elvis ist fast alles und jedes ablesbar: Glanz und Unfug der Nachkriegszeit, Amerika und die Amerikanisierung der Welt, Protest und Selbstmitleid einer Nation respektive Generation, Rationalität und Irrationalität der wuchernden und schlingernden Unterhaltungsindustrie, von der wohl 95 Prozent unser aller Existenz geschlagen sind.

Und fast alles an Elvis Presley blieb fremd; rätselhafter, als dies je zu seiner Glanzzeit zu vermuten war. Ein »Mythos Elvis« bahnt sich an, wie er im Fall der Monroe posthum ausbrach, seine Quellen liegen weit hinter dem Banal-Sänger. Gerechtigkeit ist eins seiner Motive – aber letztlich wohl eine Suche nach Selbsterkenntnis via der Person und Institution Presley.

Und eigenartig: Gerade in seiner nachmaligen Rätsel- und Mythenhaftigkeit entfacht dieser alt, fett und müd gewordene Matador Wärme und Sympathie offenbar auch bei jenen, die ihn ehedem nur als Idioten der Nation oder des Systems erachteten. Irgendwie »mag man ihn«.

Sympathie, gar Liebe, ist von Neugier nicht zu trennen. Die aber verliert sich; in Mutmaßungen. Warum ausgerechnet er auserwählt war unter ein paar tausend von frühen Entertainer-Talenten, das vermag, bei aller historisch-analytischen Einsicht in die Gesetze der Branche, auch die *Frankfurter Allgemeine Zeitung* nicht letztendlich zu klären – und tippt auf die Musik. Sicher, wer ihn nicht fühlt, der wird ihn auch heute nicht erjagen – aber ein bißchen schlauer sind wir inzwischen schon; wenngleich in Form von Widersprüchen. Da ist der absolut erfolgreichste Top-Star des US-Show-Business (um diese sieben absolut idiotischen Reizvokabeln einmal hintereinander zu zitieren) – aber dieser Heros leiht auch mit seinem Welt-Hit »Jailhouse Rock« und seinem Sozial-Schnülzchen »In The Ghetto« erstmals in der neueren Schlager-Geschichte den Underdogs seine Stimme, wie vorher schon den Jugendlichen, die auch partout nicht wußten, wo es lang ging.

Diese hätte man sich »ohne Elvis« wahrscheinlich sprachloser, hilfloser, angepaßter vorzustellen, als sie es heute und trotz allem sind – *wie* rettungslos konform und verkrüppelt, das ahnt man angesichts von Dokumenten wie dem anläßlich von Presleys Tod von der ARD ausgestrahlten Filmfeature »That's the way it is« oder dem bei aller Geistesschwäche rührenden Spielfilm »Tolle Nächte in Las Vegas«.

Sich heute auszumalen, daß dergleichen Biedersinn damals innerhalb der – amerikanischen wie europäischen – Bürgerlichkeit tatsächlich als »Revolte« empfunden werden konnte und mußte, das ruft schon ein fast proustisches Schockerlebnis hervor. Was wäre *ohne* Elvis und seine späteren Kombattanten geworden? Marschierten wir noch immer in Kommunionanzügen zur Arbeit? Erfreuten wir unsere Frauen noch immer mit Bürstenschnitt? Wäre die Menschheit, soweit sie von Medien versorgt wird, nicht noch ein paar Zentner verdrehter und verdrückter?

Natürlich ist dies eine wissenschaftlich unsinnige Fragestellung, und ernsthaft geändert hat Elvis vermutlich nichts in einer Ära, in der die Big-Brothers der

Unterhaltungsbranche zuerst den Protest-Gestus verordnen, um gleich darauf die Tendenzwende anzukurbeln. Aber die historische Figur Elvis nimmt posthum für sich ein durch die in Ton und Bild überlieferte Jungfräulichkeit dieser Pseudo-Dialektik, die zu beklagen heute auch schon wieder eine alte Leier ist.

Elvis Presleys alter und neuer Charme, seine Botschaft ist das Paradox, das ihn auf Schritt und Tritt umhüllt. Elvis war ein hübscher Rousseauscher Urwaldmensch, dem doch schon von Anfang an das Fett des amerikanischen Erzspießers von der Allerweltsphysiognomie tropfte und mit dessen fast symbolhaftem Glanz er verschied.

Prägend waren seine virilen, tarzanhaften Koteletten, die Bravheit attackierten und doch so brav blieben wie heute die Barttracht von Beamten. Als brav entpuppte sich auch seine Haartolle »Entenarsch«, die dem Kerlhaften, abermals recht paradox, etwas sehr Weibliches, ja Weibisches kontrapunktierte, so daß man sogar etwas so wiederum Mythisches vermuten könnte wie die Sehnsucht nach Doppelgeschlechtigkeit, dem Hermaphroditen. Daß Männlein und Weiblein eins sein sollten, diese nach ihm so vielfach in Mode und Verhaltensnormen auffindbare »kollektive« Geste, geht auch sie auf Elvis zurück?

Vieles war und ist lächerlich – und rührend. Für Generationen maßgeschneidert war die Innovation einer schwarzen oder aber buntirisierenden Hemdenkluft: Sie sagte Gott weiß wem den Kampf an und rührte doch keinen Finger, sondern nur den an der Gitarre und an der Motorradgangschaltung. Rührend sichtbar wird in einem Film wie dem Las-Vegas-Schmarren noch einmal die mächtig heraufziehende Herrschaft der Sexualität in ihrer besonderen Form der Anbetung des Vulgär-Prallen – aber flink und hastig wird selbst dieses armselige bißchen Emanzipation erneut durch die uralt amerikanische Infantilkomik gebremst und neutralisiert. Welche psychischen Katastrophen mag so ein Film damals wenigstens angetippt haben!

Elvis' berühmter kryptosexueller Hüftschwung war ein besonders folgenreiches Stück Mini-Befreiung, aber er verlieh doch eigentlich nur den uralten Spießerängsten Ausdruck: dem Fetischismus schierer Dynamik – rühren muß man sich um jeden Preis. Die aufgescheuchte Verlegenheit wackelt eben mit allem, was sie hat.

Nein, »geändert« hat Elvis aufs ganze wohl nichts. Die Fans, die bei der Todesnachricht in Tränen schwammen und auf allerlei kuriose Weise die Übersicht verloren, sie mimten bei dieser Gelegenheit wohl noch einmal das alte Mißverständnis: Sie fanden und finden in Presley ihre Identität, ihre trügerische zwar, aber ihre noch in der Autosuggestion wahre. Je mehr die »Heulboje« heulte, desto sprach- und regloser blieben sie.

Dieser Zusammenhang ist nicht neu, ihn belegte aber noch einmal trist der genannte Elvis-Dokumentarfilm, der den »Wechselbeziehungen zwischen dem Pop-Star und seiner Gemeinde« nachzuspüren versprach. Denn die bestanden sichtbar in der allbekannten Mischung aus Ekstase, Hysterie und dem Zwang, beides mitzumachen, in Anpassung also noch einmal von vorne. Mehr als die Erkenntnis, sie liebten Elvis, weil er a) so »absolutely fantastic« und b) so »friendly« sei, war den Interviewten nicht herauszulocken.

Der »Star, der seinen Ruhm nicht ruinieren konnte« (*Süddeutsche Zeitung*) war eben dies deshalb, weil er als ihr wahrer Heiliger die Hilflosesten unter den Unmündigen ansprach. Das mag der Präsident Carter gemeint haben, als er angesichts dieses toten Sohnes von »Unersetzlichkeit« redete.

Hilflos aber – auf unterschiedlicher Bewußtseinsebene – sind heutzutage alle, Hilflosigkeit ist das Thema dieser zeitgenössischen Kultur, wo sie irgend noch ehrlich und human ist. Ihr in paradox auftrumpferischer Gestalt zum Ausdruck verholfen zu haben – das verleiht, über alle Kulturindustrie und ihre Machenschaften hinaus, der Figur Elvis so etwas wie Würde.

Zur Heldenverehrung ist weniger Anlaß denn je, und dazu fehlt wohl auch bald das Personal, die letzten Fans werden auch in Amerika rasch zu neuen Ufern aufbrechen. Der sich ankündigende »Mythos« Elvis wird wesentlich ein Thema der Intellektuellen sein. Kommt Besseres nach? Betrachtet man cum ira et studio, was seither an Kruditäten anfiel, von der psychedelischen bis zur Jesus-people-Bewegung, von den Protagonisten des Flower-Power bis zu jenen allerjüngsten Zeitgenossen, die entweder nur noch tranig-idyllisch vor sich hindämmern oder den kriminellsten Gurus und Stadtpfeifern auf den Leim gehen, dann – könnte man sehr versucht sein, Elvis Presley ein Denkmal für vergleichsweise aufrichtige und also menschliche Manipulation zu errichten.

Lillehammer? Hör mir doch auf!

Ein paar reichlich unzufriedene Betrachtungen

Früher war alles besser. Lillehammer 1994? Hah! Das interessiert doch nun wirklich niemand mehr. Und schon gleich gar nicht mich. Lillehammer? Nein, auch wenn sich jetzt, wie ich lese, noch schnell der Ex-Faschist und Franco-Freund und IOC-Präsident Antonio Samaranch mit seinen Feinden und Anklägern ausgesöhnt hat – Lillehammer, selbst wenn Kati Witt da noch einmal Gold holen sollte: für mich vom Anpfiff weg gegessen.

Früher war alles besser. Heute interessiert sich doch niemand mehr für Sport und Olympiade, und für Winterolympiaden in ausgerechnet – hah! – Lillehammer da oben am Nordpol schon gleich gar nicht. Und wenn täglich 1,8 oder 4,5 Milliarden Fernsehzuschauer das Gegenteil zu beweisen scheinen, und selbst wenn es mehr als die Weltbevölkerung werden –: alles Unsinn, alles Lüge, alles manipulierte Zahlen irgendwelcher Werbesponsoren, nein, ich weiß es doch, Winterolympiade interessiert nun wirklich keinen mehr.

Früher, ja! Ja, früher – da war alles besser, da war noch alles in Ordnung. Wenn ich da etwa an Oslo 1952 denke, Oslo, ja – die erste Winterolympiade, die erste nach dem Krieg, die erste, die ich persönlich bebenden und sofort entflammten Herzens miterleben durfte, damals noch gottseidank ohne das doofe Fernsehen, sondern nur über Presse und Radio – ah ja, Oslo! Da stimmte noch alles, da stimmte sogar die Buchstabensymbolik: Oslo, das hieß für uns Deutsche: Ostler Anderl mit gleich zwei Goldmedaillen im Zweier- und Viererbob, Oslo, das hieß aber auch Ossi Reichert mit einer Silbermedaille, neben der unvergeßlichen Annemirl Buchner-Fischer mit Silber und Bronze – ja, und natürlich dann auch Gold im Paarlauf, Ria und Paul Baran-

Falk, das spätere und m. W. heute noch absolut glückliche Ehepaar, ja, da stimmten und funktionierten die doppelten Rittberger und Todesspiralen noch – so wie es eben auch und ganz besonders im Bob noch stimmte: Da waren die Ostler und Niebler und ihre Bremser wirklich noch – wie der Name sagt – Bobfahrer und also mindestens 150 Kilo schwer. Nicht so wie heute ein Georg Hackl, der nicht nur durchtrainiert ist wie ein Mark Spitz und Armin Hary, sondern auch fast noch wie ein Beau, zart wie Omar Sharif ausschaut! Gut, Hackl ist Rodler und gar nicht Bobfahrer – aber was wahr ist, muß doch wahr bleiben! Das wird man doch wohl noch unzensiert sagen dürfen! Auch im Sportteil einer überregionalen Zeitung, hah!

Cortina 1956. Ich sage nur: Helmut Recknagel. Squaw Valley 1960: Sieg für Heidi Biebl! Was Erinnerungen! Reden wir nicht drüber. Tempi passati. Leider.

Ja, früher war eben alles besser. Besser, irgendwie fernsehfreier und – sportlicher. Reden müssen wir hier deshalb doch kurz und inbrünstig von 1964. Innsbruck 1964. O des uns heute noch überwölbenden Eingedenkens, o des Hohen und Edlen, das uns und die Winterspitzensportler damals meist noch beflügelte, o der Erinnerungen speziell an das ewig unsterbliche Eislaufduell Kilius/Bäumler gegen Ludmilla Belusownawawa und Oleg Potropopopopow oder so ähnlich. Hah! Furchtbar! Furchtbar unverdient von Kilius/Bäumler verloren! Deren Todesspiralaxel mit anschließendem Pirouettenrittberger nun doch wirklich viel besser saß als bei diesen Kommunisten!

Aber dann eben: die Revanche bei der WM. Endlich. Und Heinz Maegerlein natürlich hin und weg, Maegerlein, der damals eiskunstlaufmäßig führende Radio- und Fernsehreporter, begeisternd und selber begeistert am Mikrophon, begeistert von dreifachen Rittmeistern und gestandenen Jägermeistern und begeistert von all den Damen, den unvergänglichen Gundi Busch und Marika Kilius bis Dagmar Lurz, denen er, Maegerlein, allen-aber-auch-allen hingerissen unters kurze Röckchen spähte und uns nimmermüd von seinen Beobachtungen und Erkenntnissen kundig, ja fast frivol schon Mitteilung machte – hah! –

– ja, freilich, früher war wirklich alles besser, hah! 1968: Grenoble. Was eine Noblesse aller Aktiven! 1972: Sapporo. »Sappradie!« entfuhr es da immer wieder hingerissen dem Spitzenreporter Harry Valerien, bayerisch für sacra dies. 1976 schließlich: Rosi Mittermeier! Zweimal Gold und einmal Silber obendrein!!

Ach, ach der wunderherrlichen Tage, da die Eiskunstherren noch mit Knickerbockers ihre Kurvern schlenzten, ach jener fernen Zeit, da es noch kein doofes Biathlon gab und keinen Super G-Ski oder wie das Zeugs da heißt. Sondern nur in voller Klassizität Abfahrt, Riesenslalom und Spezialslalom. Mit anderen Worten: Rosi, Rosi, Rosi.

Naja, abwärts ging es dann schon 1980 und 1984, nicht einmal ich, der Gedächtniskünstler, weiß noch, wo diese blöden, sinnlosen Spiele denn eigentlich waren – New York? Ural? Schwarzwald? Und beim nächstenmal wurde es gleich noch unerträglicher und unsportlicher – Skandal! Skandalös, wie einem da schon wieder neue Namen in den Kopf gepreßt wurden und sofort wieder verflogen wie jener ominös nominöse Jens Weißflog – verflogen – als ob nichts gewesen wäre. Ach wie anders war's doch da früher noch mit den unverblühlichen Sepp Weiler und Sepp Bradl, Christl Prawda und Christel Cranz, Zeno Colo und Stein Eriksen, Maxie Herber und Ernst Baier, Sonja Henie und Fritz Walter, Uwe Seeler und Toni Turek, Gottfried von Cramm und – und – Gabi Seifert. Gabi Seifert, ja, die »natürliche Tochter« (Goethe) jener Jutta Müller, die da als Trainerin sogar ihr eigenes Fleisch und Blut durch die Luft jagte! Und dabei Gabi Seifert doch ein freier Mensch blieb! Ganz anders als jene Katerina Witt, haha, die da neulich nach einem kleinen Dissens mit dieser Trainerin Müller noch als 28jährige Ex-Profitante eingestand, ohne diese Trainerin »bin ich nichts«. Hah, wie peinlich! Wo bleibt denn da die Emanzipation auf dem Eise! »Vom Eise befreit«, heißt es schon ahnungsvoll bei Goethe! Kati Witt? Hahahah! Ich sage nur: Ina Bauer! Und: Anderl Ostler! Und jener holländische Eiskunstbomber, der da um 1960 auf einen unaussprechlichen Namen wie Schoukke Deickksdra o.s.ä. hörte, sicherlich 140 Pfund auf die Waage brachte und doch wie ein glatter Flugsaurier in der Luft lag, ja, aaah! –

Jawohl, früher war alles besser. Irgendwie ehrlicher. Bzw. amateurstatusnäher. Und überhaupt sinnlicher. Oder jedenfalls: sinnvoller. Und heute? Kann man nur noch in seligen Erinnerungen schwelgen. In Erinnerungen mosern. Und selbst das wollen sie einem im letzten Moment verderben: »Die Spiele sind für alle da«, heißt es in einer Lillehammer-Broschüre (*FAZ* 9.2.94), »auch für die, die den Sport hassen«. Doppelter Skandal. Nicht mal das lassen sie mir. Und dabei wollte ich gerade noch schnell ätzend drauf verweisen, daß Oslo ’52 bis Lillehammer ’94 genau 42 Jahre sind – also nicht einmal durch 4 als Zyklus-Rhythmus teilbar. Aaah! Skandal! Nicht mal das klappt mehr!

Was ich mir vom Radio wünsche

Ein Gastkommentar

Ich bin ein Sozialfall. Nein, nicht weil ich noch immer kein Handy habe, im Gegenteil, ich höre, das Handy deklassiere sogar seinen Besitzer sozial. Sondern: weil ich keinen Fernseher mehr besitze, seit einem knappen Jahr den Fernseher abgemeldet und abgeschafft und weggeschmissen habe. Ich wollte, wie Melvilles Bartleby, einfach nicht mehr. Und das aber macht mich m. W. zum modernen Sozialfall.

Oder vielmehr zum sozialen Riesen? Zum Prestige-Millionär? Der nämlich so viel Freiheit, Unabhängigkeit und Unerschrockenheit aufbringt, auf den Quatsch und Terror Fernsehen verzichten zu können?

Verzichten nämlich zugunsten des Snobgeräts Rundfunk, genannt auch Radio.

Radio höre ich fast tagtäglich von früh bis spät, oft schon ab den 8 Uhr-Nachrichten, bis zu den silvesterhaft des Tages Reife bilanzierenden Spätmeldungen; meist Bayern 1, 2 oder 4, welche ich als beinahe königstreuer Bayer auch im Exil, in Frankfurt, prima hören kann – gut, 18 Stunden Klassikgedudel auf dem 4. Kanal sind oft ein wenig arg viel Ohrbildungsgehudel, aber dafür hat es eben zum Ausgleich auch viel Text-Information aus den Bereichen Religion-Philosophie-Medizin-Sozialpolitik-Mystik. Malereigeschichte auf Kanal 2 und als weitere sinnvolle Ergänzung gutding Bergsteigersendungen, Regionalliga, Operette, Schulfunk und fränkische Schrummta-Wummta-Krachmusik auf Kanal 1. Alles zu meiner insgesamtlich rundumerdummen Zufriedenheit.

Und wenn mir die Sache gar zu donaumoosmäßig und karwendelwettersteinbergig wird, dann schalte ich halt also auch schon mal gekonnt hinüber zu HR 1/2, zu Süd- und Südwestfunk, AFN – oder Deutschlandradio.

Radio, doch, ist was Schönes. Etwas sehr Freiheitliches und dabei gleichzeitig Minderheitenfreundliches, wie es lt. Rosa Luxemburg, Gustav Heinemann und letzten Endes sogar Edmund Stoiber das Maß unserer Demokratie festlegt. Wo sonst kann ich – trotz aller Kürzer-kürzer-Appelle auch im Radiobereich – mit einigem Glück noch immer ein 1 1/2 Stunden-Feature über Surrealismus, über die Quantentheorie oder im Sommer in aller Ruhe und Breite sechs Stunden »Götterdämmerung« aus Bayreuth hören?

Und das nicht gehetzt und gewürgt am Abend; sondern beschaulichst schon ab 15.45 Uhr.

Dabei bin ich selber noch nicht mal ausgesprochener Minderheitensendungsjäger, etwa in der Formation des notorischen Hörspieljüngers für sich und weitere ca. 1300 hemmungslose Kombattanten. Vielleicht gefällt mir da der Typ Problemkunst, der Typ Formexperiment, der Typ Hörspielautor nicht gar so sehr – vielleicht ist mir Experimentierfreude mal genreinnovative Avantgarde vorstellbarer und wünschenswerter anderswo –

– jawohl, wenn die Themenstellung hier lautet »Was ich mir vom Radio wünsche«, dann genau dies: noch mehr Eigenwilligkeit der Formen, Frechheit der »funkisch«-medialen Transmission, Minderheitenhaftigkeit der Themen. Was das praktisch heißen soll? Dies:

Es gibt seit alters, z. B. auf Bayern 1 und 2, Programmeinheiten, die regelmäßig den alten Dreh betreiben, daß Hörer anrufen und ihre z. T. sehr eigenwilligen Probleme und ehernen Sorgen und extremen Passionen vortragen. Oft ist das nett, manchmal wird's albern und führt an die Grenzen größtmöglicher Peinlichkeit und darüber hinaus aber: im Kern liegt die Sache sehr richtig, lediglich sollten Radioprogramme da noch mehr dem Glück von Minderheiten obliegen: Und nicht nur in der Form, daß noch mehr Essays über chinesische Revolutionspoesie sowie das geheime Liebesleben der Gottesanbeterin zum Einsatz kommen. Sondern die Minderheiten selber sollten noch aktiver werden, noch aparteren Themen nachgehen, noch abartigeren Formen nachspüren, die Sendungen kurzum noch mehr selber mittragen

– sie, sei's telefonisch, sei's durch Studiopräsenz, sei's mit moderner Präsenzsimulanz o. ä., wesentlich selbst realisieren. Dies zeitlich möglichst unbegrenzt – dem Deutschlandradio als dem, wie ich höre, einzigen werbefreien Sender des Landes, kommt da vielleicht eine besonders pionier-pilothafte Aufgabenstellung zu.

Wie das aussehen könnte? Nun, nichts gegen Hermann Prey, Maria Callas und Konst. Wecker. Aber: Warum hört man eigentlich nicht lieber mehr Hörer im Radio singen? Männer wie du und ich, die alles haben, nur keine Stimmen. Sondern nur Frauen. Die aber sollen ihrerseits nicht singen; sondern vielmehr gurren. Im Radio neue Formen erotischen Gurrens und Girrens entwickeln. Während uns irgendwelche Kinder und Jugendliche anschließend erklären, was es mit Einstein, der kosmischen Urknall-Theorie und Kasparows Scheveninger Sozialismusvariante oder jedenfalls Sizilianischeröffnung auf sich hat. Ja, jawohl: Ich möchte überhaupt und generell, daß noch viel dümmer und unqualifizierter und enthemmter im Radio gesprochen bzw. herumrandaliert wird. Entfesselter als in diesen »Peep«- und »Reality«-Fiktionssendungen von RTL und Sat 1, entrückter noch als bei der Evangelischen Tutzinger Theologenakademie, entzückter und entzückungsbetreibender als kurz vor Mitternacht auf dem Oktoberfest, ungebremster als im Straubinger Spätpubertäts-Sexschuppen »Dolce Vita Claudia Auermann« und –

Na, da ist vielleicht doch die visionäre Radioinnovationskraft mit mir durchgegangen. Vorerst noch allzu kühn. Aber – die Richtung stimmt!

P. G. Wodehouse

Dem deutschen Wodehouse-Afficionado mag, ja müßte aufgefallen sein, daß ich, anstatt dem Affen Zucker zu geben, an dieser Stelle und im Rahmen dieser meiner Kolumne noch selten, ja fast nie über seinen Abgott, P(elham) G(renville) Wodehouse, gehandelt habe; weder affirmativ preisend noch affektioniert werbend noch affrontativ abratsam.

Der Grund könnte durchaus sein: Ich stieß erst im Januar 1997 auf ihn und seine deutsch u. a. als dtv- und rororo-Taschenbücher vorrätigen Romane und Erzählungen; und ich empfehle hier aber gleichwohl schon recht eigenmächtig als Einstiegsdroge das Romänchen »Sommerliches Schloßgewitter« (dtv); als Beispiel für ein vielsträhnig motiv- und personengesättigtes Artefakt, und obwohl »Werken von der Art der vorliegenden getreulichen Aufzeichnungen der Ereignisse in und um Blandings Castle ja stets und unvermeidlich der Mangel anhaftet, daß der Chronist in seinem Bemühen um Chancengleichheit für alle Handlungsträger vom einen zum andern springen muß wie ein Gemsbock im Gebirge« (S. 214), hat Wodehouse gerade diese nicht leichte Romanciersaufgabe vorbildlichst und nachahmungswürdigst gelöst; kaum minder mustergültig, ja beispiellos brilliert dieser englisch-amerikanische Autor (1881-1975) in der Kunst einer unverschämt blasierten und nämlich überaus gewählten Boshaftigkeit, die darin kulminiert, daß z. B. »Pilbeam zu einer roten Krawatte keine Pickel hätte tragen sollen« (S. 75); und weil ich meinerseits es so lange getragen und bisher so eindringlich zu Wodehouse geschwiegen habe, nehme ich mir hier und jetzt die Freiheit heraus, Anlauf zu nehmen und dem da und dort sogar geschulteren Kenner gleich auch meine Lieblingsstelle aufzudrängen, sie ist Teil eines extrem artigen Dialogs: »Schopenhauer sagt, daß das Leid in der Welt kein Zufall sein kann. Er sagt, das Leben sei eine Mischung aus Leid und Langeweile. Entweder hat man das eine oder das andere. Er schreibt lauter solche spritzigen Sachen.« (S. 161).

Manchen Englisch- und Originalfans gilt Wodehouse als eigentlich kaum übersetzbar, als nur schwer ins Deutsche zu transferieren. Das scheint mir z. B. nach Harald Raykowskis Eindeutschung von »Summer Lightning« eine unverhältnismäßig übertriebene Sorge. Nur eins beim Übersetzen geht nicht: »Ein besseres Beispiel, um die volle Bedeutung des Wortes ›noblesse oblige‹ zu veranschaulichen, ließe sich nur schwerlich finden« (S. 214). Entweder »nur schwer«. Oder nur »schwerlich«. Denn »nur kaum« haut irgendwie nicht hin.

Bierce, Lügen, Kapitäne

Nicht so sehr der Groteske, der Phantastischen Geschichte und dem schwarzen Humor ist Ambrose Bierce zuzuschlagen. Sondern einer recht raren, mehr oder weniger von ihm kreierten, aber auch nach seinen Pioniertaten ziemlich vakant gebliebenen Form: der Lügengeschichte, die sich wohl einfach dem Verdruß des Menschen am drögen Reellen und Wahrscheinlichen, in der Realität wie in der Dichtung, dankt; an deren ogottogott so elend erwartbaren Abläufen.

Diesem Lügentypus entspringt viel »Helligkeit und Schnelligkeit« (Morgenstern), ein sehr angloamerikanischer Abgebrühtheitshumor – und nebenbei ein schöner Einspruch gegen Gott: »Der Matrose hatte einen Fehler von beträchtlicher Größe gemacht, aber des Kapitäns gesamte Existenz war ein umfassender Fehler. Er wurde aus seiner Kajüte heraufgeholt und über Bord geworfen« (»Der Mann über Bord«, 1872).

Muriel Spark

Wenn schon nicht Amerika, so hat es wenigstens England besser, wenn schon nicht in seiner Weltmachtpolitik, so doch auf dem Weltniveau seiner Romankunst, im 19. Jahrhundert waren das, als bei uns Deutschen noch die Höhlenbewohnerei gängig war, immerhin und u. a. schon Austen, Eliot und die Schwestern Charlotte und Emily Brontë, im 20. dann z. B. Woolf, Sayers, Christie, Rendell und Muriel Spark, sieht man ganz genau hin, dann sind es also lauter Damen, die sich, Stevenson hin und Joyce her, in einem erstaunlichen Maß als die deutlich dominanten und superieuren Kräfte im Novel-Genre erweisen und schon ganz alleine damit das Gerücht von der Inferiorität eines ganz bestimmten und angeblich schönen Geschlechts spielend widerlegen, und von der letztgenannten aus der imposanten Reihe soll hier und heute etwas die Rede sein, von Muriel Spark also, die zum Besten und Interessantesten gehört, was englische Epik in diesem Jahrhundert bewirkt hat – und die dabei wohl noch einige Werbung nötig hat, obschon ihre Werke bei Diogenes bereits sehr repräsentativ präsent sind – und die hier in meiner Kolumne aber längst überfällig ist, denn es gehören viele ihrer Romane durchaus und wesentlich auch ins komische Fach, z. B. ihr 1959 erschienener und von Peter Naujack ins Deutsche übersetzter Roman »Memento Mori«.

Es ist die Komik des Buchs aber nicht ganz leicht zu beschreiben und zu klassifizieren. Auf schon beharrliche Weise handelt »Memento Mori« von einem runden Dutzend Menschen ausschließlich zwischen 69 1/2 und 99 Jahren, sieht man von einem einzigen mehr zufällig noch 57jährigen und aber besonders sklerotischen Sohn ab – von ihrem wuseligen und gebrechlichen und alterstörichten und z. T. aber auch noch sehr zurechnungsfähigen Treiben in diesem wahren Altersschlachtfeld: sub specie des nahen mortis wird da alles mehr oder weniger einerlei und wurscht, und so löst sich denn auch das mehr oder weniger vorgetäuschte Krimimotiv anonymer Terrortelefonate fast in nichts auf und bleibt metaphysisch, spukhaft: Der Tod selber hat angerufen. Es ist eine Belustigung, die sich aus dem prämortalen Schrägen und Kauzigen ergibt, was den Roman durchwuselt und offenbar nur sehr schwach konturiert; aber das stimmt nicht ganz, reicht nicht hin. »Die Komik ist durchsichtig und kühl wie Glas«, befand vor nun auch schon wieder einem guten Menschenzeitalter der *Zeit*-Rezensent – aber auch das leuchtet mir nicht ganz ein. Mir kommt es vor, als liege hier vor der rare Fall einer Komik, Humoristik aus den nicht mehr aufdröselbaren Verwurstelungen der Dinge und der dingähnlichen Menschen. Wenn ein Roman herkömmlicherweise aus der unaufhörlichen Kontingenz der Weltläufe plausiblen Sinn herausfiltert bzw. suggeriert: so weigert sich dieser ganz energisch; irgendwie viel entschiedener als Becketts Theater des Absurden. Es bleibt ein gehöriger Rest liegen, und der Rest wird immer mehr und immer hemmungsloser mehr – und das also wäre dann das letztlich doch den Leser Belustigende?

Ich muß da noch weiter drüber nachdenken – empfehle aber derweil zur Entschädigung auch noch Sparks gleichfalls schönes Romänchen »Vorsätzlich Herumlungern«.

Tage wie von Armani

Ich war schon drauf und dran, mir das seit Monden als Sensationsbuch hoch bemunkelte 92-Seiten-Werk »Dies ist nicht meine ganze Geschichte« (Rowohlt, 26 Mark) der ja auch noch höchst fotogenen und von einem bekannten Dichter abstammenden Alissa Walser zu kaufen; aber dann hat mir die Chefin der Autorenbuchhandlung so überaus seltsam und kaum zuratend zugezwinkert, daß ich es also vorerst lieber sein ließ; und acht Tage später las ich dann in der *FAZ*, in einer sehr funkelnden Kurzrezension von Gustav Seibt (ein konträrerer Reich-Ranicki-Nachfolger als er ist nicht mehr denkbar), was drinsteht im Buch:

»Ich werde ihn nicht los. Er klebt an mir. Ich schlucke seinen Samen, ich schlucke seinen Schweiß und schwitze ihn wieder aus, und er nimmt ihn wieder zu sich. So schenken wir unser Salz hin und her (...) Der Wald ist dunkler als die Nacht. Heute war der Himmel blendend grau. Ein Tag wie von Armani.«

Dies ist nicht mein Bier. Bzw. eben doch. Mein Gott, mein Gott. Und ich dachte immer, unterhalb ihrer gleichfalls wild schreibentschlossenen Schwester Johanna geht nichts mehr.

Ausriß: konkret 3/93

Ausriß: konkret 3/93

Sie muß verrückt sein

Über die zweimalige Verwendung der Germanistikprofessorin Gertrud Höhler zugunsten der Fa. American Express

Eigentlich sollte an dieser Stelle der Artikel zu den hier wiedergegebenen Fotos stehen: »Sie muß verrückt sein«. Die Zeitschrift *konkret* veröffentlichte im März-Heft 1993 den Text, woraufhin Frau Höhler klagte. *konkret* gab eine »Unterlassungserklärung« ab, so daß es bei einer Strafe von 25.000 Mark nicht mehr möglich ist, die Höhler-Geschichte wieder abzudrucken.

Davon unabhängig zog die Klage einen etwas schwer überschaubaren Rechtsstreit nach sich. Die Rechtsanwälte von Frau Prof. Höhler heischten Schmerzensgeld von *konkret* – in zweiter Instanz vom Autor – in Höhe von 100.000 Mark und monierten dabei als schmerzverursachend u. a. die Textpassagen: »ihren Herrn Sohn reiten und dann umgekehrt«; »ja eigentlich das Reiten/Rammeln präferiere«; »daß Hohe Frauen wie sie keinem Gatten sich zu beugen pflegen«; »auf dem sie, G. Höhler, abends Abel reitet«; »Abel erst nach dem täglichen Fototermin flachlegen und bürsteln«; »zuerst das Pferd geritten und dann den Sohn«; »die aufgescheuchte Schwerstverrückte«; »vollkommen gaga«.

Das Landgericht Hamburg wies das Höhlersche Ansinnen mit Urteil vom 25.2.94 im Sinne der »Satirefreiheit« zunächst zurück. In der Begründung hieß es, man könne beim Betrachten der den Artikel auslösenden Fotos ja zu gar keinen anderen Befunden kommen als der Autor: »Der beanstandete Artikel knüpft nämlich gerade an das Foto an, das die Antragstellerin und ihren Sohn zeigt und mit dem sie American Express hat werben lassen, und dieses Foto läßt nach Pose und Ausdruck der Abgebildeten durchaus Spekulationen über eine ungewöhnliche Beziehung zwischen ihnen zu.«

Das Hanseatische Oberlandesgericht bestätigte am

10.11.94 diesen Eindruck; empfand allerdings – mit der Folge von 20.000 Mark Schmerzensgeld – vier der ca. 20 von den Anwälten monierten Textpassagen als nicht mehr zulässig und nämlich »das Maß des Zumutbaren überschreitend«.

Bleibt ergänzend anzumerken, daß landesweit und multimedial gestreute Werbe-Fotos wie die beiden fraglichen vom Auftraggeber in einer Größenordnung von 50 oder auch 100.000 Mark honoriert zu werden pflegen.

Anzumerken ist weiterhin, daß Eckhard Henscheid durchaus bereit gewesen wäre, den Höhler-Artikel zu veröffentlichen und die drohende Unterlassungsverletzungsstrafe zu riskieren. Allein dem Verleger war dieses Unternehmen zu prekär, hätte er bei einer erneuten Klage doch wahrscheinlich sein Unternehmen dicht machen müssen. Immerhin soll hier an diesen Fall noch einmal erinnert werden.

Eckhard Henscheid
Klaus Bittermann

Frauen und Reisen

Frauen reisen bekanntlich ganz anders, und drum ist es nur allzu einleuchtend, ja zwingend, daß es nach der allbekannten Frauenforschung und der schon gar zu sattsam bekannten Reiseforschung seit 1994 nun auch eine »Frauenreiseforschung« gibt, und das vorläufige Forschungsergebnis eines erstmaligen interdisziplinären Symposiums zur Frauenreiseforschung »Frauenreisen – Reisefrauen« erscheint nun inklusive der vorläufigen Beantwortung der Frage »Gibt es eine weibliche Reisesprache?« (meine Meinung: kaum; das »hallo!« und das »tschüss« scheinen mir doch metasexuell androgyn) gesammelt und herausgegeben von Doris Jedamski, Hiltgund Ichle, jawohl: Hiltgund Ichle, sowie Ulla Siebert im eFeF-Verlag Dortmund, 312 Seiten, broschiert, 37 Mark – soweit so gut, ich frage mich allerdings nur, ob es die Oberzeile des Haupttitels »Und tät' das Reisen wählen!« wirklich brauchte, wenn mich nicht alles täuscht, ist das ein Zitat des nur allzu und ungut bekannten alten Männerreisenden und patriarchalischen Rassisten und Sexisten Joseph von Eichendorff, bäh.

Sagen Sie, Ingeborg Bachmann, was

haben Sie sich eigentlich dabei gedacht, als Sie 1971 dies in Ihren bei Suhrkamp erschienenen Roman »Malina« hineinschrieben?

»Der große Siegfried ruft mich, erst leise, und dann doch laut, ungeduldig hör ich seine Stimme: Was suchst du, was für ein Buch suchst du? Was will der Große Siegfried? Was für ein Buch wird das sein?«

Das Ihre natürlich, es war damals für ihn kein anderes zu kriegen – aber, nochmals, sagen Sie uns, was haben Sie sich bei dieser Passage eigentlich gedacht? Wie? Natürlich nichts? Gut. Haben wir uns schon gedacht. Also weitermachen. Und alles Gute auch.
Wünscht:

E.H.

Ich, Mönch für vier Tage

»Den Tag des Gerichts fürchten. Vor der Hölle zittern. Das ewige Leben mit aller Begierde des Geistes ersehen.«

Aus der »Regel des Hl. Benedikt«

»Mein Kloster, einsam stehst du in der Zeit. Wo ist einer, der dich kennt? Man hastet an dir vorüber, ein flüchtiger Blick, der Ansatz eines Gedankens, das ist alles. Wer kennt deine abgründige Tiefe.«

Thomas Graf, Ex-Abt des Benediktinerklosters Schweiklberg

Flucht vor der Leistungsgesellschaft. Freiraum für Sonderlinge und sonstige unzeitgemäße Zeitgenossen. Institutionalisierte Dauerreflexion als anachronistisches Gegen-Gesellschaftsmodell einer kleinen radikalen Minderheit. Internalisierung als Gruppenprozeß. Dies eine kleine Auswahl soziologischer Formeln: Man hört nicht viel Gutes über Kloster und Mönchstum in diesen aufgeklärten und spätkapitalistischen Tagen. Und vor allem fast nur Abstraktes. Es gibt zwar haufenweise Berichte, Analysen, Polemiken von Insidern, Normalzeitgenossen machen sich aber kaum einen Begriff davon: wie das ist, plötzlich nicht mehr »da« zu sein, sondern »drinnen«; und zwar total.

Eckhard Henscheid wollte es erfahren und erfühlen. Ließ die schnöde Welt hinter sich und verschwand auf Tage hinter Klostermauern.

*

Da ist einer, der nicht vorüber und ins österliche Urlaubsgetriebe hasten, sondern deine abgründige Tiefe kennen lernen wollte.

Allerdings: Als ich am Gründonnerstag früh aufbrach und mich bereitete, da war mir, einem hoffnungslosen

Alltags-Hektiker, vor den drohenden vier Tagen Gotteseinsamkeit schon ziemlich mulmig zumute. Und als sich am Ostersonntag nachmittag die Pforten der Abtei hinter mir zutaten, da war mir wieder irgendwie mulmig im Kopf. Aber diesmal aus anderen Gründen.

Die Benediktiner-Abtei Schweiklberg ragt stolz und lieblich zugleich aus den Donauauen um jenes Vilshofen, das dank der aschermittwöchigen Plärriaden Franz Josefs, des Inkommensurablen, eine gewisse Weltberühmtheit genießt und 20 Kilometer östlich von Passau an der österreichischen Grenze liegt, in den sanften niederbayerischen Ausläufern des Bayerischen Waldes. Ein prunkend-mächtiger Bau, von weitem wie barock – aus der Nähe entlarvt er sich leider als unseliges Fabrikat der Jahrhundertwende: durch einen Allerwelts-Jugendstil zur absoluten Stillosigkeit verdammt.

Unsere Expedition nannte sich »Kloster auf Zeit für junge Leute«, war zumindest ein regionales Novum und wurde gemanagt von der Kirchlichen Jugendpflegestelle Regensburg, die so »jungen Damen und Herren erstmals die Gelegenheit (bot), in der Karwoche 1973 in einer Klostergemeinschaft die Karliturgie intensiv mitzuerleben. Vielleicht wird es uns auch möglich sein, manche Klischeevorstellungen über das Klosterleben abbauen zu helfen«. Dies erhofft sich gleichfalls, bei seiner steifjovialen Begrüßungsansprache auf Kloster Schweiklberg, der 42jährige Abt Dr. Anselm Schulz, ein vollkommen durchgeistigter Mann und selber Bilderbuch-Asket, der immer wieder vorträgt, die geistliche PR-Aktion möge dazu dienen, »Bilderbuchvorstellungen übers klösterliche Leben zu korrigieren und sich wechselseitig kennenzulernen«. Keineswegs intendiert sei etwa gar »Schleichwerbung«, und der Abt lächelt dabei so reinlich, daß jeder Verdacht sich sofort ausschließt.

Wir, die »Mönche auf Zeit«: das sind zehn Herrlein aus der Diözese Regensburg, von 18 aufwärts, mit meinen 31 bin ich der Opa. Es sind Kameraden aus der katholischen Grauzone: Theologiestudenten, Pfadfinder, Kolpingssöhne, Lehrer, Pfarrgemeinde-Aktive – nicht unaufgeweckte und, wie sich herausstellt, maßvoll liberale oder liberal sich taxierende Leutchen der neueren katholischen Couleur, ausgestattet auch mit einer gewissen spinösen Erwartungshaltung à la Jungen-im-Feuerkreise: »So eine Osternachtsfeier im Kloster – das könnt' schon ganz toll werden«.

Dazu muß der Nicht-Katholik wissen, daß die für uns Zeit-Mönche ausgesuchten Tage von Gründonnerstag bis Ostersonntag den Höhepunkt des sog. Kirchenjahres und insbesondere des klösterlichen darstellen, Leiden und Auferstehung des Herrn – eine Zeit zudem, in der das benediktinische »Ora et labora« sich, so erklärt uns der Abt, kurzfristig fast ganz aufs Beten hin verlagert, auf eine »besondere Vielzahl von liturgischen Angeboten«, wie Dr. Schulz es betont flott im Jargon eines Verkaufsleiters formuliert. Unsere ersten Bekannten: die Kontakt-Patres Gregor und Mattäus, zwei 30er, die uns ins klösterliche Leben einführen und notfalls geistlich zur Hand gehen sollen. Ihnen gesellt sich rasch der Bruder Arthur zu, ein etwa gleichaltriger Theologiestudent zu Salzburg, eine Art Kloster-Faktotum, dessen rustikal-niederbayerische Art ihm mühelos das Vertrauen der Zeit-Mönche gewinnt.

Von ihm und vom Vater Abt ist zu erfahren, wie Schweiklberg 1905 aus einem ehemaligen Bauernhof errichtet wurde, als Außenstelle der Benediktinerkongregation von St. Ottilien, die sich auch besonders um die Mission kümmert. Das Kloster verfügt über 90 Hektar Land, von circa 130 Mönchen ist ein kleinerer Teil stets missionarisch unterwegs, 80 bis 100 Mann halten daheim die Stellung; ihnen stehen 140 Stück Huftier zur Seite, Kühe zumeist. Die Benediktiner (*Ordo Sancti Benedicti*, Abkürzung: O. S. B.) heben sich von anderen Kongregationen dadurch ab, daß ihr Gründer Benedict von Nursia ihnen regelmäßige Arbeit verordnet hat. Ein guter Einfall, der auch noch heute ein Kloster wie Schweiklberg wirtschaftlich nahezu völlig autark macht.

Die Mönche betreiben Landwirtschaft, Gärtnerei, auch eine Klein-Druckerei, Bäckerei, Metzgerei, Schreinerei – alles im Hause; ein klostereigenes Elektrizitätswerk versorgt auch zu einem guten Teil die Kleinstadt Vilshofen. Angeschlossen ist der Abtei zudem ein Internat für 150 Gymnasiasten »aus gut christlichen Familien« (Prospekt), was wiederum Geld bringt; schließlich werden 30 Lehrlinge in den klösterlichen Handwerksbranchen ausgebildet – nicht ganz ohne Absicht: ein Teil von ihnen pflegt erfahrungsgemäß im Kloster sitzenzubleiben.

Alle Mönche sind, als Handwerker oder Lehrer, berufstätig – allein der 90jährige Senior des Klosters sitzt nach Bruder Arthurs Auskunft »nur noch den ganzen Tag in seinem Zimmer und raucht ununterbrochen Zigarr'n«. Ein letzter, nicht unerheblicher Erwerbszweig der Abtei sind die Fabrikation und der überregionale Vertrieb des »Schweiklberger Geists«, eines 80prozentigen Gesöffs und »anerkannten Heilkräuterdestillats« aus der geistlichen Verwandtschaft der Klosterfrau Melissengeist, das für 3,50 DM das Fläschchen beim Klosterpförtner zu haben ist und das mir segensreich über eine böse Grippe hinweghilft. Meine Klischeevorstellungen finden sich äußerst wohltätig bestätigt.

Wir Zeit-Mönche werden in die Klausen von beurlaubten Kloster-Lehrlingen einquartiert, äußerst anspruchslosen Zimmerchen, kein Waschbecken, kein Nachttischlicht, ewig langer und kalter Gang zu Klosett und Waschraum. »Lehrmädchen gesucht« ist einigen der Zell-Türen als Flugzettel aufgeklebt. Auch die 15-20jährigen Lehrlinge artikulieren schon linkisch die Freuden zölibatärer Kasernierung.

Wenn wir eintreten, reißen der steinalte Bruder Alexander und der Bruder Arthur uns gleich Koffer und Tragtaschen aus der Hand, schleppen sie wie Hotelportiers vor uns her und halten die Türen auf. Bruder Gregor, einer unserer Kontakt-Patres, schüttet, wenn man mit ihm im Speisesaal plaudert, ununterbrochen die vom Pater Jordan gebraute Zitronenlimonade undefinierbaren Geschmacks ins Gläschen nach. Kaum schaut man mal mit der leeren Kaffeetasse hilflos drein, rennt schon ein Bruder los, neuen zu holen. Einen Weltmenschen enerviert das schon ziemlich: tagelang über sich ergehen lassen zu müssen, was bei unsereins Lakaientum, unter Auserwählten aber wohl Demut heißt.

Während der Karwoche wäscht der Abt, dem Beispiel des dienenden Jesus folgend, nicht nur seinen Brüdern im Rahmen der Gründonnerstagsliturgie öffentlich die Füße: er bedient auch, mit weißem Kellnerschürzchen ulkig angetan, während Christi Leidenstage im großen Refektorium, dem Speisesaal, äußerst behend mit Nudelsuppen und Salattellern – nicht viele Kellner unserer freien Marktwirtschaft stellen sich so fix und willig an wie dieser hohe Herr, der immerhin in der katholischen Hierarchie den Rang eines Bischofs hat. Und am Ostersonntag hoppelt, rührend und irritierend zugleich, der Pater Franz, ein winziges und völlig hinfälliges Männlein von 84 Jahren, tapsig von Tisch zu Tisch, Teller und Gläser abzuräumen, Nachschub zu bringen – »das ist das einzige, was ihn noch auf den Beinen hält, daß er das darf«, erklärt mir ein Bruder. Solche Mahlzeiten werden aufgelockert durch einen »Vorbeter«, einen Mönch, der nach dem Tischgebet und bevor's den ersten Schluck Suppe gibt, mit pathetisch-wackliger Stimme noch einiges Informatives aus dem Leben Jesu erzählt. Und zu normalen Zeiten, d. h. außerhalb der Kartage, so wird uns berichtet, fungiert auch noch ein wöchentlich alternierender »Vorleser«, der während des Schmausens den Brüdern »etwas aus lehrreichen Büchern und Zeitschriften« zu wissen gibt – so wie unsereins zum Essen Radionachrichten hört.

Nach dem Abendessen einige Minuten vollkommenes Schweigen. Dämmerung lagert über dem Raum. 80 schwarze Männer zwischen 20 und 84 versenken sich. Ihre Gesichter durch die Bank bleich und vollkommen ausdruckslos. Eine merkwürdige Verfassung zwischen Lyrismus und Beklemmung.

Die Regel der Benediktiner fordert vollständigen Verzicht auf Eigentum. Sie wird nach Auskunft meines Kontakt-Patres auch heute noch strikt durchgehalten.

Naja, erklärt er, man brauche ja auch nichts als ab und zu Reisegeld oder vielleicht einmal einen neuen Anzug. Da marschiert man dann einfach zur klösterlichen Finanzstelle, und der zuständige Mann »sieht dann schon, wenn's brennt«. Und da kriegt man also z. B. für eine Reise einen gewissen Spesenbetrag »und wenn was übrig bleibt, gibt man's zurück. Aber ich mach's so, ich behalt's und verlang dann's nächste Mal nix«.

Nach außen hin, gegenüber der Weltlichkeit, herrscht gedämpfte Mildtätigkeit. Es kämen da jeden Tag so drei bis fünf Gammler und Penner vorbei, »vor allem aus Preußen – einer hat uns da mal erzählt, da gibt's ein richtiges Informationsnetz, und da hat er erfahren, daß man in Schweiklberg gut aufgehoben ist«. Gäste aller Art werden verköstigt, beherbergt und kriegen im Normalfall 6 Mark mit auf den Weg. »Abgewiesen haben wir noch keinen«.

Das interessiert mich sehr. In einem Gespräch mit einem Kontakt-Pater klage ich, der ich mich als Ex-Student der Philosophie eingeführt habe, mein Leid. Ich arbeitete, druckse ich herum, gegenwärtig ebenso lust- wie erfolglos als Schriftsteller und Lyriker, wisse nicht mehr recht, wo es langgehe und »will irgendwie nicht mehr«. Das Klosterleben macht mir eigentlich Spaß – ob da dann vielleicht ein Plätzchen für mich frei sei. Mein Pater wird nachdenklich: das sei natürlich eine sehr delikate Frage, für die er nicht allein kompetent zeichnen könne. Ob ich denn aus innerer Überzeugung ins Kloster ginge? Das nicht gerade, winde ich mich, vielleicht käme ja später die Erleuchtung, aber jetzt: Nichts mehr hören, nichts mehr sehen... Nun, meint mein Pater sinnend, da lasse sich schon abhelfen. Alle Novizen müßten ja ohnedies zuerst ein halbes Jahr »Probandentum« hinter sich bringen, eine völlig unverbindliche Kandidatur, aus der man jederzeit wieder aussteigen könnte. Und da ließe es sich sicher einrichten, daß ich mich hier in Schweiklberg einquartieren könne.

Wie er denn, frage ich meinen Pater, ins Kloster gekommen sei. Er ist als Lehrling hier eingetreten und gleich drin geblieben; von 30 Lebensjahren hat er 16 im Kloster verbracht, die »Nähe zu Gott« sei es, die ihn hier halte. Ob er das explizieren könne? Nein, antwortet mein Pater mild und ernst, das könne er nicht, und schon gar nicht »einem Studenten der Philosophie, wo heute sowieso nicht mehr an Gott geglaubt wird«.

Die gleiche Frage, warum er hier sei, beantwortet ein anderer, jüngerer Bruder mit dem Hinweis auf die »Nachfolge Christi«. Aber, so zögere ich, der historische Christus sei doch offenbar ein Rebell gewesen, ein radikaler Gesellschaftsreformer – und alles andere als ein weltabgeschiedener Mönch. Nein, werde ich belehrt, Jesus sei ein »Rebell der Liebe« gewesen, der »höchsten Form der Menschlichkeit«. Was aber, hake ich nach, leiste denn ein Mönch heute zu dieser Menschlichkeit, zu der vom Christentum doch wohl geforderten Projektion des Himmelreichs auf diese Welt. Jetzt kommt wieder die Formel »Ora et labora«, das sei die wahre christliche Menschlichkeit. Unser Gespräch kommt nicht voran.

Einleuchtender und irgendwie logisch handelt mein Bruder das vorsichtig angeschnittene Thema Keuschheit ab. Das sei bei den Benediktinern »nie eine Frage gewesen«. Wie denn? Ist alle Sexualität plötzlich weg? »Das Problem«, doziert mein Bruder überlegen und wie erleuchtet, »stellt sich nach einer gewissen Zeit nicht mehr«. Was heißt das konkret? »Das regelt sich sozusagen von selber«. Also, das glaub ich wieder nicht ganz. Man braucht halt wahrscheinlich einfach einen ordentlichen Lehrer, zum Beispiel den Hl. Benedikt und seine Regeln, die auf unseren Zimmern herumliegen und in denen barsch die Anweisung steht: »Sinnliche Lust nicht hegen. Die Gelüste des Fleisches nicht befriedigen«.

Merkwürdig: In der recht gut ausgestatteten Klosterbibliothek, die auch aktuelle Schriften vom *Spiegel* bis zu William S. Schlamms faschistischer *Zeitbühne* aufliegen hat, heißt eine der letzten Buch-Neuerwerbungen ausgerechnet »Zwang, Paranoia und Perversion«, und ihr Verfasser ist Sigmund Freud. Und im 1. Kapitel wird

»die Religion als eine individuelle Zwangsneurose« deklariert, und über Keuschheit und Askese wiederum wird berichtet, in ihnen dominierten als Zwangsneurose »uralte, längst verdrängte Wunschregungen«.

Liturgisches Highlife beziehungsweise »eine Vielzahl von liturgischen Angeboten«: Unser Programm kann sich sehen lassen. Gründonnerstag 12.10 Uhr Mittagshore (eine Art Andachtsgesang), 18 Uhr Eucharistie (Abendmahl-) Feier mit Fußwaschung, 20.30 Uhr Komplet (Nachtgesang); Karfreitag 6.30 Uhr Mette und Laudes (Lobgesänge), 11.40 Uhr Mittagshore, 15 Uhr Karfreitagsliturgie (2stündig!), 19.30 Uhr Komplet, Karsamstag 6.30 Uhr Mette und Laudes, 12.10 Uhr Mittagshore, 17.30 Uhr Vesper (Nachmittagsgesang), 19.30 Uhr Komplet. Dann als Höhepunkt: Ostersonntag 4 Uhr Osternachtsfeier mit Osterfeuer zwischen Nacht und Morgengrauen vor der Klosterkirche und einer anschließenden 2stündigen Liturgie, dann 6 Messen, Mittagshore. Dann sind jedenfalls wir Zeit-Mönche aus der kartägigen Gebetstour de Force entlassen. Dazwischen jeweils Frühstück, Mittagsmahl, ein (inoffizieller) Nachmittagskaffee, Abendessen, mit jeweils Vor- und Nachtischgebet. Die unablässige Reihe Essen-Trinken-Beten-Singen-Essen-Trinken hat übers Exotische hinaus etwas Irres und Behagliches zugleich: es ist genau das, was man im heutigen Jargon als »herumhängen« bezeichnet, dolce vita santa. Man gewöhnt sich rasch an den Rhythmus, in sußen Freuden gehet die Zeit, und wenn man nicht gerade singt oder Brotzeit macht, dann ist die bevorzugte Tätigkeit: Wandeln. Man wandelt durch die Klostergänge, durch die kleinen Gärten, über die Fluren. Mild schimmert die Sonne in den Vormittag, wagnerisch-parsifalischer Karfreitagszauber umfächelt mich, wenn ich, während durchs Land der Osterverkehr brüllt, die keusch-stillen klösterlichen Auen abwandle. Bald schellt das Glöcklein zur nächsten Gebetsübung.

Sie findet uns postiert beidseits des Hauptaltars der Klosterkirche, wir Halb-Mönche mitten unter den würdigen Schwarzkutten, die in gleichsam somnambuler

Regelmäßigkeit und in merkwürdig bizarren Kurven auf ihre jahrelang angestammten Plätze zuwallen. Und dann beginnt von Mal zu Mal das große Lamentoso der alttestamentlichen Psalmen, Antiphone, Responsorien: eine einzige und ewige und eigenartig trostlose Laudatio des Höchsten nebst permanent kruden Verdammungen der wie auch immer beschaffenen Feinde: »Grundlos stellen die Feinde mir ihre Fallen / Grundlos spannen sie ihr Netz / Jählings überkomme sie das Verderben / In die eigene Grube sollen sie stürzen«. Ja nun, es ging ja wohl auch darum, Klischeevorstellungen abzubauen...

Singt oder brummelt man – alternierend mit einer besonders stimmgewaltigen Dreimann-Vorsängerschaft – das Zeug stundenlang so dahin, dann macht's direkt Spaß. Eine vollkommen unwirkliche Atmosphäre entfaltet sich. Das Ganze hat etwas Beschwörendes und Kalmierendes in einem. Da sind also 80 uniformierte Kameraden, die wissen, wo's lang geht. Retour zu König David. Und musikalisch ins Mittelalter. Aber was, so dämmert mir, ist denn dieses Diatonische (und deshalb besonders wehmütig Klingende) anderes als eine der möglichen Formen vom zeitgenössischem Relaxing, Abschlaffen, ein Sensitivitätstraining auf Jesus komm raus? »Aus der Tiefe rufe ich zu Dir. Dem Totenreich ist nahe mein Leben«.

So ist es. Hier trifft sich Benediktiner-Gedankengut mit meiner (für alle Notfälle mitgebrachten) Kloster-Lektüre, Becketts »Mercier und Camier«: »Fort mit dem Leben!« Der Abt Anselm ist freilich nicht nur stolz auf solche »zeitgenössischen Formen der Liturgie«, er betont – in trauter Gesprächsrunde mit uns Zeit-Mönchen – auch die Reformfreudigkeit des Klosters überhaupt: »Es kommt immer darauf an, Spielregeln zu ändern und neu anzupassen«. Spielregeln? Anpassen? Andererseits mag der Abt aber doch noch nicht so recht. Was zum Beispiel das merkwürdige Gebot des Schweigens beim Essen soll? »Weil nach einer allgemeinen Erfahrung Schweigen in einer Gruppe entlastet. Schweigen ist der Ausdruck einer inneren Sammlung. Nicht wegen des Buchstabens, sondern wegen des Sinns. Und diesen Sinn muß man als Wert erleben«.

Nun mag Dr. Schulz zwar ein hochgelehrter Kopf sein, aber ob er das wohl selber ganz versteht? Oder dies, von ihm ausgesprochen in der Gründonnerstagspredigt: »Wir sind Christi Eigentum, das er sich durch seinen Tod rechtmäßig erworben hat«. Fasse es, wer es fassen kann. Ob das statt Reformfreudigkeit nicht eher mystischer Nonsense ist?

Schweigen und Besinnung: Uns Zeit-Mönchen ist zwar während der Kartage gestattet, Tischtennis zu spielen, erstaunlicherweise aber nicht Radio, Tonband und Fernsehen: »Es soll alle Zeit der Besinnung gewidmet werden«. 40 und mehr Stunden Besinnung hintereinander!

Am Gruppengespräch stelle ich dem Abt die Frage, ob diese Grundaxiome klösterlichen Lebens, Gebet und Besinnung, heute überhaupt noch zu verifizieren, ob nicht vielleicht doch einstige Gebetskulturen einfach objektiv im Aussterben begriffen seien. Der Abt hat eine stupende Antwort parat: das treffe zweifellos auf die literarische Form des Gebets zu, nicht aber auf die Sache selber, denn: »Je höher das Gebet, desto einfacher die Formen«. Ah ja, die ständige Nähe zu jenem... In einem zweiten Gutnacht-Gespräch mit Dr. Schulz erhebt sich die Doppelfrage nach der Funktion der Klöster heute und ob vielleicht gar die Erneuerung der Kirche von Mönchen ausgehen könnte. Der Abt, ein wenig geschmeichelt und subtil: Was die Aufgabe der Klöster heute angehe, so sei eben diese gegenwärtig fraglos ein wenig ins Hintertreffen geraten, aber: »Es gibt bei Glaubensgemeinschaften wie im Menschenleben Alterstufen mit verschiedenen, jedoch gleichwertigen Funktionen«. In diesem Sinn sei es für die Klöster heute darum zu tun, »mit Treue und Beharrlichkeit den Elan der ersten Generation« – das frühe Mittelalter? – »weiterzutragen, wobei eine mögliche Erneuerung weder magisch noch mechanisch, sondern nach dem verborgenen göttlichen Willen erfolgt«, auf deutsch: es gilt zu überwintern. Allerdings, so räumt Abt Anselm ein, von daher den historischen und göttlichen Stellenwert der Klöster heute zu interpretieren, sei mehr seine »persönliche Utopie«.

Ein zweites geistliches Gespräch führt die Zeit-Mönche mit Bruder Christian zusammen, einem Mitdreißiger und Theologieprofessor zu Passau, eine Art Chefideologe des Schweiklberger Klosters, der uns zwei Seminare erteilt. Christian gehört zu jener jüngeren Equipe katholischer Geistlicher, die den stark bröckelnden Fels Petri kraft kritischen Denkens zu stützen versucht, und so klagt er denn auch scharf und zornig »die Bischöfe« an, die »das Konzil verraten« haben: »Statt daß sie einen Geist in die Diözese tragen, was haben's gemacht? G'schlafen haben's!« Ficht eine passionierte Polemik wider den Zölibat, allerdings nicht, weil dieser vielleicht etwas ungesund wäre, sondern weil er »unsere pastoralen Strukturen zerstört, nämlich den Nachwuchs vertreibt.« Und neben radikalchristlichen Theoremen hört man von ihm auch erstaunlich christliche Aussagen wie die, welche auf seinen Erfahrungen mit Ruhr-Kumpels beruht: »Es gibt einen Menschentyp, da ist religiös einfach Sense«. Oder: »Ich halt es für einen Schmarr'n, wenn Religionslehrer im Unterricht mit den Kindern nur über den Vietnamkrieg reden«.

»Wie kann man die Karwoche sinnvoll feiern«, heißt unser Generalthema. Zuerst expliziert Bruder Christian einen progressiven christlichen Standort: Wir feiern Erlösung, und zwar nicht wie nach herkömmlich katholischem Gewäsch von der Erbsünde, sondern diese Erlösung meine »die Befreiung zum vollen und ganzen Menschsein«, so radikal, wie Christus sie vorgelebt habe. Aber wie kann man »feiern«? In liturgischer Gemeinschaft. Was heißt das? Stehen nicht, frage ich, heute neun Zehntel der Leute so hoffnungslos vergewaltigt im Arbeitsstreß, daß sie über die Ostertage allenfalls noch total wegzuschlaffen in der Lage sind? Seien doch weitaus die meisten Zeitgenossen nicht so privilegiert wie z. B. wir Zeit-Mönche, denen über Tage einen spirituellen Raum aufzubauen vergönnt würde. Erstens, kontert

Bruder Christian, stimme das sowieso nicht, weil das Freizeitangebot immer größer werde, und zweitens kommt jetzt voll der katholische Standpunkt zum Tragen: »Gerade in der heutigen Zeit wird der Mensch wieder mal vergöttert« (!!!), »in der Karwoche aber wird gezeigt, daß er nichts ist«.

Zum Thema »Feiern« hat einer unserer Zeit-Mönche fast einen Geistesblitz vorzutragen: »Früher war doch die Kirche der Alleinunterhalter der Leute. Heute ist das Erlebnisangebot – Kino, Fernsehen – so groß, daß so ein Karwochenritual gar nicht mehr durchkommt«. Bruder Christian jetzt wieder historisch und aufgeklärt, konzediert das, schränkt aber ein, daß im Unterschied zum Erlebnisangebot der Kirche eben »keine Befreiung« dahinterstecke.

Also, wie soll gefeiert werden? Selbstredend ist der Professor gegen »Osterklimbim«, auch »müssen wir Abschied nehmen vom liturgischen Ästhetizismus, wobei ich gar nix gegen ein österliches Pontifikalamt habe – aber dann soll's echt sein«. Und dann kommt Bruder Christian auf die wichtige Frage des österlichen Essens zu sprechen, zu der er überhaupt starke theologische Aussagen auftischt: »Gerade was Menschen am intensivsten miteinander verbindet, das Mahl, da passiert das, daß er (Judas) ihn verrät«. Das war Gründonnerstag, was aber den Ostersonntag angeht, da schwebt dem Bruder Christian etwas äußerst Reformerisches vor: »Man kann den Ostergedanken durchaus mit einem festlichen Mahl verbinden, im Sinne einer echten christlichen Agape« – das frühchristliche Liebesmahl –, »daß die Eucharistiefeier direkt übergeht in ein sinnvolles Mittagessen, wobei man den Teilnehmern zum Beispiel auch ein geweihtes Ei geben könnte«.

Ganz wohl ist dem Gelehrten bei dem Satz vielleicht doch nicht. Oder um mit der Regel 4 des Hl. Benedikt zu sprechen: »Schallendes Lachen nicht lieben«. Das ostersonntägige Liebesmahl setzt denn auch Glanz- und Endpunkt unserer kurzen Mönchschaft. Nachdem es die Kartage über bei Fischfilets, Pfannkuchen, Quark, Käse und Kartoffelpuffern recht kalvarienmäßig zugegangen war, herrscht bereits am Ostermorgen nach der Frühfeier, zu der man uns um 3.30 Uhr aus den Betten gescheucht hat, das österliche Feuer zu entzünden, anläßlich des Frühstücks absolutes Weihgefühl; und beim Mittagsmahl nach dem gloriosen Pontifikalhochamt kommt man sich vor wie bei einer mittleren Bauernhochzeit, bei der allein die Braut und überhaupt Weiber fehlen. Riesige Mengen Schnitzel, Berge von Beilagen, ein Süppchen, das auch einem Staatsempfang gut angestanden hätte, erstmals seit Tagen Bier, Kaffee, mehrere Stück Torte – und zuletzt werden sogar Zigarren und Zigaretten herumgereicht; nachdem ich die ganzen Tage über das Gefühl nicht los wurde, der einzige Raucher in diesen heiligen Hallen zu sein, ist es nun ein besonders wundersamer Anblick, mehr als 50 schwarze Herren kraftvoll und beseelt bläulichen Dunst gegen die Decke des Refektoriums stoßen zu sehen. Sie machen sich heute überhaupt recht stattlich und festlich, die Herren, die tagelang so zäh und freudlos ihr Süppchen in die bleichen Gesichter gelöffelt haben; und überzeugend klingt, nachdem bisher anläßlich der Nachtisch-Gebete immer von der »Hoffnungslosigkeit unserer Zeit« gesungen wurde, diesmal ihr »Halleluja« in Choralform gen Himmel, wenn der leibliche Höhepunkt des Kirchenjahrs mit einem letzten Schluck Bier geendet hat.

Der Abschied unserer Mönchs-Gruppe fällt nahezu freudig aus. Man war gut zu uns, nett, aufmerksam. Der Gast sollte dankbar sein. Und doch – Gott helfe mir, ich kann mir nicht helfen –, wenn ich wenig später Schweiklberg vom Bahnhof Vilshofen aus nur mehr malerisch aus der sicheren Distanz erblicke, überfällt mich endlich und unabweisbar das österlich erlösende Gefühl: einem grauenhaften Seelenmief, einem perversen Institut für Zeitvertreib, einer »abgründigen Tiefe« von Unnatur entronnen zu sein. Ach, was soll's? Ich gehöre halt zu den Menschen, bei denen nach Bruder Christian »religiös einfach Sense« ist.

Über Chlodwig Poth

Eine Rede

Mir ist die Ehre widerfahren, aus nahezu festlichem Anlaß hier das preisende Wort an Sie richten zu dürfen, nämlich zur Premiere des soeben erschienenen Bilderbuchs »Frankfurt oder ein vorletzter Tag der Menschheit« von Chlodwig Poth – und ich muß bekennen: Tatsächlich wäre kaum einer befugter als ich, über Poths Werk zu referieren und zu reflektieren; denn 1. habe ich vor Jahren auch mal ein Frankfurt-Buch veröffentlicht und 2. wohne ich in der Frankfurter Neuhaußstraße genau gegenüber von Chlodwig Poth, ich kann ihn vom Fenster, ja buchstäblich von meinem Bett aus, wenn ich mich dort etwas aufrecht setze, täglich bei der Zeichenarbeit beobachten und habe ihn somit – sowohl was die Einsatzbereitschaft angeht als auch die Päuschen – überwachungsmäßig und sozusagen psychostrategisch permanent unter Kontrolle. Den Gedanken, mir ein Fernrohr anzuschaffen, um so noch mehr in die in statu nascendi befindlichen Kunstwerke einzugreifen und nämlich telefonisch gleich die gröbsten Fehler und verbesserte Pointen durchzugeben, den habe ich dann freilich doch wieder fallen lassen. Denn frei sei die Kunst, sogar innerhalb der Gruppendynamik bzw. des Gruppenterrors der jetzt häufig sogenannten »Neuen Frankfurter Satirikerschule«, der Chlodwig Poth schon von jenen Urzeiten her angehört, als sie noch nicht diesen erhabenen, nämlich an Horkheimer und Adorno anmunkelnden Namen trug.

Daß Frankfurt im neuen Poth-Buch eine durchaus emphatische Rolle spielt, entnehmen Sie bitte und aufmerksamer Weise schon seinem Titel. Der edlere Zufall fügt es, daß der Autor sozusagen mit dem heutigen Tag exakt 30 Jahre in Frankfurt lebt, zuletzt in der schon besagten Neuhaußstraße im Nordend, die im Motivkonnex des Buchs deshalb auch eine kausalnektisch thematisierte Rolle spielt. Aber, um es nicht zu vergessen, es gilt hier in einem Aufwasch auch gleich noch zwei weiterer runder Jahrestage zu gedenken: Dieses, hat er mir gesteckt, ist Poths 20. Buch – und 1986 feiert der Künstler auch andererseits sein 40jähriges Berufsjubiläum als Zeichner. Ja, schon mit 16 ereilte der Ruf also jenen, der übrigens ominöser Weise genau einen Tag nach unserem Kanzler Kohl in Wuppertal geboren wurde und es aber trotzdem nicht einmal zum Minister brachte, und das kommt daher: Poth ist einfach kein Winner-Typ wie der Oggersheimer; sondern eher ein ruhiger, manchmal fast lautloser Herr, ein mal staunender, mal leis kichernder Beobachter, ein Spaziergänger und abends nicht selten ein Rumhänger – kurz: Der typische Verlierer und ein Versager vor der Härte einerseits und dem Pomp des Lebens andererseits; und deshalb gilt er z. B. dem *FAZ-Magazin* auch nur als »Deutschlands erster Satiriker«. Und auch wenn es mich und etliche andere Protagonisten der genannten »Neuen Frankfurter Schule« ein wenig schmerzen sollte: Dies Lob kann man tatsächlich so stehen lassen.

Dispensieren Sie mich hier bei meiner Laudatio bitte von weitschweifigen Auslassungen über Leben und Werk Chlodwig Poths. Spätestens seit seinen satirischen Strip-Zeichnungen vom »Progressiven Alltag« vor gut zehn Jahren ist der Name Poth ein Qualitätsbegriff und der Mann, falls es in dieser Branche so etwas gibt, nachgerade populär; und das wiederum braucht durchaus kein Widerspruch zum hohen moralisch-artifiziellen Auftrag seines Werks zu sein, das ich selber seit 20 Jahren kenne und schätze. Um aber das Thema »Frankfurt« immer im Auge zu behalten: Schon dieser »Progressive Alltag« mit seinen wiedererkennbaren und identifikationseinladenden Szenen aus dem Leben all jener, welche z. B. die Studenten-, die Frauen- und die antiautoritäre Bewegung der Jahre 1968 ff. verklickert kriegten – und dann oft etwas benommen am eigenen Leib erfuhren, daß der reale Alltag der 70er Jahre entschieden bunter und verwirrender war als alle graue und nämlich gar zu emanzipative Theorie, mit welcher Einsicht Poth damals nicht wenig zur Entkrampfung einer damals oft reichlich verkrampften Intellektuellenszene beitrug – schon diese Bücher vom »Progressiven Alltag« spielen zwar kaum je expressis verbis in Frankfurt, sondern ungeschriebener Weise meist in den Großstadtzentren der Republik ganz allgemein; ich meine aber doch, daß ihr Text-Bild-Kolorit kaum sonstwo angesiedelt sein könnte, weder in Stuttgart noch in Hamburg noch gar in München, dort schon gleich gar nicht. Höchstens Westberlin, gibt Poth zu bedenken, käme noch in Frage, wo er zehn Jahre lang gelebt und Erinnerungen inventarisiert habe und sozusagen fürs Leben eine Atmosphäre, eine Aura. Frankfurt aber steht im Werk dieses Künstlers zentral. Präsent ist die Stadt m. E. in allen Büchern der letzten Jahre, in den gezeichneten wie etwa dem »Tanz auf dem Vulkan« und dem »Katastrophenbuch« ebenso wie in den beiden Pothschen Romanen oder etwa in der Dialogprosa-Serie der Thekengespräche in »Hedwigs Bierstübchen«, in welchem man unschwer die alte und legendäre Gaststätte Mentz-Krenz oder aber wahlweise deren Nachfolge-Instanz, den »Pizza-Peter« in der Glauburgstraße, wiedererkennen kann.

An Frankfurt, hat Chlodwig Poth dann und wann Freunden oder den Medien anvertraut, möge er das vergleichsweise Ehrliche, Unmanipulierte, wenn man will: Unfolkloristische. Ich glaube, davon ist auch jenes Buch geprägt, das es heute feierlich zu präsentieren gilt. Ich habe mir vom Künstler sagen lassen, daß es eine weitere Stufe schreitet von der kürzeren, etwa 4- bis 16teiligen Bildergeschichte – hin zum gezeichneten, zum »Bilderroman«: Wofür etwa das Sich-Verbündelnde diverser und zunächst heterogener Handlungsstränge oder Lokalitäten einsteht; die running-gag-artige Wiederkehr gewisser Figuren; schließlich das Wimmelbild als gleichsam episches, romanhaftes Prinzip. Ich meinerseits habe in dem neuen Buch erst blättern können und sehe mich deshalb noch nicht in der Lage, Ihnen eine gefestigte Meinung und eine erschöpfende Deutung anzudienen. Einiges kann ich gleichwohl guten Gewissens schon kündigen. Zu sehen ist im Werk ebenso das eher zeitlos-gemüthafte Frankfurt wie freilich ungleich massierter noch das aktuelle, höchst akute; bis hin zum sogenannten Countdown in der Elbestraße, nämlich zu Günther Sares Tod im Herbst 1985. Daß Poth auch in diesem Buch ein ebenso politischer Zeichner ist wie ein alltags- und spiel- und detailfreudiger, diese Binsenwahrheit, indem ich sie ausspreche, vergessen Sie bitte gleich wieder – aber soviel sei vorab mitgeteilt: Poths Frankfurter Vor-Apokalypse enthält vieleviele brisante Persönlichkeiten der Zeit, den Neonazi wie den Macho, die Psycho- wie die Friedensbewegten; unschwer erkennen Sie wieder das topmondäne Styling des lokalen Flughafens und die Skyline der Commerzbank (die Poth übrigens sehr gefällt, ich meine: auch in der Realität), die Spielothek und den rattenscharfen Sex-Shop »Salambo« – kurz und um mit dem Schöpfer zu reden: »All den Scheiß der späten 70er und der frühen 80er Jahre«. Mitnichten vergessen ist freilich das Geschlecht der Müllkutscher und der Trambahndöser, vorkommen vielmehr all die in ihrer Aktualität frappant zeitlosen Hänger und Würger und Schnarcher und Lärmschläger; solche, die mir persönlich – um das auch mal zu sagen – die allerliebsten Pothschen Figuren sind.

Meine Damen und Herren, gestatten Sie an dieser Stelle eine kleine Einfügung und Ergänzung zum Thema Satire und Karikatur, Poth und überhaupt. Auffällt, daß in Deutschland zwar aktuelle Malerei und Malmoden von Publikums- und Fachzeitungen in breit sich wälzenden Exegesen überaus ernstgenommen werden, auch wenn sie das im Zweifelsfall mitnichten verdienen sollten – und ähnlich steht es mit der Literatur, zumindest mit den schwer und schwergewichtig-pathetisch sich gerierenden Werken. Und auffällt eben zweitens nach einiger Beobachtungszeit, daß auf den Werken der gezeichneten Komik und der Satire, den Cartoons und den Karikaturen, diese Aufmerksamkeit und dieser Ernstnehmewille viel weniger ruht, ja eigentlich so gut wie gar nicht. Weder Loriot noch Peter Neugebauer noch die Herrschaften der erwähnten Frankfurter Schule von Poth bis Waechter haben je in nennenswertem Umfang derlei Hochachtung und Hochbeachtung genossen, etwa in der Gestalt ambitionierter Deutungsessayistik – noch schlichter: Während jedes auch nur vermeintlich ernstzunehmende Buch, sei's der Lyrik, sei's ein Roman, seien's auch nur die Memoiren einer durchgedrehten Schauspielerin, öffentliche Beachtung und Reflexion in Form von Rezensionen evoziert, derweil tut sich auf dem Gebiet des Gezeichneten, zumal des komisch Gezeichneten, fast nichts. Gelten Cartoons, Comic Strips etc. trotz ihrer Beliebtheit noch immer und dumm genug vor den höheren Museninstanzen nichts? Sind es mindere Gattungen? Gibt's keine Sachverständigen für sie? Oder diskreditiert, wie Tucholsky wähnte, Humor noch immer seinen Schöpfer, auch wenn dieser ein Genie wäre? Geben wir die Frage hier rasch an die diversen Wissenschaftler weiter, sie von allen Seiten her auszuloten – und bescheiden wir uns hier mit dem Stoßseufzer: Wenn man weiß, welcher Käse an sog. Hochkunst und Hochliteratur einen ebensolchen an Exegese oft nach sich zieht, dann ist's vielleicht gut so, daß die Komiker und die komischen Zeichner da weitgehend aus dem Schneider sind. Obwohl: ein bißchen traurig bleibt's.

Das 20. Buch – das erste, nebenbei, in einem neuen Verlag, einem aus der Schweiz, einem, dem dieser verehrliche deutsche Künstler auf Dauer auch nicht entgehen konnte. Ich schließe mit einer Rundung zum Eingang zurück, zur Neuhaußstraße, der derzeit satirereichsten Straße Deutschlands – momentan wohnen und arbeiten fünf einschlägige Kräfte aus Poths Umkreis dort. Wiederum aus erster Hand, nämlich aufgrund meiner schon erwähnten Nachbarschaft, kann ich bestätigen, daß Chlodwig Poth ein zwar auch schwer geselliger Mann ist, aber doch vor allem ein bienenfleißiger: Wenn ich selber schon zum Tagesabschluß ein Fäßchen aufmache oder zum Krimi greife, dann sehe ich in Poths Arbeitszimmer am Schreib- und Zeichentisch noch immer romantisch-konzentriertes Licht. Oft weit über die Mitternacht hinaus, bis zwei, drei Uhr. In der Neuhaußstraße kursieren zwei Theorien bzw. Legenden: Der Mann hockt längst vorm Fernseher und läßt das Licht nur in der üblen Absicht an, anderen Kulturträgern der Straße ein schlechtes Gewissen einzuhämmern. Die andere Theorie läuft noch weithin auf Spekulation hinaus – ich verrate sie Ihnen hier aber schon mal, als ein möglicherweise höchst brisantes Geheimnis. Ich hörte läutensagen, daß nach vierundzwanzig Uhr an Poths Arbeitstisch ein œuvre entsteht, das sein bisheriges und offizielles weit in den Schatten stellt, obgleich auch schon dieses mit Brüsten und Ärschen, mit minderwertiger Liebe und sadomasochistischen Peitschen nicht eben sparsam umgeht. Nach vierundzwanzig Uhr aber, wird geunkt, entstehe Poths »eigentliches Werk«, ein bislang gänzlich unveröffentlichtes, kryptisches, verbotenes – lassen Sie es mich mit einem Wort sagen: Pornographisches, ach was: Pornohymnisches. Ist es identisch mit dem letzten Tag Frankfurts, der logischerweise dem vorletzten folgen müßte? Man weiß es nicht – und der Künstler schweigt sich aus. Sollte aber die Annahme stimmen, sollte noch zu Poths Lebzeiten ein mutiger Verleger vor nichts mehr zurückschrecken – dann, ja dann sehen wir uns alle, wie wir hier sind, zu gegebener Zeit und unter verschärften Bedingungen wieder. Ich danke Ihnen für Ihre Aufmerksamkeit.

»–«, »– –«, »– – –«

Daß das Verhältnis von Peter Altenberg (1859-1919) zu seinem um 15 Jahre jüngeren Förderer und Grabredner und posthumen Herausgeber Karl Kraus ein recht heikles und ambivalentes und widersprüchliches war, ist literaturgeschichtlich soweit bekannt und en detail im Nachwort der jetzt als Insel-Taschenbuch wiedererschienenen Krausschen »Auswahl«-Ausgabe von 1928/32 nachzulesen. Daß Altenberg eine noch immer seltsame Blüte und gleichzeitig seltsam offene Wunde der deutsch-österreichischen Literaturgeschichte vorstellt, wird um so einleuchtender, als er selbst sich weniger als Poet denn als »ein Lehrer wie Nietzsche« (S. 536) und als eine Art Naturheillehrer dazu verstand – und dabei zuweilen auch ein rechter Naturfex sein konnte: »Heil der Zirbelkiefer im Hochwalde!«

Daß er der »Entdecker der Frauenseele« sowohl als der »Troubadour des Frauenleibes« (so die Zeitgenossenschaft zitierend die Insel-Edition) war, ist übertrieben – aber ein guter und im ganzen fortschrittlicher Frauenlob war er schon und obendrein ein rechter Tierförderer und Tierpsycholog: im Sinne seiner integralen Weltenschönheits- und Liebessehnsuchtsthematik vermochte er über »ganz kleine Sachen« wie einen auf die Herrin wartenden Pudel einen wahren Kosmos an leidenschaftlicher Dichterseele und Seelendichtung zu errichten. Insgesamt war er wohl der nächste Verwandte von Robert Walser, manchmal konnte er wie dieser auf eine etwas ungut penetrante Art narrisch sein, zuweilen auf eine recht unsympathische Weise kindfrauensexfixiert, mitunter in seiner gefühlten Suprematie auch sympathisch bescheiden: »Bist du ein Bevorzugter des Daseins und weshalb?!« (S. 426)

Wie Karl Kraus opponierte er allzeit dem »Lügenwerk des Feuilletonismus« – und diente doch dem letzteren auf seine Weise, in einer speziellen Auslegung von literarischem Impressionismus. Gewissermaßen eines der

Satzzeichen, vornehmlich des Gedankenstrichs. Malerischer, entschlossener, überzeugter hat keiner seine Texte mit »–«, »– –« und sogar »– – –« übersät als Peter Altenberg – – – –

Dickenbergers Maulwürfe

Eine »Philosophie des Maulwurfs« (Reclam Leipzig) hat Udo Dickenberger in Form literaturhistorischer und abseitigster und drum in der Tat »Unzeitgemäßer Wühlarbeiten« (Untertitel) getätigt, mithin auch eine Art selbstreferentielle Poetik des Maulwurfs von Lichtenberg über Nietzsche und Eich und Puccini (!) bis Ebner-Eschenbach; wobei die Komik des abstrusen wissenschaftlichen Treibens ihre nicht geringsten Ressourcen auch ex negativo hat – nämlich in der letztlich sehr stringenten Forschung dergestalt, treulich zu extrahieren, wo der Maulwurf überall *nicht* vorkommt: z.B. bei Goethe, Walther von der Vogelweide und Wolfram von Eschenbach.

Fast ein neuer Typus von nachadornoschem Großessay ist Udo Dickenberger damit nebenher auch gelungen, vorgetragen in einem freundlichen, emsig-betulichen, zuweilen auch seufzend unwilligen, ja maulwurfmürrischen Tonfallgestus mit sehr schönen und wohlkalkuliert launigen Tonartwechseln, mit närrischen Digressionen und Schlenkern in noch rarere Seitenthemen hinein, zuweilen mit Ausflügen ins schon sklerotisch Verklärte. Das tönt dann manchmal wie Arnold Haus verwegene Menschheitsgesetze – anderes gemahnt an Ror Wolf, etwa die sanft antiquiert-dämlichen Leseranreden und Durchhalteparolen im Zuge des zuletzt sich stark ins Weltunergründliche verrätselnden Texts: »Bleiben Sie mir weiterhin gewogen!«

Des Verfassers Poesie der gleichsam absenten Verschreiber und Verdenker aber gemahnt insgesamt und mitunter sehr munter wieder mehr an mich selbst, Hans Mentz.

Nichts entgeht Dickenberger. Eines aber doch. In E. Henscheids Tripelroman von 1977 spielt ein Held, der Teppichhändler Hans Duschke, einmal (S. 28) erfolgreich Tischtennis zusammen mit einer »Frau Maulwurf aus Kattowitz«, und zwar in der mittlerweise wohl ausgestorbenen Spezies Mixed-Doppel. Und diese Wandlung des Maulwurfhaften ins einerseits Feminine, andererseits Anachronistische, die heißt uns über Dickenbergers stark grüblerische, ja pessimistische Schlußtöne hinaus doch wieder sehr erheblich hoffen.

Neues von Hüsch

Nicht so sehr, daß Hüsch im Zuge einer Benefizveranstaltung der Mainzer Hospizgesellschaft, die sich der Begleitung Sterbender widmet, aufrecht und nach eigenem Bekunden »als Theologe« wirksam wurde und das auch in Zukunft vermehrt zu werden gedenkt, gefällt mir am besten; sondern vor allem die Begründung, die er in einem auch sonst vorzüglichen Gespräch mit der Mainzer Allgemeinen Zeitung nachliefert: »Ich bin gläubiger Christ und verstehe mich als kabarettistischer Skeptiker«; und das führt natürlich nochmals weit über jenes Panoptikum an selbstauferlegter Eigenexegese hinaus, wie es im legendären *Titanic*-Porträt der »Erledigten Fälle« kund ward, in welchem Hüsch sich nämlich, im Zuge einer einzigen TV-Geburtstagssendung, als u. a. »Clown«, »Utopist«, »Schalk«, »intellektueller Eulenspiegel«, »radikaler Pazifist«, »Narr«, »Urkommunist«, »Außenseiter«, »Spinner« und »fortschrittlicher Humanist« selbstauslegte.

Noch viel besser gefällt mir aber der Schluß des Interviews. Hüsch: »Ungewollt wird der Mensch in die Welt gesetzt und wird geholt. Aus dieser Spannung heraus lebt meine Heiterkeit. Leider konzentriert sich der Mensch fast ausschließlich auf die Spanne zwischen beiden von ihm nicht zu beeinflussenden Ereignissen.«

Richtig, besser wäre der Mensch beraten, sich mehr auf die Zeit vor seiner Geburt hin zu konzentrieren und die nach seinem Tod.

Kurz: hier spricht ein Theologe.

P.S.: Sehr einleuchtet und gefällt mir aber auch der neue Buchtitel des schätzungsweise müdesten (vgl. auch *Titanic*-Autorenumfrage 11/94), ja dauerdämmerndsten aller bisher bekanntgewordenen Büchnerpreisträger, Reiner Kunze: »Wohin der Schlaf sich schlafen legt«.

Brav, sehr brav. Weiterratzen.

Erquickende Wiederholungen

Notizen aus Zappland

Seit gut einem Jahr sehe ich nicht mehr fern. Habe ich auch gar keinen Fernseher mehr – außer in der Ferienwohnung. Und im Hotel, da sehe ich noch ab und zu, nach Lesungen im Hotelzimmer, da kriegt zum gezielten Abschlafferholen selbst das Zappen noch einen gewissen heilsmäßigen Sinn.

Aber sonst: Sendeende. Vermutlich für alle Ewigkeit. Dabei dürft's bleiben. Die tendenziell unendliche Nichtigkeit der Informationen bzw. ihrer Vermittlung einerseits – namentlich aber das noch zunehmend herrliche Gestaltenpanorama der Fernsehschaffenden Wickert und Christiansen und Beckmann und Faßbender und Schulze und Schulze-Loh und endlich, als unsere derzeit ragendste gesamtgesellschaftliche Zumutung, Nina Ruge, haben es möglich gemacht, haben den Heroismus bewirkt. Und doch ist mein Verhältnis zum Fernsehen damit – noch immer nicht ganz geklärt, noch immer nicht ganz ungebrochen, nämlich negativ. Eins wünsch' ich mir vom TV-Fach nämlich doch noch, sogar zunehmend heftig, dafür würde ich mir vielleicht sogar wieder ein neues Gerät kaufen und anmelden: Wenn mir das Fernsehen in irgendeiner stabilen Form das regelmäßige Wiedersehen meiner alten Lieblingssendungen, zu deutsch: Favorites, verhieße und garantierte.

An alte Menschen denkt man ja sozusagen und zeigt ihnen meines Wissens bevorzugt am Sonntagnachmittag ihre alten Schmacht- und Schmalzfilme wieder. Und sommers behilft man sich quasidemokratisch ja da und dort mit einer Art publikumsabgestimmten Wunschfilmwiederholung. Warum aber rafft man sich dann nicht auf, etwas Analoges auch für mich und meinesgleichen einzurichten?

Worauf ich hinauswill: Also, so innig ich Fernsehen verschmähe, ja vollen Herzens verachte – an alten Sachen hänge natürlich auch ich, hänge ich mit vielen Fasern meiner Seele – ja, warum also wiederholt dann das Fernsehen nicht noch öfter für mich und meinesgleichen »High Noon« und »Some like it hot« – sowie vor allem meine beiden historischen Lieblingsfußballspiele Real Madrid – Frankfurt (7:3) aus dem Jahr 1960 und, das wohl stärkste Spiel aller Zeiten, Real Madrid – Benfica Lissabon (3:5) von 1963? Wiederholt sie, uns zu erfreuen, zu erquicken, uns lehrreich auch den Abstand zum heutigen Fußballquark vor Augen zu führen! Ja, und bei einer regelmäßigen Komplett-Wiederholung des Berner Endspiel-Triumphs (3:2) gegen die Ungarn 1954 – da täte sogar meine noch tv-resistentere Frau heftig mit reinschau'n! Redet man doch nur noch ständig über diesen »Meilenstein deutscher Nachkriegsgeschichte« – kaum aber einer hat ihn je ganz gesehen – nämlich über die fünf gewiß bildschönen und letztlich ja für uns hocherfreulichen Tore hinaus!

Sport hin, Spielfilm her, nichts auch gegen die Wiederholungen alter TV-Werbung, von Wochenschau- und Nachrichtensendungen (zum Teil hat's sowas wohl schon, auch als Videos): Noch viel lieber und leidenschaftlicher wiedersähe ich – und gewiß nicht als einziger – möglichst häufig, ja regelmäßig: tv-fixierte Höhepunkte deutscher Nachkriegspolitik im personalen und der Gunst des Augenblicks abgewonnenen Detail, – nein, ich denke da jetzt weniger an Brandts Warschauer Kniefall oder an den filmisch reizvollen Moment, als Kohl 1990 die Berliner Mauer wegblies. Sondern vielmehr zum Beispiel an den, da Wehner irgendwann um 1975 vor der SPD-Fraktionskammer ausrastet und völlig grund- und sinnlos einen braven TV-Mann anbellt, das Ganze ist von schon furchtbarer Peinlichkeit. Übers Peinliche bereits wieder hinaus und fast nur mehr rührend aber ist F. J. Strauß' TV-Auftritt in der »Elefantenrunde« am Bundestagswahltag 1987 und zu einer Stunde, die Strauß nach der Zahnwehbekämpfung durch Frankenwein in einer durchaus eigenwilligen Verfassung sieht.

Sowie, noch schöner, Straußens Aufzug beim »Monitor« Kreuzfeuer-Interview, es muß 1972 gewesen sein, nämlich zu einem fast unglaublichen 35minütigen Adhoc-Gehacke mit den TV-Gewaltigen Casdorf und Rohlinger – mit einem kämpferischen Highlight nach dem anderen, die da endlich als unsterbliche Klimax in der Straußschen Verwahrung gipfeln: »Diese Überfallfragen liebe ich nicht, Herr Rohlinger! Weil ich nicht von heute bin und auch nicht von gestern.«

Ja, das genau wär's, das Geburtstagsgeschenk des Fernsehens an mich, sei's als ständige Wiederholung (meinetwegen um fünf Uhr früh), sei's als Videoband, was so oder so doch auch wirklich pädagogisch wertvoll, ja besonders wertvoll wäre: So daß mir einst das Bildungsministerium noch für meine Initiative dankt – und abermals F. Hölderlins Wort seine Gültigkeit bewahrt: »Was bleibet aber, stiften die Dichter.«

Kunst des Schreibens

Wieder mal so richtig lachen hab ich alter hartgesottener Mann müssen, als ich neulich diese Buchanzeige nebst Bestellcoupon des »Instituts für Medienentwicklung und Kommunikation (IMK) Mainzer Landstraße 195. 60326 Frankfurt am Main«, überschrieben auch mit »Aus dem *F.A.Z.*-Institut« las:

»Rudolf Gerhardt: Lesebuch für Schreiber. 364 Seiten. Paperback. DM 39.90. Auf oft amüsante Weise macht der Autor sensibel für den richtigen Umgang mit der Sprache. Viele Beispiele aus dem Journalismus liefern dem Leser nützliche Hinweise zur Verbesserung seiner eigenen Schreibe.«

Auf durchgehend amüsante Weise enthalten diese 6 Zeilen Reklametext mit 1. dem »sensibel«, 2. dem »Umgang mit« und 3. der verbesserten »Schreibe« also mindestens dreimal Saudummdeutsch, das Stück mithin für 13.30 DM, es können aber auch noch ein paar mehr sein – alles in allem ein prima Einstand für das neue »*F.A.Z.*-Institut«, ich nehme an, hier handelt es sich um dem Rudolf Gerhardt seine durch Todesfall freigewordene Hundehütte.

Preisbequemes Weltwächtertum

Meine Leser passen auf: Auf dem Preissektor, berichten sie mir, geht es sprachlich munter vorwärts. Nach den »Super«- und »Hyper«- und »Megapreisen« der späten 80er gibt es jetzt – schon schreiben wir wieder Mitte der 90er Jahre – einerseits die »Erholungspreise«, die »Preisbomben« als »Preis-Leckerbissen« wie die »Frühlings-Tiefstpreise« und die »Ostergeschenkpreise« als »Sonderpreis« nach den ja auch schon recht »preisstarken« und »preisbequemen« »Preistreffern« der »Winterpreise«, es hat jetzt aber auch die »Rotstiftpreise« als »Knüllerpreise«, die da »mit Preisen Schlitten fahren«, vom »Franz-Preis« (der Fa. Möbel-Franz und ihrem »Preis-Experten«) kaum zu seufzen im »Treffpunkt Preistreffer« und dies und aber auch die neuen »Zwergenpreise« lösen zwar auch noch immer nicht ganz das seinerzeitige Problem der »Dummdeutsch« (Gesamtausgabe jetzt bei Reclam)-Autoren, ob der gute alte »Pluspreis« nicht doch noch eine Idee knülliger und semantisch selbstreferentieller »Minuspreis« geheißen hätte, wenn's hart auf blöd geht – aber das Problem beantwortet eben vorerst auch die Proklamatik einer vielleicht sogar globalen »Preis-Zeit – Das tut gut!« kaum; zumal deren eisigzeitlich philosophisches Pendant im jüngsten Buch des Peter Sloterdijk (Suhrkamp 1993), der »Weltwachgeist«, ja eben auch offen läßt, ob mit dem damit verbundenen Postulat eines »Weltwächertums« inmitten der »Hyperpolitik« des »Synchronweltraums« bzw. der »vernetzten Hyperkugel« und auch vielleicht noch jenseits von Botho Strauß die alte Vision einer »Weltmutation« nahegerückt schon sei, der 1918 ein gewisser C. H. Meray Beine machte, wahrhaft »welthellsichtig« wie nur Wagners Kundry im 2. »Parsifal«-Akt im Sinne des dort erstrebten »Heiltums« respektive »Weltenwahns« (ebd.) ja sowieso und mit Hans Sachs zu ächzen: »Wahn, Wahn, überall Wahn«; bei Möbel-Franz wie Unseld.

Lustige Legasthenie

Daß man es bei einigem Training im Verlesen von Wörtern zu erstaunlichen Leistungen bringen kann, dies belegt ein Prachtexemplar, das mir Leser Norbert Jung aus Bad Wurzach zukommen läßt. Er las: »Papst irrtümlich an Krebs erkrankt«, obwohl in der Zeitung nur die harmlosere Überschriftenversion »Patienten irrtümlich wegen Krebs behandelt« stand; und diese Irrtümlichkeit gefällt mir, bei all meiner rigiden Antiklerikalität, denn doch besser als eine eventuelle römische Realität; ja irgendwo sogar noch gefälliger als jene, die mir ein Freund aus dem Nürnbergischen berichtet, der da an der Autobahnausfahrt »Frauenaurach« vollends verblendet und vom Sexwahn befallen »Frauenarsch« auf dem blauen Schild entzifferte.

Doch, nein, ich finde, wenn schon, dann sollte der Papst ex cathedra krankwerden, wirklich, ohne späteres Dementi.

Und ich warte nur balde also weiter.

Und ich *kann* warten.

Schönheit Musik? Kunstform Oper? Ach was!

Eine entschiedene Gesamtbetrachtung

Eigentlich mißfällt mir an der Musik, sieht man mal von der Musik ab und von den meisten ihrer Komponisten, alles. An der Musik resp. dem Musikbetrieb. Der Oper und dem Opernbetrieb zumal.

Es mißfällt mir z. B. die im Televisionszeitalter offensichtlich noch einmal forcierte, ja zum Exzeß getriebene Idolatrie, die Mystifizierung und Mythisierung, die kultische Verehrung von Dirigenten – ziemlich gleich, ob sie nun Karajan und Bernstein einerseits oder, eher gegenläufig, Wand oder Celibidache oder auch Sinopoli heißen. Schwer mißfällt mir die essentiell mediengemachte Überschätzung dieser archetypischen Vaterfiguren und Medizinmänner – nebenbei auch ihre Überbezahlung wie die ihrer Sängerstars, die heute allerdings erst ab dem Super- und dem Megastar so richtig beginnen.

Die synchrone und meist simultane Überbewertung von Opernregisseuren bzw. sogenannten Regietheaterregisseuren ist allerdings ein noch fast größeres Übel: kommt doch hier zur Überschätzung meist die Unfähigkeit, ist die eher fachidiotische Stupidität von Dirigierstars durch die spezielle Unerträglichkeit dieser inzwischen ein Vierteljahrhundert alten Gattung äquivalent; und die wird durch die fachliche Kenntnislosigkeit mal Arroganz der betreffenden Skandaleure noch einmal gesteigert – nein, auf Differenzierungen lasse ich mich in diesem öden und blöden Genre nicht mehr ein; die Unterschiede zwischen Berghaus und Wertmüller hie und puren Saloneseln wie Neuenfels und Zadek dort, in all ihrer Musikferne, ja Musikfeindlichkeit interessieren mich längst nicht mehr; wie ein gar zu getreuer Hund habe ich seit 25 Jahren unter all diesen und Dutzenden anderen Mitschwimmern und Abkupferern und hemmungslosen Werkverwertern zu leiden gehabt; jetzt langt's. Selbst wenn es einem vor dem Gegenstand selber übel wird: ein Wort zum angrenzenden Thema der Sänger. Es ist vom Speiübelsten. Es nennt sich wahlweise Superstars und Opern-Jet und besteht a) in einem immer sinnloseren Konkurrenzgewürge der derzeit fünf oder acht bestverhökerbaren Stimmen und findet b) keinen kompakteren Ausdruck als jenen eines inzwischen schon recht ungustiösen Dickwansts namens L. Pavarotti, welcher, von den nachlassend schönen Tönen abgesehen (jeder einzelne vermutlich hoch versichert), seit Jahren eigentlich nichts mehr tut, als beide Arme pathetisch weltumspannend auszubreiten und dabei Helmut-Schmidt-artig die urweltlich raubtierhaft gleißenden Beißer zu zeigen. Es ist einerseits banal, muß aber andererseits noch einmal gesagt werden: Niemand in diesem Säkulum hat, dem Gerücht zuwider, der Oper kurz- und langfristig mehr geschadet als diese im Prinzip ja nicht unschöne Tenorstimme aus Modena, die da nicht nur die Kunstform Oper auf den Standard von ca. 1740 zurückwarf, sondern signifikant genug jetzt auch noch immer häufiger die immer falscheren Rollen greift, jene, denen sie mitnichten gewachsen ist (Radames, Otello); ergo immer häufiger auf den Rummelplatz, den Kölner Domplatz oder irgendwelche Central Parks ausweicht; oder eben dann Januar 1993 in die Münchener Olympiahalle, um aber auch dort die letztverbliebenen Sitten vorab nochmals zu verderben, indem ausgerechnet ein Verdi-Requiem in Zeitungsanzeigen den Namen Pavarotti fünfmal so groß druckt wie die restlichen drei des doch eigentlich an seiner Homogenität zu messenden Solistenquartetts.

Komplementär zu solchen tenoralen Untaten nun freilich wieder die Unholdereien der Konkurrenz: diejenigen P. Domingos im Zuge zuletzt der hochvulgären und tiefgrunzdummen multimedial-römischen »Tosca«-Doofheiten vom 8. Juni 1992, welche offenbar noch einmal die Albereien seiner und Zeffirellis »Otello«-Verfilmung massieren sollten, und bei denen der Oberproduktionsleiter Andrea Andermann im Rahmen unsäglicher TV-

Vorfilme nie und nimmermehr vergaß, darauf zu insistieren, wie hier statt der üblichen 1500 Opernbesucher global angeblich 1,5 Milliarden zuglotzen, in einer wahrhaft mondial-ubiquitären Verramschungsaktion – ach ja, dieser ganze dollarverrottet brunzdumme Operngagenkonkurrenzmediummegaquatsch, anläßlich dessen man immerhin den neuen Chef der Salzburger Festspiele loben muß für den fast selbstverleugnerischen Mut und Plan, auf den dicken Pavarotti und seine flegelhaften Absahnereien lieber zu verzichten und quasi wieder von unten anzufangen, bei den beinahe Anonymen –

– ach je, und dann andererseits z. B. diese Elektroniksynthesizer-Opern eines Philip Glass, ach Gott, und jetzt lese ich auch noch, daß der scheint's schlimmst ennuyierte Friedrich Gulda an einer Oper über eine ausgerechnet Rockband laboriert – und dabei müßten wir jetzt eigentlich noch rasch auf die analogen Torheiten des Opern- und Konzertpublikums kommen, kollektive Eseleien, welche sich dem Jet-Belcanto-Schwachsinn ebenso blindlings an den Hals werfen wie andererseits den Gaunereien des modernen Regieschamanenwesens – und dann müßten wir rechtens natürlich auch noch das Musikschrifttum streifen, den Kulturjournalismus von der Anzeigenabteilung bis ins Feuilleton, von den metiergenuinen Geschwollenheiten und Verblasenheiten der *Süddeutschen* bis zu den nimmersatten Idiotien des *Spiegel*-Musikreporters, der da nicht zuletzt beim vorerwähnten Pavarotti schon zum zweiten Male hintereinander die allerletzte Contenance einbüßt und im Rahmen eines erztrumpfdreisten Geschwafels über den unwiderstehlichen Tenor und die italienische Oper wildassoziierend Wortspiele bastelt der wahrhaft arteriosklerosierenden Spezies vonwegen »Pavarotti-Pastarotti-Donamoneti« und »o dollar mio« – –

Usw. usf. Furchtbar. O dieses ganze korrupte marodierende Gewese um diesen zerebral schon verfallenen und doch noch so zählebigen Musik- und Opernbetrieb! Grauslich. Also eines, apropos Wortspiele, schwöre ich, bei der Stimme Pavarotti-Rambazambis: Wenn, worauf ich eigentlich stündlich warte, demnächst ein Wahnsinniger hergeht und im Zuge der momentanen Wortspielschwemminflation aus »Mozart« auf Litfaßsäulen oder in Musical-Versionen ein »Motz-Art« witzkunstspielert, dann –: dann, so sehr ich Oper, Musik liebe, langt's. Dann, sogar wenn dieses Kunstrukt mit einem Hauch von Sinn eingesegnet ist (denn ein Rebell war er, der Mozart, ja wirklich), dann: ist es genug. Dann wandere ich aus. Dann verlasse ich die Erde. Obwohl ... so übel ist's eigentlich gar nicht, das Artefakt ... bzw.: könnt's nicht so sein, daß uns im Sinne des Herrn Jesus, Kafkas und irgendwie des Fliegenden Holländers auferlegt ist, auch noch diese Erbsünde entschlossen hinter uns zu bringen, auch noch diese Schuld im Sinne irgendwo des Amfortas abzutragen? Irgendwarumauchimmer?

Weiß man's? Na gut, machen wir halt weiter. Wir müssen's eben leiden.

August Everding †

Er war das Faktotum der schönen Welt,
Der Oper und was sich sonst dafür hält.
Als da wär' München; der Feinkost-Käfer;
Aachens lustige Ritter; die Faschings-Kläffer;
Mit Bertolt Brecht Regiearbeit;
Umtrunk bis alle waren breit;
Placido Domingo und Stoibers Edmund –
bei ihm ging's von rechts nach links rund.
Der Everding liebte Saus sehr und Braus;
Jetzt ist er tot. Damit ist's nun aus.
Er liebte Stimmen, am liebsten die eigene,
Jetzt hat's geschrägt ihn, jetzt muß er schweigen eh';
Er hofierte Soprane, ehrte den Hummer.
Doch im Opernfach selbst (alles was recht ist):
war er kein Dummer.

Frau Prof.
Uta Ranke-Heinemann,

Ihrem Gespräch mit der Zeitschrift *essen und trinken* entnehmen wir u.v.a., daß Sie a) als »Polithure« beschimpft werden, daß Sie b) Kochen »nicht interessiert« und daß Sie nach Meinung der Reporterin Margret Uhle c) ein »typisches trillerndes Lachen lachen, wie der weibliche Buffo aus einer Mozart-Oper«.

Das alles könnte, für Sie wahrscheinlich so überraschend wie für uns, auf Susanna hinauslaufen, die vielumworbene Braut des Revoluzzers Figaro. Wenn wir Sie so anschauen, können wir nur sagen: Stimmt. Stimmt genau. Und vielleicht prüft es ja einmal ein mathematisch geschulter Zeitungswissenschaftler nach: Es gibt nichts, es gibt keine imaginäre, nach menschlichem Ermessen undenkbare Denkfigur, die nicht irgendwo irgendwann trotzdem in der Zeitung steht.

Für die Einsicht dankt:

Eckhard Henscheid

Luiserinser,

es nützt nichts, Sie haben schon wieder keine Ruhe gegeben, wir müssen also weitermachen – alsdann: In einem Interview in Verbindung mit Ihrer Alzeyer Langgässer-Preisverleihung haben Sie gesagt, Sie lehnten für sich und Ihr Werk das Wort »Botschaft« ab – in der Folge verwenden Sie es aber dann billigend fünfmal. Sodann stellen Sie noch im fast gleichen Atemzug fest, daß es »in der christlichen Botschaft zwischen der Langgässer und mir eine Gemeinsamkeit gibt«, nämlich: »Bei mir herrscht die Hoffnung, bei ihr die Verzweiflung vor«.

Rinserluise, kommentieren wir diesen jüngsten Ihrer petites causes célèbres so französisch espritvoll und kapriziös wie nur irgend möglich: Hirnrisser Loisl, du bist im Rahmen jeder denkbaren christlichen Botschaft ein gebenedeites Rindvieh.

E.H.

Dumm-Bilanz 1995

Die gaunerischste Feuilleton-Sumpfdotterblüte des Jahres wird mir ausnahmsweise nicht aus der *Frankfurter Rundschau* und auch nicht aus der *taz*, sondern aus dem mehr merkantilen Malzgewerbe gemeldet, aus der bayerisch-hessischen Grenzgemeinde Seligenstadt, wo es nämlich die dort ansässigen Biere der Privatbrauerei Glaab also doch tatsächlich nicht nur zu einer frappanten Saufbarkeit, sondern darüberhinaus 1995 auch noch zu einer »hohen Anmutungsqualität« gebracht haben.

Als vulgärster Dummdeutsch-Abhub etablierte sich – wogegen nicht einmal Stefanie Grafs (selbst *Bild* zählte zuweilen so sprachkritisch wie hingerissen mit) u. W. 7439mal eingesetztes »absolut-total-unglaublich«-Ballung bis hin zur vatergrafbezüglichen Confessio »Es hat mich einfach absolut mitgenommen« ganz ankonnte – das so kurze und noch unlängst so unschuldige »pur« vor allem in Funk und Fernsehen und in purster Sinnfreiheit – haltlos versprochen wurden und werden da jetzt und mit steigender Tendenz ununterbrochen »Spannung pur«, »Sex pur« und »Abstiegskampf pur« – nein, die allseits auf Illustriertentiteln u. a. beobachtete »Frauen-Power« war zwar noch häufiger und vielleicht noch einen Tick unerträglicher, konnte sich aber irgendwie nicht ausreichend von den gleichzeitig und genau so zahllos vor sich hindumpfenden »Power-Frauen« abheben.

Die entsprechenden schönsten 1995 neu in Erscheinung getretenen Frauen-Doppelmoppel waren Dr. Trauzettel-Klosinski sowie Dr. Petra Boang-Bongo-Brummer (nicht gelogen; beides aus Tübingen) – die größte und erheiterndste und alles in allem staunlichste Dummbeutelei des neuen Jahres wurde Ereignis aber schon am letzten Tag des alten, in der Silvesterausgabe der *Zeit*, mitten im Leitartikel auf Seite 1, wo nämlich ein offenbar für den Abend schon gut warmgetrunkener Theo Sommer in seiner alljährlichen Scharnierjahrwelterklärungsbilanz »Noch hat die Zukunft keine Kontur« (der Titel ginge auch 1996, 1909, 2008 und vor allem 17 v. Chr. voll klar) nicht umhinkonnte, neben zahlreichen anderen Historikerzelebritäten Sommerschen Sammelfleißes als den »Weisen aus Basel« gleich dreimal einen gewissen »Carl Burckhardt« aufzuführen; und das nun genau geht nicht; das ist nämlich nicht nur eine einfache, sondern eine doppelte Verwechslung; denn keineswegs meinte Sommer ja diesen, den schweizerischen Bildhauer; auch nicht den späteren Diplomaten und Historiker und Autobahnapologeten Carl Jacob Burckhardt; sondern vielmehr exakt jenen, der »vor 135 Jahren Vorlesungen gehalten« (Th. Sommer) hat, keinen anderen als Jacob Burckhardt also und seine »Weltgeschichtlichen Betrachtungen«; und diese doppelte steigert sich schließlich zur letztendlich fünffachen Blödheit insofern, als drittens ausgerechnet der Obergymnasiumsbildungsschranze »Theo« (H. Gremliza) ausgerechnet jenen nicht kennt, den als einzigen unter allen verfügbaren Großhistorikern er und man nun wirklich kennen müßte; als viertens kein gegenlesender *Zeit*-Kollege oder Korrektor stutzig wurde – wurde ja auch schon 1985 bei Raddatz/IC Goethe keiner; und als offenbar auch keiner, kein einziger von ca. 1 Mio. *Zeit*-Lesern was mitkriegte, denn keineswegs sah sich das Blatt genötigt, im nachhinein auch nur den kleinsten Leserbrief oder die schelmischste Richtigstellung von wegen Kabelhörfehler o. dgl. einzurücken geschweige denn gegen Sommers Herausgebervertrag welthistorisch folgenreich vorzurücken.

Und da kann man ja also nur doppelt glückwünschen: Respekt Theo, wie er da nicht nur sein Jahrhundert, sondern gleich auch noch Raddatz in die Schranken verwiesen hat, bei Ehre! Hut ab aber vor allem vor »einer solchen Leserschaft« (Gräfin Marion v. Krockow)!

Jean Baudrillards Amerika

Die älteren unter Ihnen erinnern sich vielleicht: 1979 war es gewesen, daß dem damaligen und noch unter Strauß dienenden CSU-Generalsekretär Stoiber der Satz gelang: »Wir haben in der Vergangenheit nicht deutlich gemacht, daß Nationalsozialisten in erster Linie Sozialisten waren.« 1982 faßte Stoiber nach, die deutschen Grünen seien die neue NSDAP. Und endlich 1990 modifizierte der Historiker Stoiber, die SED sei mit Hitlers Partei irgendwie irgendwo identisch – die schönste Version aber scheint doch die von 1979: »Wir haben nicht deutlich gemacht, daß Nationalsozialisten in erster Linie Sozialisten waren« – Zitatende, und praktisch umgekehrt, versteht sich, inklusive ... implizite...

Es kommt natürlich leider nicht alle Tage vor, daß so denkwürdige Sätze gelingen und lautwerden und sich im kollektiven Gedächtnis festkrallen – auch nicht alle Wochen: aber vielleicht doch, so man gut aufpaßt, alle Monate – und genau dieser Überlegung soll unsere mit dem heutigen Tag beginnende Monatskolumne eingedenk und verpflichtet sein.

Gewürdigt, so haben sich Ihr Autor und seine Redaktion das gedacht, werden sollen freiwillig oder – in den mehreren Fällen – wohl eher unfreiwillig bedeutende Sätze: gewürdigt in mal eher analytisch-deduktiver, mal in eher kommentierend-glossierender Form. Sätze zu Gott und Welt, zum Golfkrieg und zu der akuten Forderung der Grünen aus dem hessischen Gelnhausen, diesen durch eine »Welturabstimmung« zu beenden –

– Sätze aus dem In- und Ausland, aus Kultur und Politik und Sport und Schwerphilosophie, beginnen aber soll es hier und heute mit einem absolut internationalem Satzgefüge des bekannten französischen Großdenkers und Simulationstheoretikers Jean Baudrillard, geäußert in seinem neuen Buch »Amerika«, erschienen auch in Deutsch, der Absatz aber lautet:

»Das Lächeln von Reagan treibt noch immer freischwebend in der Luft, nachdem längst Reagan verschwunden ist. Und auch der Mord an Kennedy schwebt noch immer in der Luft, längst nachdem Kennedy verschwunden ist. Der Krebs von Reagan entspricht genau seinem Lächeln. Denn wer sich nur auf das Lächeln versteht, ist reif für den Krebs, während sich derjenige, der seine politische Vorstellungskraft unter Beweis stellt, dem Mord aussetzt.«

Zitatende, bleibt die Frage: Was will uns wohl der Dichter damit sagen? Wahrscheinlich dies, daß 1. er von Kennedy einiges, von Reagan nonkonformistischerweise wenig hält. Daß 2. das Lächeln Reagans anders als das Lächeln der Gioconda nicht verwandt ist mit Mozarts Lächeln unter Tränen, auch und gerade im Mozartjahr nicht; auch wenn sonst heutzutage ja bekanntlich alles simuliert, freischwebt, flottiert, mit einem Wort: eh und sowieso Quatsch ist, und das gilt mutatis mutandis natürlich auch für neufranzösische Amerika-Analysen. Und schließlich wohl, daß 3. wer doof ist, Krebs kriegt – und das wiederum gilt aber hoffentlich nicht für neogallische Gigantotheoretiker – solche vornehmlich, die auch beim Golfkrieg nichts anbrennen ließen, sondern diesen in eine bloße Chimäre, in blanke, rein mediale Virtualität verwandelten:

»Der Golfkrieg wird elektronisch geführt. Auch Verwundete stören nicht das Spektakel« –

Zitatende, denn was so ein chic agiler aktuellfranzösischer Radardenker ist, der steckt selbst einen deutschfaustischen Philosophieprofessor an elektronischer Idealität noch allzeit locker in die Tasche. Zumal es ja letztlich kein anderer war als Reagan, der den gerade Henry Millers »Wendekreis des Krebses« lesenden Kennedy seinerzeit pfeilgrad und kaltlächelnd ermordet hat. Jawohl. Und da kann man im allgemeinen Freischweben mit dem deutschen Schwerstdenker Gerhard Polt nur noch und abermals seufzen: »Reschpekt!«

Jonathan Lynn

Manche Leute, unter ihnen Willi Wüllenweber, nehmen dem Zürcher Haffmans Verlag seine Haufen englische Romanautoren des gehobenen Geschmacks von Barnes über Lodge bis Fry als intellektuell-artifiziell nicht ganz satisfaktionsfähig und daher das Verlagsbild verdüsternd krumm; in Tat und Wahrheit ist da auch etlicher mehr spekulativer Kommerz, vielleicht Schrott darunter; aber mitnichten alles ist Mittelmaß:

Der dicke Roman »Mayday« des englischen Autors und Filmregisseurs Jonathan Lynn steht in der stattlichen Reihe von Hollywoodsatiren keineswegs übel da. Er ist, bei kleinen architektonischen Leerläufen, spannend und gut gebaut, mit reizvollen literarisch-realistischen Dopplungseffekten satt eingedeckt, und nach 400 Seiten dankt dem Leser die überaus rasante Steigerung einer Drei-, ja Vierfach-Schlußpointe. Etwas ungern liest man bei Lynn oder seinem Übersetzer Thomas Stegers vom »süßen Hintern«, den aber ab sofort keine Frau mehr schriftlich haben sollte, der ist nämlich auch nicht besser als der allseits und bis bald hin zum Bistumsblatt uns quälende »knackige Po«; dafür aber führt der Autor das neuere US-amerikanische und speziell Hollywood-drecksgeborene Imponier- und Zynismus- und Bildungsgequatsche so eindrucksvoll vor, daß man es ihm auch so belustigt wie belehrt gern abkauft: so muß es sein.

Kein Meisterwerk, aber es hätte fast eins draus werden können. Man lernt viel übers aktuelle Amerika, über seine Religionsschwindelfirmen, über seinen Literaturbetrieb und dessen Literaturverwurstung – der offenbar noch recht junge Autor erfreut durch Passagen von großer Cleverness, aber auch zuweilen wahrer Weltklugheit. Im 7. Kapitel (S. 107) ist die alte Hauptfrage der Theodizee endlich in Kalifornien eingedriftet:

»Also, ich frage mich: Als Gott das Universum schuf, hatte er da einfach bloß eine ganz vage Vorstellung von dem Sternenhimmel, den schwarzen Löchern und dem

Planeten Erde? Oder hatte er alles genau vor Augen? Zum Beispiel auch die rund zwölf Meter hohe Reklametafel von Marlboro am Sunset vor dem Château Marmont? Und wenn ja – was wollte uns der Dichter damit sagen?«

David Baddiel

Die Engländer, lassen sich Verlagsauguren und -agenten in ihren hermetischen Branchenblättern vernehmen, sind an der weltromanlichen Aktienbörse machtvoll am Drücker. Sie können aber dabei nur das Fach gehobener Schmarren, genannt spannende Unterhaltung, meinen, den heute besonders uniform erwartbaren Typ des angloamerikanischen Fast food-Standard-Stiefels der ganz besonders heutigen und mehr oder weniger häutigen und vor allem nimmersatt humoristischen Art; und den Rest besorgen dann ihre deutschen Verlage und Übersetzer: warum man aus dem doch gewiß ausreichend erotisch fluoreszierenden Originaltitel »Time for Bed« noch unbedingt »Ab ins Bett!« machen muß, das weiß und versteht nur noch der zuständige Kunstmann Verlag; und wahrscheinlich nicht mal der.

Allein, zuweilen können Schriftsteller so ganz schlecht doch nicht sein, wie ihre abgreiferischen Verlage und Begleitmedien es gern möchten, – mitunter und gleichsam wider Willen kommt doch so etwas wie Qualität, ja fast Kunst zustande, so auch in diesem seltsamen Fall: Vielleicht ist das Romanthema einer brüderlich-schwesterlichen Doppel- und Quadrupelliebe nicht so ganz originell und ein bißchen zu spekulativ für seinen beinahe mythischen Anspruch; aber schon nach den einleitenden 08/15-Abschnitten gegen jede Erwartung läuft David Baddiels Erstlingsroman »in bester Monty Python-Tradition« (so der Verlag, was ein abgrundtiefer Unsinn) manchmal zu erstaunlichen psychologischen Höhen auf; viel weniger freilich zu sprachlichen; aber was da u. a. über Sex und Liebe, Sex und Mythos, Sex und Redereien gesagt und spintisiert wird, das erzwingt Verwunderung und oft Beifall; noch bedeutender beinahe die Gedanken übers Pro und Contra des Wichsens und dessen komplizierte Korrelation zur richtigen Liebe:

»Männer, die beten eine Frau manchmal so an, daß sie aufhören, sie sexuell zu begehren: Der Prüfstein ihrer Liebe ist, daß sie nicht an sie denken, wenn sie wichsen.« Eine zumindest bedenkenswerte An- und Einsicht in ein seltsam nachwirkend nachgerades Tabuthema.

Beide Titel – »Time for Bed« und »Ab ins Bett!« – sind übrigens Bluff, nein: Betrug. Darum geht's nämlich im Buch gar nicht.

Köpfs Hemingway

Daß, mit Bernd Eilert zu staunen, der barmherzige Literaturbetrieb auch noch einen derart sprach- und formlosen, selbstzufrieden-dümmlichen, erschreckend dumpfigen, verblüffend realitäts- und witzfreien, ein allerletztes Mal abstauberisch an die altbackensten Ikonen sich 'ranschmeißenden (»Wenn ich Hemingway las, wurde ich selbst ein Hemingway«), sich dabei auch noch humoristisch anschmierenden und am Ende schon auch wieder bewundernswert unambitionierten Autor wie diesen (G. Köpf, »Papas Koffer«, Luchterhand Literaturverlag) als möglicherwiese neuen Zwerenz durchfüttert, und zwar, was man so hört, glatt und satt –: das sei ihm trotzdem ja nicht ganz nachgesehen.

Wie die Alten singen

Der Autor und Produzent Volker Kühn selber war es, der mir neulich und zu meiner Seligkeit einen längst vergriffenen, ein Vierteljahrhundert alten Karfunkel übersandte, einen so guten, daß ich ihn in den frühen 70er Jahren buchstäblich auswendig konnte. »Wie die Alten singen«, eine musikgarnierte Montage mit Original-Politiker-Geseich aus der Zeit der Großen und auch noch der frühen sozialliberalen Koalition von 1969 ff., welche mit Background-Chorus und Rhythmusgruppe unmittelbar ins fast interesselose Wohlgefallen von purer Musik überführt: Barzels Platitüdengeraune; Kiesingers silberzüngige Warnungen vor Unruhe stiftenden, ja Gewaltakte begehenden Gruppen; Erhards inferiordümmliche Abrechnungen mit gewissen pinscherartigen Intellektuellen; Kai U. v. Hassels (den gibt's, fast weise geworden, heute immer noch) entschiedene Zurückweisung von allerlei DDR-Anerkennungsfaxen; und vor allem Straußens mit Landler und Schuhplattler unterlegte schier unglaubliche Nummer über den Geist, der da keineswegs nur links, sondern »weht, wo er will, wie er will, wann er will, links, rechts, nichts dagegen!« –

– bei Heinrich Lübkes immer noch legendären, manchen Nachwachsenden aber notwendigerweise unbekannt gebliebenen und stark übernächtigten Statements auf dem Bonner Flughafen über seine zwischenstaatlich erfolgreiche Reise nach Kanada und die unverhältnismäßig lange Rückreise, woran »eben die Umdrehung der Erde schuldig und verantwortlich« sei, ein Säkular-Edelstein von hochrührender und schon wieder theodizeemäßig schimmernder Fertigsatire, – bei dieser Nummer braucht's eigentlich kaum programmatische Musik mehr dazu.

Nichts haben sie alle, die Farcen, von ihrer erhabenen Komik mal zeitgenössischen Archetypik eingebüßt: aber was nützt Ihnen, vielleicht junger Leser, mein Schwärmen und Mundwässriggemache, wenn Sie kaum mehr an diese Perle rankommen? Der Volker Kühn hat selber nur mehr eine einzige LP zuhause und kann nicht monatelang MC-Überspielungen machen, deshalb mein plärrend lapidarer Appell: den Altengesang wiederveröffentlichen! Ggf. im Verbund mit ähnlichen Dezennial-ja Säkulardokumenten in einer CD-Kassette, hundertmal besser wäre das als der meiste aktuelle Schmons, der heute so gepreßt wird. Jawohl, eine 7-CD-Sammlung schwebte mir vor, möge diese meine Vision hiermit schleunigst hinüberschweben zu den zuständigen schöngeistigen Zentralschaltstellen...

Millöcker-Mahler-Krakau

In seinem auch sonst recht ahnungslosen und frappant schlecht im Stile der internationalen spätkarlkrausischen Journalpest heruntergeschriebenen Buch »The Real Mahler« (List Verlag, 1997) notiert der englische Biografensimulant Jonathan C. Carr, Gustav Mahler habe in seiner Hamburger Zeit auch manch »seichtes Stück« dirigiert, wie etwa den Carl Millöckerschen »Bettelstudenten«; was aber natürlich nicht stimmt, denn erstens verwechselt den der Carr gewiß mit dem Vetter aus Dingsda; zweitens ist auch der, gemessen an Carrs Prosa, keineswegs so ganz seicht; drittens ragt der »Bettelstudent« im Gegenteil als eines der zehn vollkommensten Stücke des Weltmusiktheaters überhaupt heraus; unter den komischen Werken bzw. Operetten ist er vielleicht sogar knapp vor der »Fledermaus« das superieure.

Nur hat sich das nach 118 Jahren noch immer nicht bis nach England herumgesprochen.

Offensichtlich auch nicht bis nach Polen. Daß die Polen den »Bettelstudenten« noch immer nicht zu ihrer Nationaloper gemacht haben, obwohl er im Gegensatz zu dem Opernschmarren ihrer Szymanowski und Penderecki thematisch im Sinne des heroischen polnischen Befreiungskampfes wider die frechen Sachsen ausgezeichnet liegt und obwohl er drittens in Polens schönster Stadt, Krakau, spielt, zentral an deren schönstem, dem Marktplatz: das dürfte gleichfalls entfernt mit dem zusammenhängen, was dem Carr als Halberinnerungsdefekt zum Schaden gereichte – er ist einfach zu komisch und lustig und in den Ensembleszenen z. T. sogar noch über Mozarts Bestes hinaus kunst- und schwungvoll. Und ergo: nicht pathetisch und prätentiös genug.

Erst in zweiter Linie damit, daß der Kompositeur Millöcker irgendwie halt kein rechter Pole war.

Aber immerhin Krakau zur Zeit der Uraufführung der Operette wieder mal österreichisch.

Ach, darum.

Er wurde weggeputzt von dieser Welt!

Ein bayerischer Trauertag: Vor 100 Jahren wurde der Wildschütz Jennerwein erschossen

Das Schlußbild hatte antikisches Format. Mindestens aber glich es der Trauermarschszene aus Wagners »Götterdämmerung«. Und in der Tat war ein Held und Halbgott gleich Siegfried gefallen: Feig wie Hagen hatte der Jäger Hans Pföderl den Wildschütz Jennerwein aus dem Hinterhalt erschossen. Die Szene wurde zum Tribunal über ungute Jagd- und Forstbeamtenschaft. Fahles Licht fiel über die am Peißenberghügel hingestreckte Leiche. Weihestimmung senkte sich übers nächtliche Bayernland.

So geschah's im Juli des Jahres 1977 anläßlich der vorweggenommenen Feier zum 100. Todestag des legendären Wilderers: In einem Freiluftdrama in neun Bildern des Münchner Journalisten Alois Segerer, dargeboten von einer Laienspielgruppe vor 500 diesbezüglich versammelten Jennerwein-Freunden aus der hauptstädtischen Fernseh-, Freizeit und Folkloreszene – am historischen Ort des Grauens daselbst, am Peißenberg bei Tegernsee. Dort hatte Jennerwein einst »Auf hartem Feld sein Blut vergossen / Und auf dem Bauche liegend fand man ihn / Von hinten war er angeschossen / Zerschmettert lag sein Unterkinn!«, wie es im populärsten bayerischen Wildschützenlied herzzerschneidend heißt.

»Von hinten lag er angeschossen – zerschmettert lag sein Unterkinn«: Und eben damit hat's nun schwierige Bewandtnis, welche die Jennerwein-Historiker seit einem Jahrhundert nicht ruhen läßt und auf welcher auch Segerers Moritat aufbaut, übrigens nicht die erste Dramatisierung von Jennerweins Vita: Es könnte ein Mordkomplott sozusagen der ganzen staatlichen Forstbeamtenschaft wider den freien Wildererstand gewesen sein, pfui Teufel.

In Wirklichkeit war und ist freilich alles viel dunkler

noch, wahrscheinlich auf Ewigkeit ungeklärt und andererseits auch – banaler. Wer war Georg Jennerwein? Was geschah am 6. November 1877 am Peißenberg? Und woher rührt bis heute die maßlose Popularität des »Girgl«?

Kaum sind Fakten, Mythen und auch Lügen auseinanderzuklamüsern. Soviel steht fest: Das Schicksal begann seinen Lauf zu nehmen bei einem großen Bauernfest im bayerischen Oberland, dem »Leonhardi-Tag« am 5. November. Für das größte dieser Umzugs-, Tanz- und sonstigen Mannbarkeitsrituale in Tölz sagte Georg Jennerwein, 29jähriger lediger, in Haid bei Holzkirchen gebürtiger Holzarbeiter aus dem nahen Agathried, sein Erscheinen zu; schon, um seine neueste Eroberung, eine gewisse Marei, vorzuführen – denn ein großer Angeber und Weiberheld war dieser längst als Wildschütz, Zitherspieler und Jodler hervorgetretene Alpen-Playboy auch. Kurz vorher deutet er am Stammtisch der Schlierseer Wildschützen einem Spezi an, er steige vorher »nomai auf'n Peißenberg«. Der spätere Zeuge will damals ein ungutes Gefühl gehabt und Sprüchlein losgelassen haben vom Krug und vom Brunnen, doch der Girgl lacht männlich und kernig, packt am Dienstag seinen Rucksack und seinen Kugelzwilling und steuert den Peißenberg an.

Vielleicht hat Jennerwein seine Teilnahme am Leonhardi-Fest doch nur vorgetäuscht, um die Jäger abzulenken. Umgekehrt hieß es, ein solcher habe dem Jennerwein als agent provocateur die Fama zugespielt, auf dem Peißenberg sei eine »weiße Gams« gesichtet worden – am wahrscheinlichsten ist, daß Girgl hintereinander der Geiß und der Marei dienen wollte.

Unterdessen hockten im Forsthaus »Anger« bei Tegernsee die königlichen Jäger beieinander, ziemlich desolat. Grantig ist vor allem der Jagdgehilfe Simon Lechenauer: Der Graf Drechsel hatte ihn nach Tölz eingeladen, doch sein Chef, der Oberförster Josef Mayr, bestand auf Dienst – und schickte ihn auf Kontrollgang zum Wallberg. Der jüngere der beiden Jagdgehilfen,

Johann Pföderl, aber wurde auf den Peißenberg gesandt, für einen erwarteten Jagdgast eine Gams auszumachen.

Was dann am Peißenberg geschah, wird restlos sich nie mehr klären lassen, standen sich doch nur zwei, Jennerwein und Pföderl, Aug in Aug gegenüber – bzw. eben nicht! Georg Stöger-Ostin in seinem flott und gefühlvoll ausgemalten Roman »Jennerwein der Wildschütz« drückt sich auch um die entscheidende Begegnung herum und schildert das Grausen lieber als Rapport des »Meuchelmörders« Pföderl an den Kollegen Lechenauer:

»Pföderl, raus mit der Sprach! Was hat es gegeben?« Längere Zeit keine Antwort. Endlich kam sie dumpf und doch auch trotzigen Tones: »Ich habe den Jennerwein erschossen!«

Er, Pföderl, folgt man Stöger-Ostins Roman-Reportage, habe seinen »Todfeind«, der ihm auch einst »ein Dirndl abwendig gemacht« habe, auf einer Lichtung des Peißenberg »ganz gemütlich Brotzeit« machen sehen, »auf einem Wurzelstock hockend, mit dem Rücken gegen meiner!« Und da habe es eben geknallt! Lechenauer ist der erste, der sich entsetzt: »Von hinterrücks hast du ihn erschossen...? Das ist ja –« Ob denn der was Besseres verdient habe? verteidigt sich Pföderl, der früher auch einmal ein Wildschütz gewesen war. Er, Pföderl, sei dann zum Förster, habe berichtet – und sei noch einmal hinaufgeschickt worden, ob denn der Jennerwein ggf. noch lebe. Das habe er noch, »beim letzten Schnaufen«, und da habe er, Pföderl, ihm noch zwei Schüsse gegeben, und zwar mit seinem eigenen Stutzen ! »Können sich die Leute denken, was sie wollen!«

Und nun langt Stöger-Ostin ins volle: »Pföderl«, habe Lechenauer gerufen, »mir graut vor dir!«

So etwa könnte es gewesen sein, muß aber nicht. Etwas anders und weniger romanesk lauten schon die Auskünfte, die der nicht-fiktive Simon Lechenauer 56 Jahre nach den Schüssen vom Peißenberg dem Volksschriftsteller Max Dingler in einem »Interview« anvertraute. Da ist schon mehr Live-Ton zu hören:

Er, Lechenauer, berichtet der inzwischen 91jährige, in Gmund am Tegernsee privatisierende Jäger, sei also grad den Wallberg hinauf: »Auf oanmal schnöllt's drüben am Peißenberg... Des ist agratt (akurat) um dreiviertel Zehne gwesn.« Er habe sich den Schuß nicht recht deuten können, denn Pföderl durfte ja nicht auf Gamsen schießen – und noch mehr wundert er sich, als es um 13 Uhr noch zweimal kracht, an gleicher Stelle.

Am Abend habe er dem Oberförster von den Schüssen erzählt, doch der habe, inzwischen auch von Pföderl informiert, merkwürdig seicht abgewiegelt, ja, ihn, Lechenauer, sogar beschwatzen wollen: »Du kannst de Sach leicht auf di nema!« Später habe ihn dann Pföderl aufgesucht und ihm »bei a Brennsuppn« erzählt, er habe den Jennerwein »gschossen«. Getroffen habe der Wilderer geschrien: »Himmi Sakrament, daschiaßn tean s' mi aa no!« Und Lechenauer ungerührt zu Pföderl: »No, der hat na a schöne Himmifahrt gnumma, bal a gflucht hat dazua!«

Altbayerisches Gemüt! Die Schüsse sind überall gehört worden, und als der Jennerwein die nächsten Tage nicht zur Arbeit erscheint, beginnt es im Tegernseer Tal zu munkeln. Wichtig: das sind noch keine bösen Gerüchte, »der Pföderl wird den Jennerwein halt verrammt haben«, wie das üblich ist nach tödlichen Auseinandersetzungen zwischen Schütz und Jäger, wenn die Leiche des Erschossenen stante pede verscharrt oder hinter Felsen »eingesteint« wird. Erst eine Woche später ist der Teufel los.

Bauernburschen finden Jennerweins Leiche, auf dem Bauche liegend, der doppelläufige Stutzen unter ihm, auf das Kinn gerichtet, die große Zehe des rechten Fußes am Abzug – als habe er Selbstmord verübt. Der Körper weist drei Einschüsse auf, einen im Rücken, die anderen in den Mund und ins Unterkinn. Lechenauer: »Der Schuß is eam da untn ins Kinn nei, und hat eam 's Hirn aufgrißn, und da halbete Schnurrbart und a Stück vo sein Backn is drobn in der Fichtn ghängt!« Gemütvolles Altbayern!

Offen bleiben auch im Lechenauer-Interview Schuß 2 und 3. »Da hat der Pföderl koa rechte Auskunft nit gebn.« Ist Pföderl drei Stunden bei dem Sterbenden geblieben und hat ihm dann erst den »Gnadenschuß« beschert? Haben andere, gar der merkwürdig vertuschwillige Oberförster, das besorgt? War vielleicht doch auch Lechenauer, wie heute noch Jennerwein-Rechercheure meinen, nicht sauber?

So oder so, jetzt beginnen »Fall« und Legende Jennerwein. Den Selbstmord kaufte niemand ab. »Den Girgl haben's von hint' erschossen«, so geht's wie ein Lauffeuer durch die Gegend. Der Körper wird seziert, ein besonders nichtssagender Totenschein ausgestellt, und schon zur Beisetzung im Westenhofer Friedhof stellen sich Hunderte von »Fans« des neuen (fast möchte man sagen: Pop-) Idols ein, vor allem die größte Ansammlung von Wilderern, die der Gottesacker je gesehen hat. Die Stimmung gegen die Obrigkeit ist gereizt, diese hält sich klug im Hintergrund.

Lechenauer wird hauptsächlich verdächtigt, hat aber ein Alibi. Auch Pföderl hat vorgesorgt: In seinem Notizbuch steht für die Mordzeit »Am Peißenberg«, das ist durchgesäbelt, drüber steht »Am Tuftenberg«. Wahrscheinlich hat ihm das am wenigsten genutzt; ein Jahr später erst (man vertuschte zunächst einfach stur weiter) steht er vor dem Schwurgericht in München – und kommt bestens weg. Er gibt den ersten Schuß zu, die beiden anderen sind ihm nicht nachzuweisen. Er kriegt wegen »Körperverletzung«, »Notwehr, begangen in Bestürzung, Furcht und Schrecken«, und Überschreitung seiner Befugnisse nur acht Monate Gefängnis.

Auch die *Münchner Neuesten Nachrichten* meinen es gut mit Pföderl: »Wäre er nach zwei Stunden zum Wilderer zurückgekehrt und hätte diesem dann, weil er noch lebte, noch die beiden Schüsse in den Kopf gejagt, so wäre das Mord grausamster Art, den zu begehen der Angeklagte ohne Zweifel nicht fähig ist. Es könne ja eine größere Anzahl Wilderer damals auf dem Peißenberg sich herumgetrieben haben, und wer wisse, ob nicht

Jennerwein einen von diesen bat, ihn durch einen Schuß in den Kopf von seinen Leiden zu erlösen...« Nichts G'wiß' weiß man nicht, eins steht fest: So einen stolzen Schütz bekommt das Bayernvolk so schnell nicht wieder. Puristen spotten zwar: »Jennerwein hatte das Massel, daß ihn der Schuß nicht von vorne erwischte, denn dann hätte kein Hahn nach ihm gekräht« – aber es war doch wohl mehr dran an ihm. Das personifizierte Aufmucken nämlich gegen die »Obrigkeit«, dargestellt an der archetypischen Konfrontation des »freien Schützen« und des feudalen Obereigentums an Wild und Wald, vertreten durch die »Grünröcke«, von der alle Wilderer-Romantik zehrt. Jennerwein, ein bißchen Playboy, ein bißchen auch Outcast in der Folge des 70/71er Krieges, an dem er ruhmlos teilnahm, verhöhnt zudem die Beamtenschaft – manche Forscher meinen sogar, auch Jennerweins nachdrückliches Weiberheldentum sei Akt der Rebellion gewesen, es den Obrigkeitlichen zu zeigen. So spielt in Geschichte und Legende Jennerwein eine erhebliche Rolle, daß der Schütz seinem Mörder und Beamten ehedem das »Agerl«, die Sennerin Agathe, ausgespannt haben soll, was Pföderl nie habe verwinden können.

Jennerwein: wenn man so will, ist das in der Folge eine frühe und harmlose Ausprägung dessen, was wir heute als »Sympathisanten«-Problem wieder haben. Auch der Romancier Stöger-Ostin beklagt in seinem Vorwort das Dilemma: Soll er ihn als »Märtyrer mit Heiligenschein« schildern? Als »Lump und Wilddieb«? Manchmal braucht der Zeitgeist seine Idole wider besseres Wissen. Gerechtigkeit? Zu denken sollte es immer geben, daß an des gesetzlosen Jennerwein Grab zu lesen steht: »Hier ruht in Gott der tugendsame Jüngling Georg Jennerwein, Veteran von 1870/71« – während der Hüter der Legalität, Pföderl, wie es sich gehört, höchst unedel endete: vereinsamt, geächtet und natürlich an Trunksucht; 1889 im Tegernseer Krankenhaus, nachdem ihm der Teufel noch einmal erschienen ist.

Heute, in heldenloser Zeit, ist Jennerwein dem Bayern

und vielleicht dem ganzen deutschen Volk nicht länger Rebell noch Heros, sondern Bilderbuchwildschütz, Galionsfigur einer allgemeinen Schneidigkeit, mit der man »Preußenweiber« schwach macht – und von daher vielleicht doch noch aktuelles Ich-Ideal. Das Wildererproblem hat sich ausgewildert, geblieben ist die allseitige und staatstragende Zuneigung auf der Basis von Verfassung, Hüttenzauber und weißblauem Himmel.

Oder doch nicht ganz? Zum 99. Todestag von Jennerwein immerhin, 1976, hatten Unbekannte eine Gams drohend an sein Grab gehängt. Und es hieß von seiten der Täter, zum 100. werde »Bluat von der Gams!«, ein toter Jäger dranhängen ...

Meine Tabus

Proust bat einst Kulturredakteure Pariser Zeitungen, bei Rezensionen seiner »Recherche« die Wörter »zart« und »subtil« zu umschiffen. Morgenstern heischte brieflich darum, künftig nicht länger mit »noch so glänzend epithetierten« Wörtern wie »Blödsinn« und »Stumpfsinn« (!) kritisch berührt und belastet zu werden; auch mit »Wahnwitz« und »Tollheit« möglichst freilich nicht. Und ich legte an dieser Stelle, vor allem im Zusammenhang mit Gerhard Polt, schon mehrfach Gewicht auf die Feststellung, daß bei diesem und ähnlichen Geistern das Lachen der Kritiker ab sofort nicht mehr »im Halse stekkenbleiben« dürfe; sonst setze es was.

Wenig ermutigend aber ist es andererseits auch und darüber fast noch hinaus, sowohl in der glanzgedruckten Hamburger als auch in der weniger glänzenden Tübinger und Regensburger Presse immer wieder die so taube wie blinde Gedankenlosigkeit lesen zu müssen, Hermann L. Gremliza sei ein »Möchtegern-Kraus« oder, gleich dumm, ein »Karlchen Kraus«: Denn in Wahrheit ist der *konkret*-Chef meist viel witziger und eleganter und variantenreicher als sein häufig ebenso blind überschätztes Vorbild. Nicht mehr lesen möchte ich vor allem aus der allzu schnellen Feder des Hellmuth Karasek, gewisse Großmeister der Neuen Frankfurter Schule seien Hochmeister des, na freilich, »Blödelns« als auch der, ausgerechnet auch das noch, »Trauerarbeit«. Und wenn ich jetzt aber noch einmal aus den allerdings zu allem bereiten Mündern der Ex-Fußballer und Präsidenten und TV-Kommentatoren F. Beckenbauer und K. H. Rummenigge auf 100 Prozent aller Fragen die Antwort-Intrada »Na gut« (wahlweise: »ja, gut«) sowie die noch vor zehn Jahren eher rare Affirmations-Pretiose »sicherlich« vernehmen muß (Beckenbauer 2,1 mal, Rummenigge neuerdings 2,7 mal pro Satz), dann – passiert abermals was. Passiert was ganz ganz Gräßliches.

Und zwar – das läßt sich eher hören – »ganz gewiß«.

Subject grabbing

Eine dem bekannteren name dropping komplementäre und im Kern identische Geisteshaltung, die vielleicht qualvollste in der quälenden Physiognomie unserer gaunerischen Zeit, ist die, die man Topic grabbing oder Subject grabbing nennen könnte: Das immerfortige Grabschen und Hangeln nach den möglichst großen und deshalb möglichst ehreinbringenden und dabei möglichst idiotensicheren Themata und Großthemata. Hauptvertreter dieser ebenso aseptischen wie verschweißelten Gattung, Haltung und Taktik sind heute Walter und Inge Jens, die es längst unter Heine, Lessing, Fontane, Sophokles und neuerdings Sanssouci nicht mehr machen; sowie der schon allzu lange verdächtig unverdächtige und hochgelobte Allroundmäzen und Geistesheroiker J. Ph. Reemtsma, ein durchaus lästiger Wichtigmacher, Dicktuer und Unentbehrlicher sondergleichen, für den seit vielen Jahren unter Hannah Arendt, Bloch, Auschwitz, Kritische Theorie mal Sozialforschung, Chr. M. Wieland, Arno Schmidt und universelle Judenpogromatik samt Rassismusexstirpation aber schon gar nichts mehr geht.

Erfreulich und vorbildlich konträr gegen diesen idealtypischen und beinahe schon sakrosankten Mainstream verhalten sich konstant die meisten Groß- und Nebenmatadore der Neuen Frankfurter Schule, denen – hierin einer Empfehlung Brechts an manche Mitglieder der Alten folgend – von S. Effenberg bis L. Rinser, von Scharping bis zum Maklergewese und zur deutschen Karin kein Thema zu gering und mithin ruhmaustreibend ist; kaum weniger zu loben ist Herbert Rosendorfer, der sich selten zu schade vorkommt, z. B. auch noch den allerletzten Unfug aus Riemanns großem Musiklexikon auszuwerten und frappant fruchtbar zu machen, von dem ihm immer noch zu Ohren kommenden Münchner Live- und Arschgeschwätz hier mal fast zu schweigen; ab und an gilt dies Lob desgleichen für Kurt Scheel vom *Merkur* und immer wieder mal auch für Michael Rutschky, wenn der nicht mal grad wieder einer absolut falschen Nachtglocke folgend (z. B. *Merkur* 4/94) Marx und Napoleon, Luther, Paulus, Adorno, Kracauer, Freud, Warburg, Andersen, Ödipus, Benjamin, Saddam, Jimi Hendrix, Jeremiah, Maotsetung, Murnau, Horst Mahler, Darwin, das Cafe Laumer, Wittgenstein, Lenin, Hitler, Peter Handke, Stalin u. v. a. so essayistisch wie jensistisch Revue spazieren läßt und beim nächsten Mal dann eben auch noch Trotzki und Chomsky, Bourdieu und Omondieu! –

– zu preisen aber, vor allem, in fast allem, wieder und immer wieder, ist auch diesbetrefflich der treffliche und eherne und fast schon erhabene Hermann L. Gremliza, allen Genannten voran: sobald er, zumal in seiner Glosse, den sehr ordinären Scheiß der Zeit in Presse und schon allzu gepreßten und erpreßbar gewordenen Hirnen abermals vorzuführen und immer wieder aufs neue auszustellen nicht an- und nicht hintansteht in bewährter Karl-Kraus-Manier, aber nicht selten sogar sprachmächtiger, witziger als dieser.

Es sollte aber, so mein aktuelles Flehen, jener Gremliza sich nicht nur immer und immer, immer wieder die *taz* vornehmen, sondern vielmehr und viel aufmerksamer die eigentlich ungleich ersprießlichere und relevantere und natürlich noch ärgerlichere *Frankfurter Rundschau*: ihren täglichen Wortdreck, ihre spezielle und schlimme Melange aus Betroffenheitsroutine und jenem erwähnten Topic grabbing, so da als schiere Blödheit heute massierter und aber verzweifelter denn je walkt und grabscht; und, um das Thema zum Anfang zurückzurunden, noch die hohe und gerade 65 gewordene alte Habermaus mit deren »choreografierter Hoffnung« im Unsinne Blochs oder vielmehr Eugen Uta Rinsers verrührt, daß es sogar einer 68er-Jahrgangs-Sau graust – doch, diese bisher ärgste & choreografierte Schleimerei des laufenden Dumpfnickeljahrs, die hätte ich in *konkret* sehr, sehr gern gebrandmarkt gelesen.

Genosse Gremliza, übernehmen Sie! Aber zügig!

Unbequeme Querdenker

Sehr gründlich und kenntnisreich dokumentiert Martin Hecht in seinem Buch »Unbequem ist stets genehm« die Karriere, die neue und neueste und immer noch und närrischer voranschreitende »Konjunktur der Querdenker«; ihre Herkunft von den noch und schon in den 50, 60er Jahren sogenannten Unbequemen, die meist schon anno dunnemals aber arschbequem zwischen allen Sesseln herumhockten und eben deshalb gewaltig absahnten; bis zu ihren aktuellsten Formationen, die von Schorlemmer bis Pastor Fliege, von Drewermann bis Gertrud Höhler (und leider sogar ein paarmal den Autor dieser Zeilen) wahrlich keinen auslassen, ob er will oder nicht, und ihn zum »Querdenker« ernennen; und die meisten wollen ja durchaus und behaupten es zur Not einfach selber, denn mit dem Etikett lassen sich, man glaubt es kaum, ja schon die unterschiedlichsten Karrieren starten oder doch beschleunigen, und sei es die von Peter Hahne (ZDF). Für *Titanic*-Leser birgt das auch theoretisch gut argumentierende Buch sicherlich nichts grundsätzlich Neues und Verblüffendes, hat das Blatt doch akuten Scheißdreck dieser Art stets aufmerksam mitverfolgt und weitgehend zuerst aufgedeckt; und dann zum Lohn sogar im eigenen Haus eine entsprechend schlunzdumme Buchreihe erdulden müssen. Aber doch im Detail dann wieder recht Verwegenes, noch in der Erwartbarkeit ein bißchen Atemraubendes. Oder wußten Sie z. B. wirklich schon, daß der prototypische neuere deutsche Aufsteiger und Konformist und Karrierist, Roman »Ruck« Herzog, längst auch seinen Weg als »oberster Querdenker der Republik« (*Reuters*, April '97) gemacht hat und aber auch noch stramm weiter machen wird? Was wunder, daß ihm, wiederum nach Martin Hecht, Berti Vogts, F. Beckenbauer, Kohl und Eckard Minx (Mercedes-Benz), jawohl, gerade Eckard Minx, Böblingen, als Akolythen sowohl als als unbequemste aller Quarzköpfe treu zur Seite prangen.

Pädagogik, Zeitgeist, Dummdeutsch

Ein Rundschlag

Eine »Konfliktkultur«, nämlich innerhalb aller interpädagogisch wirksamen Kräfte, wurde im Frühjahr 1998 von hessischen Gymnasiallehrern, Schülern und Eltern amtlicherseits eingefordert; als offenbares Pendant der schon älteren »Konfliktforschung« einerseits, der von Karl Heinz Bohrer um 1980 ff. postulierten »Streitkultur« andererseits – es darf aber diese Konfliktkultur dabei keineswegs verwechselt werden mit der vom Bundespräsidenten Herzog schon 1997 eingeklagten »Wagniskultur« zum einen, mit der ebenfalls vom Bundespräsidenten kürzlich anläßlich des Fontanejahrs erheischten »Toleranzkultur« zum zweiten – noch alle drei auch umgekehrt nicht mit der von bayerischen SPD-Kulturpolitikern am 10.3.1998 feierlich reklamierten Teilhabekultur, exakt einer »Kultur der Teilhabe für Schüler« – was immer das nun wieder Geheimnisreiches sein mag. Doch, gerade die Schülerteilhabekultur, die hatte uns im laufenden und weiter anwachsenden Gesamtkulturspektrum ja noch gefehlt.

Die »Konfliktkultur« aber, nachzulesen im innerschulischen Mitteilungsblatt eines Frankfurter Gymnasiums, als Begriff historisch nachgewiesen spätestens schon in der *FAZ* vom 17.6.1996, die ist nicht allein Teil der allgemeinen »Lernkultur« (vgl. *aviso* 4/97) sowie der Horst Eberhard Richterschen und allerdings essentiell eher bösen »Rivalitätskultur« (1985). Sondern funktioniert in diesem Falle weniger nach dem alten Sigmund Freudschen Kain-Abel-Ödipus usw.-Modell als im Sinne der US-stämmigen »Peer Mediation«, und gemeint ist damit, daß Gleichaltrige, sog. Kumpel, bei Streit vermittelnd eingreifen sollen; nämlich im Sinne des bei 10- bis 12jährigen anzuwendenden »buddy system«.

Und überhaupt im Zuge der allg. ABM-Stellen-Pädagogik und ut aliquid fiat, nämlich möglichst Neues oder wenigstens Neuklingendes im Hause der Erben Johann Heinrich Pestalozzis. Genau genommen neu nämlich ist die pädagogisch-didaktische »Konfliktkultur« mitnichten. Sondern eigentlich bloß Spätfolge und Keimablegerpflänzchen der Hessischen Rahmenrichtlinien der frühen 70er Jahre aus der Zeit, damals, als nämlich im Zuge der ganzen fortschrittlichen Richtung die »Erziehung zur Konfliktbereitschaft« postuliert wurde; diese als Seitentrieb der »Erziehung nach Auschwitz« einerseits, als Filiation der Dahrendorfschen »Politik als Kontinuum von Konfliktgeschehen« zweiterseits; und als Seitendolde der allgemeinmitscherlichischen »Erziehung zum Ungehorsam« in ohnehin vaterloser Gesellschaft dritterseits. Und unter diesem systemkritisch scientifisch sozialethischen Panierumhang ließen sich schon damals, gefördert vor allem von der vorübergehend hessischen, dann wieder unnachgiebig in Bayern auftrumpfenden FDP-Spitzenbildungspolitikerin Hamm-Brücher, nicht nur alle möglichen chicen geisteswissenschaftlichen oder zumindest politischen Karrieren starten; sondern auch – und sei's im fränkischen Kleinstädtchen Hersbruck – starke Abiturreden bestreiten, dochdoch, selbst unter Strauß ging das – einer meiner besten Freunde ist heute noch stolz drauf und geniert sich nur ganz zart.

Und gemeint war und ist mit dem ganzen Ungehorsams- und Konfliktzauber vornehmlich dies, daß der Mensch weniger ein sozial harmonisches, sondern ein essentiell und integral rebellisches, wenn nicht revolutionäres, jedenfalls schwer konfliktfreudiges Wesen ist oder doch zu sein hat – und dies vor allem zum Zorn und Ärger der Gegenseite, der CDU/CSU, welche aber eigentlich diese metapädagogische Megaerkenntnis wenig schert; sondern die das nachwirkende und allgemeine Gerede, mit eben ihrem eigenen Bundespräsidenten an der Laberspitze, auch einigermaßen modern oder jedenfalls moderat schon ganz gerne mitmacht.

Eigentlich recht gleichgültig, ob nun »pädagogischer Zeitgeist« zum »allgemeinen« mehr diametral oder antagonistisch sich verhält, wie Klaus Westphalen in einem Aufsatz vom Frühjahr 1998 bilanziert – oder doch eher komplementär dieser auf jenen zugeht: Es läuft die Frage letztlich auf eine begriffslogische hinaus und verengt sich zur bloßen tautologischen Spintisiererei, insofern man ja hier einfach nur die Bezugssysteme hin- und herzuschieben braucht. Nimmt man die sprachlichen Emanationen als signifikante, so hat man es hier wie dort mit Auswüchsen, z. T. Explosionen jenes »Dummdeutsch« zu tun, dessen Begriff ich zusammen mit anderen 1985 selber eingeführt und mit dem »Dummdeutsch«-Buch von 1993 auf den aktuell herrschenden Stand des akut beherrschenden Weltgeists gebracht habe. Was die altneue und neueste Pädagogik zu jenem soziolinguistischen Schwersyndrom beitrug, spielt sich vorzüglich im Bereich eines sich spreizenden und dickmachenden und aufblasenden Imponierwörtergeweses ab – der Dummdeutsch- und insofern Zeitgenossenschaftsvirus zeigt und offenbart sich im pädagogischen (und angrenzenden) Vokabular speziell in einer Edelwortsucht vermutlich doch mehr pseudoethischer Verantwortungsträgerschaft – bis hin zum baren Bluff, zum Vortäuschen von Wissenschaft und Wertbewußtsein da, wo das blanke Nichts uns anstarrt:

Von den »Lernanforderungen« über den »Lernprozess« und der »Lernzielkontrolle« (ehedem: Klassenarbeiten) im Zuge der noch allgemeinen »Lernkultur« bis zu dem dann allerdings tatsächlich mit mindestens fünf Weizenbieren zum Runterspülen des ganzen Gewürges notwendig gewordenen »Lernfest« im Zuge der »Kompaktseminare« möglichst an einer der neuen »Sommeruniversitäten« reicht der Quark, reicht sich im Zuge der »grenzüberschreitenden« »Selbstverständigung« als »Identitätsbildung« in »Eigenverantwortlichkeitskultur« (*aviso* 4/97) ohne jede »Barmherzigkeitskultur« (ebd.) die sich dabei ständig erweiternde Palette an Gewäsch und partiell schon Nonsensdeutsch selbst die Hand; als ein selig in sich selbst schlummernder Schleim – vorgetragen in einer mehr behutsamen Nachfolgeversion Kritischer

Theorie, in deren Duktus von Analytik und Skrupulosität – mitunter auch mehr im aufbauenden Pathos-Sound der runderneuerten Universalethik Roman Herzogs und seiner allgemeinen »Ruck-Pädagogik« (Jan Roß, »Die neuen Staatsfeinde«, 1998) – und der ganze Zinnober dient wiederum immer und jederzeit und selbstverständlich der »Schul-« sowie der »neuen Berufskultur« – ebenso wie am Ende dann auch noch der neuen »Gedächtniskultur«, die da ausgerechnet mit der Verhinderung der Duden-Reform ausgerechnet der heute bereits drohenden »Vergessenskultur« warnseherisch entgegentritt; und diese letztere begriffsnarrische contradictio in substantivo und affecto setzte als bislang schönsten Sprachkrüppel alias Lingui-Behinderten im Sinne der von ihm vertretenen Verantwortungspädagogik wer in die Welt? Genau, Kurt Reumann war's im Leitartikel der diesbezüglich sonst eher schuldlosen *Frankfurter Allgemeinen Zeitung*.

Häufiger sind es wohl weniger die Lehrer selber als ihre Zulieferanten aus der Wissenschafts- und Ministerialbürokratie, die da mit ihrem gesammelten Makulaturschrifttum unsere sonst eigentlich ganz passable Welt derart unnötig verdüstern. »Doch manches wird durch die Schuld der Lehrenden verdorben, die uns anleiten«, weiß schon Seneca um 62 n. Chr. von den bösen Schicksalen der Schulanfänger zu berichten (Epistolae morales) – der Zeitgeist ist offenbar ein doch ziemlich ewiglicher, denn auch Seneca hatte da vor allem allerlei philologische Wortklaubereien und Gespreiztheiten in petto. Auch wenn er vermutlich doch noch nicht auf Anhieb begriffen hätte, was heutige Eltern-Lehrer-Kinder möglichst ohne verblüfftes Augenreiben raffen müssen: was der »Anwalt des Schullebens« (vulgo Lehrer) soll; nämlich sich (alle Zitate nach: K. Westphalen) auf seine »Lehrfunktion besinnen«, und dies sowohl in »Lernkompetenz« als auch in »vertrauensvoller Lernatmosphäre« (vulgo: Fun-Ambiente); was es heißt, »Varianten anzudenken«, die »Fortbildung ein Stück weit thematisieren« und »das Waldthema in die Schule holen« (vulgo: Bäume anpflanzen) – die letzten drei Prachtexemplare steckte mir ein Freund und Vertrauensmann und diesmal (die sollen hier auch nicht ungeschoren bleiben) niedersächsischer Hauptschullehrer vor ein paar Wochen als Nachhall einer abendlichen Elternratssitzung.

»Von der Belehrungsanstalt zur Lernwerkstatt« (Peter Struck, SPD) geht der Weg, genau, nämlich hinein in einen ganz eigenen »Lebens- und Erfahrungsraum« (Hartmut von Hentig). Dabei sollen Lehrer wie Schüler und Elternschaften genau hinhören auf die »Kultur des Hinsehens« (ein bekannter bayerischer Ministerpräsident schon 1994) als der wichtigsten Formation der »Kultur des Helfens« (Ulf Fink, CDU) im Zuge der auch sonstigen und universellen »Ereigniskultur« (*Nürnberger Abendzeitung*, 1992). Die »Lachkultur« (*Literaturmagazin*, 1993) hat darüber, über den derart angeschwemmten Sprachmüll und die sprachpolitischen Volksanmeierungen, natürlich gut lachen – aber nicht nur:

»Die Hauptaufgabe der Lehrer bestünde darin, einen halblegalen Mittelweg zwischen den Untugenden der Schüler und den hanebüchenen Vorschriften des Ministeriums zu finden«, so läßt Herbert Rosendorfer seinen um 1985 herum zeitmaschinenversetzt das heutige München besuchenden Mandarin Kao-tai die pädagogische Lage ausleuchten (»Briefe in die chinesische Vergangenheit«) – und das gälte ja sozusagen auch beim verbalen Miteinander der beteiligten Kontrahenten (i.e. Vertragschließenden): daß man also zwischen dem »Ej, du, hej« und dem »Fuck!« und dem »Mensch, Scheiß, Kack!« sowie sonstigen Einsilbern der Schülerschaft und dem allzeit mehrsilbigen Silberzungen-Geprotze von wegen der »Wagniskultur« und der »Schamkultur« (H.-E. Richter) und der »Betroffenheitsschwelle« und den Lernprozeßanforderungskulturarbeiten (noch ungesagt, kommt aber gewiß noch) einen möglichst zweisilbigen Ausgleich oder doch Ausweg oder jedenfalls eine passable Ausrede (Lernwerkstatteuphemismus als Schuldrationalisierung) fände oder erfände – die Chancen stehen aber schlecht, wenn man z. B. liest, was bereits fertige und vollreife und aber fortbildungswillige Pädagogen in ihrer Eigenschaft als – Humboldt wie Pestalozzi ja besonders verpflichtete – Philologen ihrerseits allderweil im Verbandsblättchen lesen müssen. Und diesen Ausriß aus einer schon etwas älteren (8/1981) Nummer der Zeitschrift des Deutschen Philologenverbands *Die höhere Schule* wollen wir uns aber zum schlechten Beschluß einen Satz lang doch noch etwas genauer besehen: »Der Ausbau des Bildungswesens in quantitativer Hinsicht wurde voll geleistet«, heißt es da auf S. 253 – was liegt da an?

Nun, da ist also a) ein Wesen, ein Bildungswesen zumal, und das Wesen wird b) ausgebaut. Geht das? Aber ja, da wird das Wesen eben größer, vor allem, wenn es c) quantitativ ausgebaut wird, d. h. präziser: in quantitativer, nein, nicht Rück-, sondern Hinsicht, also in mengenmäßiger, im Gegensatz zum inhaltlichen Ausbau des Wesens wohlgemerkt; d) aber wird dieser mengenmäßige Ausbau des Wesens nicht getan oder vollbracht oder sowas, sondern geleistet, und dies allerdings e) voll; was ja insgesamt so viel heißt wie: der volle quantitative Ausbau des Wesens in Leistungshinsicht ist wer? Genau, die: Bildung.

Oder, mit Franz Kafka zu sprechen: derart viel unglaublich massierter Dreck auf kleinstem philologischen Raum und im KZ-Bürokratenstil vom Schreibtisch derer, die unseren Kindern heute und dereinst Goethe, Fontane und eben Kafka beibringen sollen – er heißt uns im Sinne des quantitativen Bildungsleistungswesens sowohl als der negativen Theologie des Deus absconditus ultramodernus ja abermals entschieden hoffen.

Fußball und Zelebralkultur

Als im Oktober letzten Jahres mit Beginn der Bundesliga-Saison der neue Eintracht Frankfurt-Trainer und Liga-Debütant Klaus Toppmöller mit seinem allzeit als launisch beleumdeten Team etliche staunliche Erfolge erzielen konnte, da sprach er sogleich ein – wie sich bald zeigen sollte – allzu eilfertiges Wortspiel »Bye bye, Bayern!« in Richtung München. Der dortige Manager Uli Hoeneß höhnte, spürbar getroffen, zurück, was der Neue vom Main rede, sei ein »no name product«. Kurz vor Jahreswechsel, als es mit der Eintracht schon wieder zäher voranging, teilte Toppmöller einer aufhorchenden Öffentlichkeit mit: »Wenn ich bei mir entdecke, daß ich die ganze Power verliere, dann mache ich von heute auf morgen Schluß«, dann gehe er »in die Politik«. Hoeneß seinerseits, inzwischen an Frankfurt vorbeiziehend, kündigte an, ab 1994 werde bei Bayern alles noch erfolgreicher und umsatzstärker, man setze da nämlich marketingtechnisch noch konsequenter auf »corporate identity« – womit Hoeneß womöglich meinte, alles, was künftig von den Busfarben bis zum Bierkrügel passiere, werde sofort in die Bayern-Trikotfarbe Rot getaucht. Oder wie oder was.

Toppmöller seinerseits aber verließ gleich drauf gezwungenermaßen die Eintracht, deren Präsident Bernd Hölzenbein freilich noch am gleichen Tag ankündigte, der nächste Trainer werde bestimmt, anders als seinerzeit Toppi, »kein Nobody« sein.

Was sind das für Menschen, die so daherreden?

Allerdings nicht nur englisch. Der zu Weihnachten bei Bayern München nachgerückte Trainer und einstige Libero Franz Beckenbauer bezeugte im Zuge einer Presseerklärung, daß er zwar im Übermaß das Wort »sicherlich« beherrscht (Beckenbauer gebraucht es pro Satz 2,4 mal, sein Vizepräsident K. H. Rummenigge sogar 2,7 mal), nicht aber das Wörtchen »man«. Der oft auch sogenannte Kaiser: »Wenn du den geringsten Zweifel hast, darfst du es« – den Trainer – »nicht machen. Wenn du schon ängstlich antrittst, kann es nicht gutgehen.«

Was sind das nur für Menschen, die da tagein, tagaus einen derartig schwer depressiven, depressiv machenden, hanebüchenen Quark daherschmaddern? Nun muß der vielleicht beste deutsche Fußballer aller Zeiten natürlich nichts von Strategie und gar Psychologie verstehen, Charisma genügt angeblich, und bei und mit den Bayern würde u. U. auch ein nasser Putzlumpen an der Seitenlinie deutscher Meister – er braucht auch nicht die physikalischen und bewegungsenergetischen Grundgesetze des Fußballs zu begreifen, wenn er sie selber allzeit als Spieler intuitiv richtig genutzt hat. Ob einer aber wirklich, knapp vorm 50. Geburtstag, nach so vielen Auslandsaufenthalten in New York, Marseille und Tokio, auf dem Niveau eines circa Achtjährigen an einem Giesinger Stammtisch daherschwallen muß, hörbar Gestörtes in einem Stummeldeutsch, das selbst die unermeßlichen Aussagen einer Steffi Graf und eines Boris Becker in einem milderen Licht erscheinen läßt? Was sind das für absonderliche Menschen und Wesen, die da nicht nur ein topmäßiges Englisch, sondern (laut *Spiegel*) beim Training, wie unter allerlei unbegreiflichen Belastungen, z. B. dies von sich geben: »Mein Kopf ist Fußball, nichts als ein Fußball« (F. Beckenbauer, Februar 1994).

Wahr. Kann dergleichen immerhin noch auf den Charme des Zurückgebliebenen und sogar gewissermaßen öffentlich Offenen und Offenbarungsmäßigen pochen, so das nimmersatte Mikrofongelabere von Beckenbauers Spielführer Matthäus auch nicht einmal mehr auf die Gnade der sehr sehr fränkischen Geburt – der gar nicht so späten: Der heute 33jährige deutsche Rekordinternationale und American-Express-Card-Werbeträger und »Dampfplauderer« (*Frankfurter Rundschau*) und »Brabbelarsch« (*Titanic*) beherrscht, halbbestrittenen Pressemeldungen nach zu urteilen, inzwischen nur noch den überaus patriotischen Neonaziton oder bestenfalls den mehr harmlos-naiven Chauvi-Sound: »Hey, unser

Schwarzer hat so einen Langen«, bedeutete er im Hinblick auf seine Sturmspitze Adolfo Valencia auf dem Flughafen einer dort gleichzeitig aufhältigen Damenbasketballmannschaft. Da war denn der unlängst wegen fortgeschrittener Unerträglichkeit gefeuerte Eintracht-Torwart Uli Stein konsequenter. Wenn auch ambivalenter. Er, der sonst Mitspieler, was zuletzt doch noch zu seiner Kündigung führte, systematisch nur als »Arschloch« und »Wichser« führt, titulierte einst undementiert seinen Mittelstürmer Anthony Yeboah, inzwischen als »Perle aus Ghana« besungen, als »schwarze Sau«, die sich »in den Busch zurück« trollen möge. Was Stein nicht daran hinderte, ein paar Monate später bei einem gänzlich verlogenen Benefiz- und Goodwill-Sportlerauflauf in Richtung »Mein Freund ist Ausländer« mitzumischen: als, wie nachweislich auch sein ehemaliger Nationalmannschaftskonkurrent Schumacher, ganz unverblümter Rassist.

Als ich 1987 meine Fußball-Dramoletts »Standardsituationen« (der Titel nach einem von deutschen Sportlern wie Sportreportern blindgebuchten Sprachlosigkeitstopos) veröffentlichte, schlug mir hin und wieder Kritik entgegen dergestalt, ich übertriebe, machte mich, fatal elitär, über Proleten neidvoll lustig; in Wahrheit sehe die Realität von Fußballerexistenzen mental gesünder und jedenfalls reeller aus als die etwa von Intellektuellen. Wie auch immer: Erfunden habe ich von diesen Szenen – Autogrammstunden, PR-Touren, Sportgerichtsblamagen – praktisch nichts. Sondern alles der *Bild*- und anderen Fachzeitungen entlehnt. Im Gegenteil, bei dem, was es im nachhinein da noch zu lesen gab, überrieselte mich oft der Verdacht, noch sehr untertrieben und geschönt zu haben. All das, was heute über das Leben, Denken und vor allem Reden unserer heimischen und aktuellen Fußballer tagein, tagaus in den Zeitungen steht, dieses Gesamtkunstwerk von »Sportidiotie« (Karl Kraus, 1918), lehrt selbst den hart durchtrainierten Satiriker weniger den Spott als das schiere Gruseln.

Eine Welt aus Schwachsinn und Sprachlosigkeit und

Spruchbeutelhaftigkeit, eine Welt aus u. a. in ihrer Expression Überforderten und deshalb wie vor Torheit allzeit in sich selber Explodierenden. Und natürlich eine Welt aus Geld und nochmals Geld. Der Tennisspieler M. Stich hat es kürzlich, stellvertretend für seine Brüder vom größeren Leder, als die neueste spätkapitalistische Weltenformel sehr gut auf den Begriff gebracht: »Wer viel Geld hat, will immer noch mehr Geld haben, so ist der Lauf der Welt.« Und wenn man dann gleichzeitig (und in ein und derselben *Bild*-Ausgabe) vernimmt, daß der erwähnte Beckenbauer, von seinen sonstigen Aufgaben und Erträgen abgesehen, in seiner neuen Eigenschaft als Bayern-Coach für seine eher unschöne Herumsteherei am Spielfeld und für seine randvoll überbordenden Pressekonferenzen monatlich 250.000 Mark einfährt, der Physikprofessor und allseits hochästimierte Bundespräsidentenkandidat Jens Reich aber immerhin noch 4000 Mark zuwege bringt: Dann ist die Sozial- und Prestigestruktur dieser Bundesrepublik halbwegs geklärt. Plausibel, daß da selbst friedsame Naturen wie unsereins hin und wieder doch sehr zum guten alten Klassenkampf aufrufen möchten. Einem internationalen; im Zweifelsfall, auf daß die Gemeinten ihn verstehen, englisch geführten. Noch in der Woche der Hoeneßschen »corporate identity« im Zuge seines bevorstehenden »Dream-Teams« (*Kicker*) ließ sich auch Nürnbergs neuer Trainer Zobel, einst Hoeneßens Teamkamerad, nicht lumpen und kündigte an, es werde beim Abstiegsschicksalsschlager (o.s.ä.) Club gegen Schalke nicht um gewöhnliche Punkte, sondern um den »Big Point« gehen. Indessen sinnig beider Landesvater Stoiber im Zuge seiner parteiinternen Fights mit dem Newcomer Gauweiler noch am nämlichen Tag bekannt gibt, Gauweilers Attacken seien »Peanuts für mich«.

Was eine hochmondäne Welt. Aber schon 1983 hatte ja der sogenannte Fußballberater Holger Klemme all that oberfuck'n Arschgerede sehr okay also zusammengerafft: »Um Power zu spüren, brauch' ich Trouble!« Eine Welt aus Sprach- und Stil-, aus kompletter und doch immer noch zunehmender Instinktlosigkeit im Sozialverhalten: Der schwäbische Nationalmannschaftsmittelstürmer, Rom-Rückkehrer und Neu-Dortmunder Karlheinz Riedle wird dafür gelobt, daß er sich bei seiner Pressekonferenz allen Ernstes dafür entschuldigt, bei einer Ablösesumme von 9,5 Mio. Mark bisher lediglich drei Tore geschossen zu haben, und das sei »angesichts der momentanen Arbeitslosigkeit« an der Ruhr vielleicht doch zu wenig.

»Jeder«, so Nationalspieler Gaudino auf dem Höhepunkt der Stein-Toppmöller-Unruhen Anfang April, »geht in diesem Geschäft sowieso seinen eigenen Weg.« Ungeachtet irgendwelcher aber besonders peinvollerweise immer noch chimärisch nachzitternder Kameradschafts- oder gar Solidaritätsbeschwörungen. Darwinismus, ein seltsam ungeschlachter Manchesterismus für sehr dumpfe Lebewesen, für circa ein Jahrzehnt lang funktionierende Leib- und Geldmaschinen. Immer wieder haben Soziologen diesen neuen und vielleicht speziell neudeutschen, insgesamt wohl international identischen Angestellten-Aufsteigertypus beschrieben, diese neue Subspezies aus Kurzkarrieristen und Schnellabsahnern; die, sozial, in ihrem Sozialverhalten wie letztlich auch in ihrem Sozialstatus, entschieden zurückgeblieben und immer weiter regredierend, Leitbild und Projektionsapparat zugleich für die diversesten, und aber wiederum mit ihren eigenen kongruierenden Sehnsüchte sein sollen; und die doch mit 30 oder 40 Jahren ungesicherter ins Normalleben zurückgesemmelt werden als einstmals der Nationalspieler mit dem Fazit eines Lottogeschäfts oder bestenfalls – so beim alles in allem noch intakten Typus Fritz Walter – einer Wäscherei samt Kino. Noch vor den Soziologen haben im letzten Vierteljahrhundert sich vor allem auch Schriftsteller, Dichter gar sehr für den Fußball erwärmt, privat wie gedruckt, jedenfalls in der Bundesrepublik, erwärmt, ja entflammt, eine richtige Intellektuellenmode wurde daraus – ich kann heute den hierin führenden Kollegen Ror Wolf, Dieter Kühn, Harig, Jens, Delius und letztlich auch mir selber den Vorwurf der freiwillig-unfreiwilligen Anbiederei, ja Ranschmeißerei nicht ersparen – der treuherzigen und nur allzu willigen Vermählung mit einer Welt, nein, einer Unwelt »voller Kabalen und Intrigen« (*Frankfurter Allgemeine*, 11.4.94) und Inferioritäten – mit einer Gattung, die heute, jedenfalls in ihren oberen Etagen, mehrheitlich den sehr präzisen Sozialterminus Pack nahelegt. Was bloß sind das für Menschen, für die, umgekehrt, »Wichser« noch immer und wie archaisch ein Asozialer ist?

Immer leben sie auf großem Fuß, immer häufiger und entschlossener auch sprachlich – und da wird es denn immer sehr schmerzlich und allerdings, zugegeben, auch spaßig. Immer weniger beherrschen sie die Wörter, die sie in die immer offeneren Mäuler nehmen. Über »Alibi-Fußballer« bei der Eintracht führte Klage der entlassene Toppmöller. Was könnte er gemeint haben? Pseudo-Fußballer? Quasi-Fußballer? Oder doch Alimente-Fußballer? Aber auch sein Nachfolger Körbel, schon am andern Tag, kann's: »Für keinen Spieler gibt es jetzt noch ein Alibi!« Er meint wahrscheinlich: eine Ausrede.

»Auf Rummenigge kommt wahnsinnig viel zu vom Erwartungshorizont her« (Nationalspieler und Deutsch-Abiturient Hansi Müller). Mein Gott, mein Gott. Andererseits: »Die Erwartungshaltung in Deutschland wäre bei meiner Rückkehr zu groß« (Nationalspieler Bernd Schuster, Köln, Spanien, jetzt doch wieder Leverkusen). Dritterseits aber: »Die Qualität des Spiels konnte der Erwartungshaltung nicht standhalten« (Nationalspieler, Abiturient und Ex-Maoist Paul Breitner).

So daß man heute nur schwerst seufzend zusammenfassen kann: »Die Erwartungshaltung kann beim Erwartungsdruck all dieses Quarkgequatsches dem Erwartungshorizont ja kaum mehr standhalten.«

Fußball-Sommer-Bilanz 1996

Aus Reportermund passierte bei der Fußballeuropameisterschaft in England m. W. und m. E. nichts, was der nachträglichen Aufnahme in eine Neuauflage von Jürgen Roths und Klaus Bittermanns noch junger Anthologie »Wieder keine Anspielstation – Fußballexperten. Die Kommentare des Grauens« (Edition Tiamat) wert gewesen wäre. Wohl aber aus Spielermund, und schon knapp vor der EM: da legte es unser aller Lothar Matthäus knapp nach seinem ethisch ohnehin nicht allzu überzeugenden Teil-Rücktritt wieder mal drauf an, wenigstens sprachlich-gedanklich loszulegen und zu exzellieren, in einem der üblichen Interviews mit der Zeitschrift *Sportbild* nämlich, bei denen es für die Journalisten ausschließlich darum zu tun ist, möglichst viel Dreck und Urschleim aus dem Seelenschlamm prominenter Sportler heraufzulocken – und Loddamaddäus ließ sich, durch seine Trennung von Loris und Lolidda eh zu zuviel Zeit verurteilt, prompt nicht lange bitten und lumpen; sondern die Sau voll raus:

»Jürgen Klinsmann ist ein Supertorjäger« – gespr.: Subbbädoorjegä – »mehr gibt es eigentlich nicht zu sagen, wenn man nicht persönlich werden will.« Aber dann sagt es der Herzogenauracher natürlich doch und wird auch schweinemäßig persönlich: »Ich habe von vielen Seiten gehört, daß Jürgen Klinsmann mit Berti Vogts« – Bäddifockts – »über meine Person gesprochen hat, und zwar nicht positiv.« Wenn nicht von Klinsmann, so von Maddäus gesprochen: bossidief. Als Vogts und Klinsmann auf Abstand gehen, bietet Lodda an, dafür Zeugen aufzubieten, u. a. Kaiser Franz. Und teilt weiter mit, daß er in seiner »ganzen Karriere zu wenig egoistisch« gewesen sei, »sonst hätte ich vielleicht den einen oder anderen zwar nicht gekillt, aber ich hätte Einfluß nehmen können, daß es ihm nicht gutgeht. Da gehört auch Klinsmann dazu.«

Schön, derart zu erfahren, daß einer mit 36 genau

doppelt so dumm und zurückgeblieben ist wie mit 18, irgendwie auf dem Sprach- und Gefühlsniveau eines 9jährigen zwischen Tarzan, Batman und Eppelein von Geilingen – nicht klüger aber die Reaktion von Kaiser Franz, der sich lustig macht, als die in England davon erfahrenden Bayern-Spieler ihm einen diesbetrefflichen Protestbrief schreiben. Die müßten ja, spottet der Präsident, unter Berti viel überflüssige Zeit haben, so einen Brief zu schreiben, statt ordentlich zu trainieren – von Beckenbauer immer noch gesprochen: »treinieren«.

Der Fall erinnert und knüpft an an jenen vor exakt zehn Jahren, als der Ex-Libero noch selber Trainer (»Treiner«) der deutschen Mannschaft in Mexiko war, sich dort als »Suppenkasper« mit Torwart Uli Stein überwarf – und dieser in der nächsten Saison (Beckenbauer: »Seison«) nach heftigem Nachdenken aber sich bereit erklärte, dem Kaiser nächstens einen Brief zur Wiedergutmachung zu schreiben; nur, diese nächste Woche gehe es noch nicht, da sei ja noch ein Mittwoch-Spiel.

Daß aber der alte Uli Stein nun wieder ganz cool an Eintracht Frankfurt vorbeizieht, indem diese absteigt, Bielefeld aber ins Oberhaus zurückkehrt: das war mir allerdings das sportlich noch g'spaßigere Event der letzten Monde.

Dumm-Bilanz 1996

Es war ein volles, es war ein randvolles Jahr, es macht es dem Berichterstatter nicht leicht.

Des Jahres 1996 unverhoffteste Spitzentrottelei war vielleicht, knapp vor der schon realisierten Zürcher Uraufführung der Oper »Schlafes Bruder« durch Herbert Willi nach dem R. Schneiderschen Buch, die Ankündigung einer Uraufführung der Oper »Kniefall von Warschau" für 1997/98 durch die Dortmunder Oper, vorerst als Auftragsarbeit an den Potsdamer (aha!) Komponisten Gerhard Rosenfeld – jawohl, und es geht da also tatsächlich um Willy Brandts historische Demutsgeste von 1970, und man darf heute schon gespannt sein, ob Rut oder Brigitte nach Dortmund kommt oder gar beide, um, wenn's noch ärger kommt, vor dem Premierenvorhang per Handschlag auch noch so versöhnt zu werden wie wir es seither mit Lech Walesa sind; auch wenn der, womit (*FR,* 21. 5.) das Danziger Regionalgericht befaßt war, immer noch nicht seine seinerzeit von seinem geistlichen Beistand Pater Fraciszek Cybula bestellten Wasserbetten bezahlt hat.

Eigentlich hatten wir ja die Warschau-Oper von Dr. Diether Dehm erhofft, der aber war im Juni-Juli vor allem wieder mal mit sich selbst gestraft und mit Dauerdementis ausgelastet; insofern Lutz Rathenow um so mehr Zeit und Muße und v. a. Bereitschaft hatte, im Verein mit manch anderen Wahnsinnigen den Adenauer-Preis aus der Hand Kurt Ziesels, ca. 108, entgegenzunehmen; zumal Christoph Schlingensief schon kurz zuvor die sog. Ikone Rudi Dutschke als videogestützte Collage mit einer Gruppe von Behinderten wo abgefakkelt hatte! Genau, in Berlin. An der Volksbühne, wo denn sonst.

Luciano Pavarotti aber ist schwer dafür zu danken, daß er es am 17. 5. den Frankfurter Geldsäcken und ihren Kulturschnallen zeigte, rechtzeitig zum Met-Gastspiel »krank« wurde und so die ein Jahr vorher gierig gerafften 850-Mark Karten wertlos machte – weil nämlich, auch als die *FAZ* es ihnen erklärte, die Blödgänger nicht mehr mitkriegten, daß sie eigentlich Fortüne gehabt hatten, insofern der Ersatzmann Ben Heppner längst der bessere Mann ist. Wozu noch im gleichen Monat sehr gut der Bericht von einem Affen in einer Rowohlt-Neuerscheinung (»Wenn Tiere weinen«) paßte, welcher nämlich auch ausschließlich Pavarotti-Platten hören wollte.

Die so steindumme wie nichtendende Grass-Ranicki-Sache von 1995 erfuhr im Berichtjahr ein paar lichtfunzelnde Fortsetzungen dergestalt, daß der Autor des »atemberaubenden Langweilers« (*Die Presse,* 5. 3. 96) über Fonty und etcetera mit seiner Neuwohnsitzgründung im dafür dankbaren, nämlich erneut asylantenheimbrandgeschädigten Lübeck definitiv »die Nähe zu Thomas Mann« *(Bunte)* suchte; wogegen nicht mal Handke mit seinem Serbien-Schmarren und nicht einmal mit seiner massiven Selbstbezichtigung als »Gerechtigkeitsidiot« und »Ich scheiße darauf, ob ich ein Dichter bin, ich bin ein sprachempfindlicher Mensch« (*stern* 10/96) so ganz ankonnte. Und auch nicht Martin Walser, dem zum begeisterten Dank für sein *FAZ*-Vorabdrucksplacet der 1996 auch darüber hinaus noch stark geoutete Nachwuchsherausgeber Schirrmacher schon dermaßen vorab nachrühmte, sein Roman »Finks Krieg« habe »Bestand«, daß sich sein *FAZ*-Rezensent Gerhard Schulz für seinen Verriß (»Die Langeweile ist der Fluch dieses Romans«) ein paar Wochen zum Wiedervergessen Zeit lassen mußte.

Nein, Grass hielt abermals die Stellung. Zumal zum Dank für seinen Lübeck-Einzug der dortige OB Michael Bouteilliers, und den Namen wollen wir uns auf Verdacht auch merken, ihm, Grass, im besten Goebbelschen Sozialdemokratenstil gegen die böse = zersetzende Kritik beistand und verkündete: »Mann redivivus«. Und daß dann gegen Jahresende mit einer *Spiegel*-Umfrage 1. Grass, 2. Simmel und 3. Heidenreich vom Volk zu den drei beliebtesten deutschen Schriftstellern erklärt wurden, war ja schon fast übertrieben – doch, der Jahresdümmste war halt wieder einmal das deutsche Volk selber.

International bot immerhin das spanische bzw. der spanische Schriftstellergreis Camillo José Cela einigermaßen Paroli, indem dieser seinem Volk mit Erfolg den Gedanken einhämmerte, wenn er schon einst den Nobelpreis gekriegt, habe er endlich auch Anrecht auf den Zaster des Cervantes-Preises – das Volk parierte und gab ihm die umgerechnet 180.000 Mark.

Zum Dummwort des Jahres hat sich, inzwischen weit vor dem ähnlich gesinnten »krass«, das »grell« eingekrallt, bis in die verschnarchtesten Feuilletons hinein; den erhabensten Besinnungsaufsatz des Jahres aber scheute sich im *Spiegel-Extra*-Juniheft nicht zu veröffentlichen der Prof. Hellmuth Karasek – es ging thematisch irgendwie um Schlüsselromane und fand seine peripetische Klimax nach einem unglaublichen Wort- und Satzgemopse in der kathartischen Frage „who cares?«; die Frage ist nur, ob »who shares« nicht doch noch einen Hauch pfeffersackmetropolenbauernschlauer gewesen wäre.

Sprachexpressionistisch fast noch weiter nach vorne wagte sich 1996 Marg. Schreinemakers, die im August nach ihrer berühmten SAT1-Selbstoffenbarung eine »Scheißangst« gehabt zu haben gestand, wogegen ihr Leben mit dem neuen Baby trotz Streß »sauglücklich« sei. Wahrscheinlich ist sie deshalb auch mit ihrer brunzdummen Ehe arschzufrieden – die womöglich noch seichdümmere aber stiftete schon Anfang Februar zwischen dem dabei kurzfristig eingesessenen Konst. Wekker und seiner neuen Frau sein Freund, der Pastor Jörn Thießen aus Itzehoe, der ehemalige Referent von Björn Engholm – nämlich im Rahmen auch von Rjörn Scharping sowie Willy Michl u. v. a. in der Münchner Lukaskirche – leider ließ es sich der dafür nicht mehr zuständige Bischof Wetter deshalb nehmen, allen miteinander zum Segen links und rechts eine reinzuhauen.

Annik Berlin-Wecker hält aber, sollte sie jetzt so heißen, als schönster Doppelname des Jahres mitnichten der Rivalität der zu Ostern von uns gegangenen »Jutta von Selasen-Selasinsky, geb. Bronsart von Schellendorf« (Todesanzeige) stand – Scheidung auf ganzer Linie zu vermelden ist auch auf dem Lothar-Lolita-Loris-Sektor, um so leichter fiel es Kaiser Franz, selber sprachlich die Führung samt Training zu übernehmen und in dieser Eigenschaft »kontuierliches Arbeiten« (nein, das war kein Versprecher, er probierte es vielmehr immer wieder) zu versprechen (29. 4.) – währenddessen laut Züricher *Blick* nach dem EM-Endspiel, auch dieses Sprachunglück war nicht zu umschiffen, »Flasche Bierhoff die Korken knallen ließ.« Und H. Kohl noch in der siegreichen Umkleidekabine dem deutschen Arbeitnehmer gegen den Hang zum Krankfeiern die deutsche Elf als Vorbild empfahl, will sagen: ca. 250.000 Mark z. T. fürs bloße Trainieren in drei Wochen, dazu medizinische Rundumversorgung, Normal-Clubgehalt und div. Werbeeinnahmen sowieso.

»Keine Macht den Drogen!« befahl deshalb 1996 erneut Steffi Graf und haute, während der Vater schmachtete, weiter unterm Einfluß der Schwerdroge Tennisball einen nach dem anderen übers Netz – und sieht überhaupt die Zukunft wieder hell: Auch wenn sie viel später vielleicht doch mal aufhöre, habe ihre Mutter Heidi ihr kürzlich verraten, könne sie »normal gehen und ein tolles Leben führen« (*Bild* 29. 6. 96). »Ein Lächeln von anrührender Zartheit« sieht deshalb heute schon Doris Henkel (Paris) für die *Frankfurter Rundschau* (10. 6.) im glänzenden Tennispokal des ihn gewinnenden Brühler Brotbrockens sich spiegeln, obwohl die Weltrangerste noch kurz zuvor »die Hilfe des Vaters vermißt hat« (*FAZ* 10. 4.); jenes, den sie dann aber im September schon in einem zwei Druckseiten langen Gespräch mit der offenbar auch endgültig verdepperten *Süddeutschen* straff zu Um- und Einkehr und Schuldakzeptanz auffordert.

Erinnert sich eigentlich inner- und außergerichtlich noch jemand, daß S. Graf im Juli des Vorjahres jede Schuld dieses Vaters, von ihrer zu schweigen, im TV-

Interview ca. 756mal als »total-absolut« abseitig von sich wies? Oder daß für die ironisch-musikalische Unterstellung einer gewissen Inzestuosität Peter-Steffi die Popgruppe »Die angefahrenen Schulkinder« 60.000 Mark Schmerzensgeld hinlegen mußte? Und haben Sie eigentlich schon mal irgendwo zwischen *Spiegel* und *FR* gelesen, daß der Mannheimer Justizvorgang, in dem die Tennismaschine weder als Beklagte noch auch nur als Zeugin auftritt, irgendwie nach dem riecht, was man zuzeiten Klassenjustiz nannte, bewirkt vor allem von einer den Tennisautomaten schon vorab mit aller suggestiven Gewalt freisprechenden Schweinepresse von *Bunte* bis *Bild*?

Das deutsche Volk, immerhin, scheint sich trotzdem uneins. Es wählte für die *Bunte* zum Silvester-Scharnier 1995/96 St. Graf sowohl zur »Verliererin des Jahres« (10 Prozent) als auch zur »Frau des Jahres« (19 Prozent). Das deutsche Volk ist also vollkommen nar- – aber das hatten wir ja schon.

Eine nicht ganz marginale Abwägung

Eine mir sehr gewogene und sonst sehr kompetente Hamburger Literaturwissenschaftlerin schrieb über mich in ein Lexikon: »Der Provinzler H., der seinen katholisch geprägten Heimatort Amberg auch spirituell niemals ganz verließ ...« So schön gesagt das letztere, das erstere ist natürlich nicht wahr. Zwar in der Provinz, im oberpfälzischen Amberg, geboren und aufgewachsen: »Provinzler« in diesem und d.h. im üblichen Sinn bin ich wirklich keinen Tag meines Lebens gewesen, nicht mal als Kleinkind, und auch dann nicht, wenn, wie heute fast durchgehend üblich, der Begriff der Provinz keineswegs mehr allzeit pejorativ gemeint ist; sondern eine durchaus denkbare und sinnerfüllte Lebensform eben fernab der – offenbar aber noch immer recht beweihräucherten und kulturell für tragend erachteten – »Metropolen« impliziert. Bei allem Begriffs- und Begriffsbedeutungswandel: Ein geistiger Habitus des Beschränkten ist der Provinz eigen und definiert sie ja eben – der Begriff steht halt spätestens seit Flaubert stellvertretend fürs Beengte, Kleinkarierte, Zurückgebliebene, Philiströse, Seelenverkümmerte, oft auch für eine spezielle und sehr tückische Torheit – und wer schon möchte deshalb all dem angehörig sein? Nein, dieser Provinz möchte keiner zugehören, und ich schon gleich gar nicht; sondern, auch wenn der süddeutsche Kritiker aus München (geboren aber: in Aalen) darüber leicht amüsiert spöttelt: Der »Weltgeist« kommt schon seit spätestens 1971 aus »Amberg«, das aber eben dadurch eben grad nicht mehr Provinz ist.

Was aber die Literaturwissenschaftlerin (ich weiß es) gewiß meint: Wohl fühle ich mich allzeit der »Heimat« verbunden, und das nicht nur »spirituell«, sondern auch per Bratwürstl und Fichtelbrunner Bier und semispirituell via allerlei Maria-Schnee-Kirchlein, und ich hab das der sehr nördlichen und deshalb vielleicht etwas heimatlosen Literaturprofessorin auch gesagt –: der

Heimat als einem trotz Bloch und Ludwig Thoma und Eichendorff und trotz aller gleichfalls in den letzten Jahrzehnten gleichfalls erfolgten Begriffsüberprüfung da und dort gleichfalls noch immer dubiosen und belächelbaren Terrain.

Die fast immer belustigte, sich besserdünklerische und partiell auch ja berechtigte Reaktion unserer aufgeklärten Kreise auf Composita wie »Heimatfilm«, »Heimatmusik«, »Heimatmelodie« war mir früh, seit circa dem zehnten Lebensjahr 1951, vertraut – dies beiseite beinhaltete für mich der Begriff Heimat gleichwohl immer nur Freundliches, Vertrauensvolles, Gemütvolles, wie im gleichnamigen Brahmsschen Chorlied ein gleichsam schwebend Geborgenes; immer also ein Positives – auch wenn ich ihn dann z. B. 1986 in der Kleintextsammlung »Blick in die Heimat« (im Gefolge einer vollends narrisch gewordenen Polizeimeldungs-Kolumne eines fränkisch-weißenburgerischen Lokaljournalisten) selbstverständlich auch – auch – ironisch-negativistisch verwende. Die Suggestion und blindwütige Aufrechterhaltung von gemütvoller Heimat gerade da, wo sie gerade garantiert nicht mehr ist, sei's durch den Kanzler Kohl für seine Schuhkartonbungalows im schönen Oggersheim, sei's durch rabiat törichte Provinzpresse und allerlei lärmig assoziierte Folkloregruppen – die sind natürlich auch ein Thema. Und waren z.B. mir auch immer ein literarisches, ja über Umwege sogar poetisches. Aber nicht nur und nicht in erster Linie. Ich wüßte wirklich nicht – auch und gerade heute nicht –, was das Gefühl von Heimat, verbunden mit einer schon unverdient wunderbaren Kindheit, groß »brechen«, »relativieren«, »ironisieren« sollte. Die kruden und dummen Beschädigungen dieser Heimat sind das eine – der Heimat approximative Kongruenz mit einem Gefühl fürs Poetische, ja Paradiesische das andere. Um es sehr verkürzt zu sagen: Ohne dies Gefühl für Heimat wäre meine Schriftstellerarbeit nicht denkbar – noch am Schreibtisch und in der täglichen Schreibtischfron gilt und stärkt Eichendorffs von Schumann vertontes und tränentreibendes Wort: »Aus der Heimat hinter den Blitzen rot da kommen die Wolken her« – und das ist speziell von Amberg aus gesehen präzis: Ammerthal, Siebeneichen und Sulzbach-Rosenberg.

Kurzum: Blochs vielzitierte Formel, Heimat sei, wo noch nie einer war, ist mir ein bißchen gar zu vielzitiert und spektakulär und auch spekulativ. Ich war schon da. In der mittleren Oberpfalz. Kurios nur, daß über Eichendorff doch auch noch das schlesische Lubowitz und die Karpaten irgendwie dazugehören.

Hermann Lenz zum 85sten

Reichsverweser deutscher Poesiegesinnung

Was viele nicht wissen dürften: der bei Lesungen und auf Fotos stets so zart und fragil und vergeistigt wirkende Schriftsteller Hermann Lenz ist ein üppiger Frühstücker und Imbißfreund, zumindest dann, wenn er dabei ein üppig ausladender Gastgeber sein darf. Dann darf sich so ein Gelage schon mal über drei Stunden hinziehen, ständig pointiert vom Leckereiennachschub seiner von manchen Romanen her nicht unbekannten Ehefrau Hanne, die wohl mehr noch als im Fiktionalen und weit übers Autorenehefrauenübliche hinaus eine leidenschaftlich anteilnehmende Causeuse in Sachen Literatur, Literaturbetrieb und überhaupt allem ist – natürlich auch in ihrem eigenen Fach, der Kunstgeschichte.

Was vielleicht auch nicht gar so bekannt ist: der Dichter Lenz, der vorzüglich durch seine Bücher als Inbild von Noblesse und Bescheidenheit gilt, ist in Wahrheit gar nicht so uneitel. Z. B. wenn es darum geht, welche der in Zeitungsredaktionen zuhandenen Fotos von ihm Verwendung finden. Nicht genau allerdings herauszukriegen, welche ihm besonders zusagen: Der schwäbisch Schillersche, auch ein wenig Blochsche Feuerkopf? Der mehr spiritualisierte Reichsverweser deutscher Poesiegesinnung in einem im Auslaufen besonders unpoetischen und schalen Jahrhundert? Wohl am ehesten die jugendlich wirkenden. Denn daß er heute 85 geworden ist, hört und liest Hermann Lenz gar nicht gerne; weder in München, dem Wohnort seit 1975, wo man ihn heute ziemlich medial ehren wird; noch wird er aus dem preußischen Berlin gern daran erinnert. Es geht aber nicht anders.

Unversehens ist er in die Rolle des Doyens seiner Berufsgruppe hineingewachsen. Gern auch das nicht, schon aus physischen Gründen. Noch vor einem Jahrzehnt sehr stabil, geht es ihm heute, seit ein-zwei Jahren, nicht mehr so gut. Glaubwürdig, wenn auch nicht übertrieben lamentös, teilt Hermann Lenz mit, daß eins nicht ungestraft 80 und inzwischen weit darüber wird. Herz und Lunge machen beim Treppensteigen, sogar bei kleinsten Ausläufen Mühe; an größere Arbeiten ist nicht mehr zu denken. Die Lebensfreude aber ist noch in genügenden Dosen präsent, vor allem als Neugier auf jene Literatur und ihren Betrieb, denen Lenz seit sage und glaub's kaum 62 Jahren angehört.

Lange Zeit, wie bekannt, nicht gar so erfolgreich; und, weil das Werk noch in die Nazijahre hineinragt, mit einer recht uneinheitlichen Präsenz. Hermann Lenz' Zweitentdeckung fast 40 Jahre nach seinen Anfängen, seine Auferstehung fast wie Phönix aus der Asche und nämlich in der Folge eines hymnisch-werbenden Artikels des Lenz-Lesers Peter Handke in der *Süddeutschen*, hat ihn seit Mitte der 70er Jahre zu einem bekannten, prominenten, vielgeehrten Autor gemacht und ihm nach manchen Jahren der Entbehrungen, der Verbandssekretärs-Brotarbeit und des Ausharrens im zweiten Glied schon fast wundersam ein pekuniär abgesichertes und in der Selbstwertschätzung auskömmliches Alter beschert – werweiß Handkes gescheiteste Tat in seinem Leben, vielleicht sein geheimer Sinn im noch geheimeren Weltenplan. Bei Handke kam der Erfolg mit 20, bei Lenz mit 60; die beiden so unterschiedlichen Schriftsteller sind aber auch befreundet und halten auf eine fast vorskurrile Art guten Kontakt miteinander. Schwer vorstellbar, aber es geht offenbar: Handke bezieht bisweilen das kleine Lenzsche Anwesen in Schwabing als Arbeitsrefugium.

Auch so etwas wie ein Paradigmenwechsel: Im Handbuch »Autorenlexikon der deutschen Gegenwartsliteratur« von 1975 kam Hermann Lenz schon vor, aber eben so grade schon mal; mit einem Drittel des Textumfangs des damals noch ungleich höher taxierten Namenskollegen aus Hamburg. Was ein Zufalls- und Legenden- und Falscheinschätzungsgebräu, dieser Literaturbetrieb!

Immerhin stimmt da schon die für Lenz' Prosapoesie integrale Kategorie der gleichsam sich selber historischen »Wehmut«. Ansonsten hatte sich dieser Dichter bis 1975 mit dem wenig dankbaren Begriff des »Geheimtips« abzufinden – und auch heute, so weit schießen die Handkes und ihre Subpromotoren nicht, ist er es zuweilen immer noch und immer wieder mal. So sehr Verlage und Medien und Preisungsgremien ihn seit einem Vierteljahrhundert hofieren.

Lenz genießt auch die etwas zweischneidige Fama, einer der »Stillen im Lande« zu sein. Hinter diesem fast immer gedankenlosen Klischee steckt ja nicht nur die Unterstellung inkludenter Größe, sondern auch eine recht ungut deutsche Ideologie des Guten, Wahren, Schönen; hier ergänzt um dessen lautloses und darum gewissermaßen höheres Auftreten. In der Tat ist und war Lenz nie Krachmacher, niemals selbstinszenierter Oppositionsführer oder gar Nebenkanzler wie jahrzehntelang so mancher Danziger oder auch Bodenseeanrainer; selten auch Unterschriftsteller für dies und das. Eher mahnt Lenz, als Autor wie als Privatperson, verschmitzt und schlitzohrig, seine Bücher zielen mitunter auch in Bereiche von Boshaftigkeit und Aufsässigkeit, welche man über der dominanten und wohl einer frühen Prägung gehorchenden »Innerlichkeit« und ihrer Poetik des lyrischen Parlando, des Understatements und der Ironie keineswegs überlesen sollte. Und es sah nämlich Lenzens wirkliche und angebliche »Tranquillität« (G. Polt) als Disengagement sich zuzeiten auch durchaus manchen anderswilligen Attacken ausgesetzt – Lenz war »der letzte Konformist«, so ein offenbar nicht sehr wohlmeinender Kritiker. Aber umgekehrt konnte schon auch Hermann Lenz kämpfen und austeilen. So wenn er sich in mehr oder weniger autobiografischen Romanen wie »Der Wanderer« (1986) und »Herbstlicht« (1992) gewisser berufsspezifischer Potentaten und Wichtigtuer aus seiner Zeit als schwäbischer Schriftstellerverbandssekretär 1951-71 erinnert. Längst benannte Lenz sein Romanpersonal da allerdings nicht mehr unter bürgerlichen Namen wie er es noch im Roman »Verlassene Zimmer« (1966) tun wollte, was ihm der juristisch beschlagene Verlag ausreden mußte. Sondern änderte die Namen leider kaum durchschaubar – so wie er aus seinem eigenen den »Eugen Rapp« machte. Dessen Glücklichsein natürlich ziemlicher Spott, ja Hohn ist. Sich dieser Zeit episch erinnernd, kann Lenz-Rapps Ironie bitter, in ihren Wiederholungen sogar etwas penetrant sein. Gewisse Wunden verheilen scheint's halt nie ganz.

Aber auch der Ruhm hat seine Tücken. Ab 1978 wurde bei jenem, der sich schon visuell und typologisch bestens dafür eignet, die Sache fast bedrohlich, wurde Hermann Lenz derart mit Preisen und Orden und roten Teppichen behängt, daß fast zu fürchten stand, ein Werk würde darunter verschüttet und einbetoniert, zumindest ins Unkenntliche übertüncht. Das Werk war offenbar stark genug, auch derlei freundliche Zumutungen schadlos zu überstehen. Kraft eben seiner selbst und seiner Integrität, mit der es sich auch gegen die Vereinnahmungen durchs Feuilleton und durch die manchmal weniger wünschenswerten Leser sehr wohl gefeit zeigt.

Zum heutigen Geburtstag darf deshalb befugt beglückwünscht werden – und sogar doppelt: Koinzidiert doch der 85. Geburtstag des Her-mann Lenz auf den Tag genau mit dem 40. meines Freundes und Mitarbeiters und Grafikers Her-ibert Lenz – und gegen diese in toto 125 Jahre deutscher Kulturwertarbeit ist ja dann wirklich und ohnchin kein Kraut von vornehmerer Zurückhaltung mehr gewachsen.

Peter Handke ins Stammbuch

O Peter Handke! Was
müssen
wir da wieder lesen? »An einem
schneeigen Winterabend trat er aus dem tief eingeschneiten
Waldhaus«!
Was? Wer? Ist gar nicht wahr? Sondern
das Buch, Ihr neues Buch (Frühjahrsproduktion),
heißt in der Tat und Wahrheit vielmehr:
»In einer dunklen Nacht ging ich aus meinem
stillen Haus« (Suhrkamp)
–naja, ist auch keine besondere Verbesserung, aber ist ja
auch gleich und wurscht, kann sich
eh keiner merken, den Titel, du, Peter
Handke, ja doch auch nicht, nicht einmal bis
zum nächsten und schon wieder langsam
anrückenden »Bücherherbst« (M. Reich-Ranicki) –
aber: worauf ich hinaus will, Peter Handke, warum,
Peter Handke, schreibst Du nicht einmal nach
»Die Stunde der wahren Empfindungen«, nach »Ein
Jahr
in der Niemandsbucht« und nach »In einer stillen
Nacht schritt ich rasch aus dem dunklen Holzhaus«,
also nach all dem blöden g'schneckelten
Titel-Scheißdreck,
ein Buch mit einem anständigen Titel, also
sag'ma amal: »Leberkäs mit Ei« –
- oder: »Peter Handkäs mit Musik« –
oder, wann's schon a so a langer Titel sein muaß,
den wo sich dann halt neamand merken kann, du aa net,
Päta
Handke, du scho glei goar net, – also zum Beispiel:
»Nachdem der Tormann aus lauter Handkäs – halt: aus
lauter Angst den Elfmeter durchgelassen hatte,
fraß er am Abend im Stehausschank in München-Sendling eine Bratwurst mit Senf und Handkäs, ehe

er dann in der Nacht wieder sein stilles Haus betrat,
um noch so circa
1 Kasten Bier wegzurichten« –
Ha? Warum nicht, Peter Handke?
Wos? Jetzt willst ihn, den Titel?
Noja, also. – Warum net? – Warum net gleich?
Also, hawedeere dann.

Ganghofer im Wunderland

Hermann L. Gremlizas neuer Glossen- und Essay-Sammelband (*konkret*-Verlag) ist wiederum derart 1a bis primissima oder jedenfalls mindestens dreimal mehr wert als dreimal eintausend Seiten Handke, daß ich's hiermit bewenden lassen kann.

Der Herr Karl

Ob es wirklich wahr ist, daß, wie man seinerzeit viel las und heute noch liest, die Österreicher die Uraufführung des »Herrn Karl« 1961, die beiden Autoren Helmut Qualtinger und Carl Merz zumal, mit dem Haß der theatralisch Entblößten und Durchschauten verfolgten; oder ob das Gerücht davon schon seinerzeit zum Stück gehöriges Presseprodukt war, ein kalkulierter und gutverkäuflicher Mythos, ein sich immer mehr verselbständigender und dabei immer wahrer und/oder falscher werdender Erwartungsautomatismus der damals häufig sogenannten Kulturindustrie; oder eben doch ein klassischer Fall von wildgewordener kollektiver Verdrängung, des »Anschlusses« und der österreichisch-großdeutschen

Hitlerei nämlich: das war mir nie so recht klar und wird heute, nach 34 Jahren, immer noch unklarer, ein immer undurchdringlicherer Nebel aus Historie und Legende.

Umso klarer, umso fester steht für mich, daß Haß und Argwohn und Ressentiment für den grandiosen, an Glanz und Gewicht mit den Jahren beinahe noch zunehmenden Einakter und seinen einzigen Akteur, den monologisierenden Herrn Karl, zumindest aus einem Grunde recht unverständlich sind: Es mag dieser »Herr Karl« (gespr.: Korl) ja ein Spießer, ein Konformist, ein Opportunist sein – seiner objektiv unerquicklichen und fiesen Züge ungeachtet verfügt er aber in allerletzter Instanz und Konsequenz über etwas durchaus Sympathieträgerisches, etwas tatsächlich Unwiderstehliches. Er ist eine freundliche Figur, eine (die Nagelprobe), die man gerne im Leben kennenlernen, die man sehr gerne in sein Haus vorlassen täte. Wer, welcher Deutsche zumal, vermöchte schon so schön und richtiggehend kultiviert »Schmä zu führen« und dabei seine schwer dumme wie in ihrer exemplarischen Prägnanz schon wieder fast erhabene Vita zu referieren? Wer so inständig über die drei »Gattinnen« zu reflektieren – wer so ingeniös von seinem zum Blockwarttreffen reimmigrierten »Führer« und wie ihn dieser »og'schaut hat mit seinen blauen Augen – da hob ich olles g'wußt!«

Nein, den Artmann täte ich nicht gern in meiner Wohnung als Logiergast haben, auch den Wolfi Bauer kaum, vielleicht nicht einmal den, wie man gehört hat, allzu penetrant dominanten Helmut Qualtinger – seinen Herrn Karl aber jedenfalls eine Woche lang sehr wohl, meinetwegen sogar mit ein paar seiner »Freind' und Haberer« dabei, Verdienst ist dies nicht allein seines ersten und unübertroffenen Großinterpreten Qualtinger, sondern wohl gleichermaßen des schon halbvergessenen Dichters Merz, der da damals einen Text gesponnen und gewoben hat, vor dessen Dichte, Witz, Prägnanz, Lakonie und Timingkunst das gesammelte hochnotpoetische Geschwätz derer auf Büßerwallfahrt gehen müßte, die uns von Handke bis Jonke österreichische Literatur vorstellen möchten. Was ein Schmä. Nein, ob's die Germanistik mir hier schon glaubt oder erst im Jahr 2005 f.: Die einzige überragende Figur aus diesem »kotelettförmigen Land« (B. Eilert) seit Doderer stammt von dessen Schülerverehrer Qualtinger und von Carl Merz; und während ich das, drei Finger hoch zum Eid, hier niederschreibe, merke ich: den Herrn Karl, den würde ich sogar sechs Wochen bei mir einquartiert haben wollen, mir nämlich zur Belehrung: »Hören S', do hätt'n S' wos fürs Leben!«

Republik Österreich

Altgediente Leser mögen es mir bestätigen: Ich bin gewiß ein mutiger, ein furchtloser, ein unerschrockener Mann, seit fast 18 Jahren bin ich vor nichts zurückgezuckt, hat's mir vor praktisch nichts gegraust, habe ich noch die klebrigsten Dinge mit meiner kritischen Wahrnehmung beehrt. Aber die österreichische Politiker-Anekdoten-Sammlung »Die ganze Republik ist Bühne« von Gerhard Vogl (K & S Verlag) zwingt mich nun doch dazu, die Waffen zu strecken. Man kann sie nicht besprechen. Die ist einfach zu bleeed.

Noch ein politisches Gedicht

Diether Dehm
Soll sich schem.

Herr Eckhard H.

Kafka, dies und jenes

»Aus der Mülltonne seiner Angst« heraus wurde laut *FAZ*-Feuilleton vom 11.11. (und Datum est hier sicher omen) 1994 der Dichter Franz Kafka zugunsten seines 70. Todestages in der Oberurseler Christuskirche einer verdienten Ehrung unterzogen, und zu verstehen war das, dem Koordinator und Kommentator dieses »Literarischen Konzerts«, Otto Leibl, nach zu schließen, so, daß Kafka nämlich aus jener auf dem Altar postierten und mit Heidekraut und Osterglocken gezierten Tonne zusammen mit eben diesen beiden heraus erblühe, entgegenblühe nämlich der dort gleichfalls erfolgten Uraufführung des Stücks »Laudate Dominum – da singt Kafka«.

Sonst aber war mit Kafka im Todesjubiläumsjahr 1994 nicht allzuviel los, die sich zuletzt akutest verschärfenden Divergenzen zwischen der revidierten Fischerschen »Kritischen Kafka-Ausgabe« (KKA) und der Stroemfeldschen »Frankfurter Kafka-Ausgabe« (FKA) interessieren ja doch mehr die nationalen und globalen Kafkaphilologen, die Leser der *Zeit* (30.12.94) und vielleicht die jetzt verwirrten der Katholischen Nachrichtenagentur, sowie die FKK-Anhänger; zum Auswendiglernen des genialkomischen »Amerika«-Romans hat eigentlich auch die alte, editorisch sicher etwas korrupte Max Brodsche Version getaugt, und dies sogar besser, weil geeigneter zum Rumtragen in der Jackentasche (Fischer TB).

Nein, sonst aber war nicht gar zu viel los im (haben Sie's eigentlich mitgekriegt, he, Sie?) Kafka-Jahr 1994. In Weimar las Einar Schleef leider nicht tagelang aus Kafkas Felice-Briefen, sondern aus Faust II, und nicht einmal das, sondern er wurde kurzfristig durch einen leider nur stundenlang Nietzsche lesenden H. Wollschläger ersetzt; indessen bei diesem von ihm selbst gesamtheitlich besorgten »Happening« (*FAZ*) und irgendwie von unseren Solidarbeiträgen finanzierten »Kunstfest

Weimar« der Hans-Jürgen Syberberg weder F. Kafkas »Schloß« veroperte, noch auch nur seinen hauseigenen Wagnerschen »Parsifal« vorführte; sondern dies tat für ihn am Opernhaus Nürnberg, nachdem auch dort der scheint's völlig außer Tritt geratene E. Schleef hatte absagen müssen, kongenial und nämlich unnachahmlich gegen den Strich, nämlich auf dem Strich des erbarmungslosen »Hinterfragens«, nämlich derart rücksichtslos »Wagner hier die christliche Decke wegziehend« Bernhard Sinkel (dieser hier zitiert nach der *FAZ* vom 22.11.94), daß selbst Hans Neuenfelsens Stuttgarter Neudeutung von Wagners »Meistersingern« und ihrer Eva als einer Traumfrau irgendwo zwischen Greta Garbo und Hanna Schicksula o. s. ä., obwohl weit über Neubayreuth hinausgehend, irgendwie doch die Luft zum sattsam genugen Lärmen wegblieb.

Geschweige denn für den leisen Kafka Franz noch viel Hallraum zum äquivalenten Jubeln verblieb; kurz vor Jahresende schaffte es dann doch aber noch einer, zu Kafka auch im Todesjahr die rechten Worte zu finden, und es war dies aber kein anderer als der bewährte Springer-Journalist, Deutsche-Grammophon-PR-Text-Autor, Ex-Karajan-Hofzeremonienmeister und überhaupt Spitzenschmock Klaus Geitel, der in der »Welt des Buches«, vom Diogenes-Verlag, in der Verlagsreklame dann froh, ja beglückt zitiert, dies zuwege brachte:

»Die Geschichte der Highsmith rangiert in der allerhöchsten Kategorie, in der sich die Grenzen zwischen Thriller, Unterhaltung und ernster Literatur verwischen. Von dieser unterscheidet sich das Erzählwerk der Highsmith nur durch seine Lesbarkeit. Sie ist, mit einem Wort, schlicht und einfach wie Kafka.«

Und stringenter kann man die Kafka oft leidig angedichtete Kryptik und Einfachheitslosigkeit ja nun wirklich nicht zurückweisen; besser kann es, wenn auch in seinem Fall über die Bibel und Ernie Hemingway, ja nicht einmal Al Strong in Worte bannen.

Heine, Ringelnatz, Brecht u. ff.

Auf ihr klassikervornehmes, inselkulturmäßiges Büchlein »Gedichte 1954-94«, also auf die vorläufige kanonische Gesamtausgabe, haben der Dichter Robert Gernhardt und sein Haffmans Verlag eine Schärpe gemacht, auf der drei offenbar lobende Kritikerstimmen abgedruckt sind, nämlich Verwandtschaftsvergleiche mit Heine, Ringelnatz und Brecht.

Martin Halter, *Badische Zeitung*: »Ein Heine für unsere Kreise.« Welche Kreise auch immer Halters sind und werweiß im Unterschied zu denen dessen: Gernhardts Lyrik hat mit der Heines zu allenfalls 5 Prozent zu tun, in den relativ wenigen Fällen, wo sie mehr gefühlig und melancholisch wird als witzig; genuin witzig aber ist umgekehrt Heines Lyrik so gut wie nie.

Christoph Hahn, *Aachener Zeitung*: »Von ringelnatzischen Gnaden«. Mit der allzeit stark inferioren, wie ständig angedudelten, in Einfall und Durchführung praktisch immer hochunbegabten Nonsens-Humoristik Ringelnatz' verglichen zu werden, ist eher eine Beleidigung. Wahrscheinlich meint der Aachener auch Morgenstern. Der allerdings ist zwar weniger beleidigend; als Vergleich aber wenigstens fast noch falscher.

Jörg Drews: »Ein legitimer Erbe Brechts«. Da will es der Bielefeld-Münchner Professor besonders genau wissen und etwas so Neues wie Überrumpelndes sagen, und tappt nur besonders rempelnd rüpelnd daneben: Höchstens drei Gedichte Brechts (also ca. 0,7 Prozent), etwa das von den »Alten Mauren«, erinnern entfernt an Gernhardt; fast nichts von Gernhardt aber mahnt an Brecht.

Ganz abgesehen davon, daß der Prof. Drews bei ihm nachweislich erst nach »Wörtersee« zu lesen angefangen hat; den primär komischen Gernhardt, noch jenseits der späteren, mehr erlebnislyrischen Produktionen also mit Gewißheit gar nicht kennt.

Ich nehme an, daß der Dichter und sein Verlag hier doppelstrategisch operiert haben. Erstens den Kunden zu dienen, die solche besinnungslosen Sprüche noch besinnungsloser lesen wollen. Zweitens in Notwehr; die Zitate schon seit jeher sind.

Fontane-Jahr 1998

Wohl hat mir persönlich zuletzt das führende Tübinger Ehepaar Inge und Walter Jens Fontanen leidlich verleidet, indem es sich selbst, und das fällt partiell wirklich auf den daran nicht ganz unschuldigen Dichter zurück, bei jeder sich bietenden Gelegenheit »heitere Fontanesche Gelassenheit« bescheinigt hat; und auch hat G. Grass' unermeßlicher aktueller Romanquark um Fonty und das hochsymbolische Paternosterunwesen nicht eben zu meiner lang überfälligen Wiederannäherung an Fontane beigetragen. Eher könnte das schon bewirken und bewerkstelligen Alwin Streibl in meinem eigenen Roman »Die Mätresse des Bischof« von 1978, wo er mitten im Hallenbadcafé zwar Fontane als Lektüre »für Jugendliche, für Schulkinder« (S. 251) zurechtrückt; kurz darauf aber auch Fontanens Hauptwerk-Buchtitel in »Die Stichlinge« und »Evi Brest«. Denn wie moniert keine drei Jahre später der Dichter Robert Gernhardt alias Lektor Lincke im Brief an Theodor Fontane: »Sodann Ihr Stil! Schon wenn man liest, / daß Ihre Heldin Effi briest, / ist Ihre Ignoranz erwiesen; / Die Deutsche Sprache kennt kein ›briesen‹.« Eben. Und erst nämlich ein derart durch Streibl-Gernhardt gereinigter Fontane könnte jenseits von Jens-Grass usw. Und dies auch und gerade im anstehenden Fontane-Jahr usf.

Fontane

Der erste Teil der allfälligen Theodor Fontane-100-Jahr-Feiern in Neuruppin/Brandenburg und anderswo klang erst mal aus – das bisher schepperndste und lautstärkste und widerwärtigste Novum war ein allerdings schon eine Zeitlang zu befürchtendes: daß nach dem ein gutes Jahrzehnt lang alles und jedes »mit Fontanescher Gelassenheit« kommentierenden und überstehenden Ehepaar Inge und Walter Jens (zahlt man für derlei eigentlich Stand- und Mietgeld? Kriegt man umgekehrt von den Fontane-Verlagen was dafür?) unsere derzeitige, noch weit vor Kohl, Hauptlast, der noch amtierende Bundespräsident Roman (»Quod dixi dixi«) Herzog, nachdem er kurz zuvor schon erfolgreich Heine und Brecht kassiert hatte, jetzt egalweg auch noch Fontane dem Grass ent- und sich selber unter den Nagel gerissen hat.

Obwohl doch für den eigentlich die beiden Wanderungs- und Postillonspräsidenten Scheel und Carstens zuständig gewesen wären. Welche beiden samt Weizsäcker der Herzog aber damit wirklich an Ekligkeit schon weit hinter sich gelassen hat. Wahrscheinlich glaubt er nämlich langsam plötzlich selber, er sei ein Heine-, Brecht- und Fontaneleser.

Und gegen solche – während Kohl ja seinen Tucho gar nie las und das aber auch weiß – Autosuggestionen ist ja sogar Ihr Oberanalytiker Hans Mentz komplett machtlos. Es hilft da auch nichts, wenn ich der niederbayrischen Karrierenudel nachweise, daß er den Fontane-Roman »Der Stechlin« mit dem Schrobenhausener Pfarrjugendkabarett »Die Stechmücken« verwechselt – er glaubt es nicht und schwallt halt einfach weiter.

Nochmals: Fontane-Herzog

Prompt ist eingetreten, was ich vor Wochen leidvoll wähnte: daß Roman (»Ruck«) Herzog nach Heine und Brecht sich nun auch noch zu dessen 100. Todestag Theodor Fontane unter den niederbayerischen Nagel nieten würde. Er tat's bei den Feierlichkeiten in Neuruppin egalweg mit dem angeblich Fontane entlehnten Ruf nach einer »Kultur der Toleranz«; nachdem er, der Präsident, ja schon vor zwei Jahren, ist doch scheißegal, mehr »Wagniskultur« eingefordert hatte.

Die Ruckkultur traut er sich vorerst noch nicht, dafür wollen wir derweil fürs Weltgericht (und auf die Watschen Gottes für Herzog freu ich mich heute schon) festhalten, daß die bayerische SPD mehr »Teilhabekultur« (für Schüler) eingeklagt, Werner Welzig in seiner Eigenschaft aber als Präsident der Österreichischen Akademie für Österreich eine »Kulturkultur« bereits fest gebucht hat. Nämlich in der direkten Folge der inzwischen auch schon fast hundertjährigen Karl Krausschen »Pestkultur« sowie der Joachim Kaiserschen »Legatokultur«, die dieser Tage aber erst ihren 50sten feiert. Angesagt hat sich, von Neuruppin einrauschend, dazu Roman Herzog, um ihr die süddeutsche Kultur nachzuschleimen – sei's drum, wir unsererseits haben, wie der Präsident, ja auch noch die Präsidial Kultur und überhaupt jeden Scheißdreck bisher immer letztlich bestens überstanden.

Nach dem Fontane-Jahr

Effi Briest:
Das ist wie
Biest (Tier) plus R (ollo).
Erst durch den Hund Rollo,
so will uns Fontane sagen oder
jedenfalls andeuten, wird
das animalische Wesen »Effi« zum,
dialektisch genug,
vollgültigen
Menschen »B*r*iest«...
Jawohl.

Eckhard Henscheid,
wer denn sonst

Allerlei los

Manchmal kann ich ja den Diedrich Diederichsen, den Dietmar Dath, den Dieter Dorn und den Dr. Diether Dehm (»SPD«) nicht so ganz auseinanderhalten, wer für was zuständig ist, also der letztere wohl für Stasi, Biermann und Stein-wäscht-Wasser-Hymnen, der vorletzte mehr für modernes Entrümpelungstheater ausgerechnet in der Oktoberfest-Rumpelstadt da unten im Süden, dann die anderen zwei wohl für Pop, mindestens einer davon außerdem für Nanologie, werweiß sind ja alle vier leicht humoristische oder gagaverdächtige Fälle, eben schon (denn dergleichen ist kein Zufall, sondern man tut sich es an oder es prägt von Geburt weg) wegen ihres stabreimsüchtigen Doppelinitials sowie auch vom genuin Dietermäßigen her –

– heute indessen glaub' ich zu wissen: besonders bescheuert innerhalb der verdächtigen Vier ist mit großer Gewißheit vor allen anderen ja jedenfalls und zumindest zurechnungsschwach: Diedrich Diederichsen: insofern dieser zuletzt in seinem PC-Buch »Politische Korrekturen« (Köln, 192 Seiten) meinen Kollegen Eckhard Henscheid irgendwie als Verursacher des Gesamtbösen in dieser Welt vorführt, obwohl der doch, was aber der Diederichsen sicher nicht weiß, nur der Verursacher einer romantischen Marientrilogie, eines Opernbuchs und einer Kulturgeschichte ist –

– einmal im Schwung überführt D. Diederichsen dann aber auch noch meine jungen Freunde Gerhard Henschel und Wigl. Droste als Kriegsgewinnler der PC, obwohl auch die doch nur vor allem eins getan haben: PC-Schleimfiguren von rechts bis links, von Jens über Alt bis Schorlemmer als solche vorzuführen. Und daß der Wolfram Schütte (*Frankfurter Rundschau*) dem Diederichsen in seiner Rezension recht gibt, indem er die PC-Verarscher des »Darwinismus« zeiht sowie »grosso modo« eines »a-moralischen Konformitätskomplexes«, das war zu erwarten, weil nämlich der Schütte grosso toto auch verrückt ist und also eigentlich Dietram Dütte heißen müßte.

Da trifft es sich gut, daß sich dieser Tage auch der Pastor Schorlemmer nicht lumpen läßt, sondern in seinem neuen Aufrüttelwerk »Eisige Zeiten« (München 1996) Klaus Bittermann und abermals Gerhard Henschel als Lumpen dingfest macht, nämlich genauer gesagt nicht ansteht, beide für ihre Vorführung des »Gutmenschentums«, zu welchem sie eben auch Ranschmeißer- und Abstaubergestalten wie ihn, Schorlemmer, rechnen, im Kapitel »Selbstekel vor Edelzynikern« als was zu entlarven? Genau, als »diese kaltschnäuzigen Zeitanalytiker ohne Arsch in der Hose«.

Schau an. Hoffentlich übernimmt sich da der sonst so friedfertige Pastor nicht vor lauter arschgewärmter Kraft.

Alles wird gut

Neues von und zu Nina Ruge
Von ihrem alten Verehrer Eckhard Henscheid

Sie überzeugt durch dick und dünn, sie beeindruckt von links bis rechts: für *konkret* ist sie eine »unglaubliche« Frauensperson, für den *Gong* immerhin noch »unsere derzeit ragendste gesamtgesellschaftliche Zumutung«. Sie bekommt, las man, pro Tag bis zu 30 Heiratsansuchen, sie steht für die etwa gleichgesinnte *Bunte* als Beweis für die zunehmend nimmermüde Schönheitsentfaltung der Frauen jenseits der 40, und sie selber hält sich, ihren nimmersatten Faxen und Grimassen und Kopfherumwerfungen vor der Fernsehkamera nach zu schließen, für gleich noch viel schöner; unwiderstehlicher selbst als Bärbel Schäfer, Bettina Böttinger, Judith Schulze-Loh und Ruth-Maria Kubitschek zusammen, kurzum: für mich, für mich persönlich, ist sie seit Jahren und fast konkurrenzlos das Scheusal schlechthin, die Inkarnation des modernen Bösen in der Welt, ein Inbild, ein Emblem, ein höchst vitales Realsymbol der nach wie vor waltenden und wütenden und uns zur auch weiterhin ewigen Verdammnis zwingenden Erbsünde.

Und ausgerechnet diese unermeßliche und unfaßliche Person, die Fernsehschaffende Nina Ruge (ZDF), verabschiedet sich regelmäßig und am Ende ihrer ebenso unerklärlichen wie praktisch schon alltäglichen Kurz-Sendung »Leute heute« (»Aktuelles Journal mit Nina Ruge«) von ihrem um diese frühe Zeit (17.45 Uhr) tatsächlich schon zugeschalteten Resignierten-, ja Hoffnungslosenpublikum keineswegs mit den Worten »Schönen Abend noch«, keineswegs mit dem eigentlich erwartbaren »Tschüssi« oder meinetwegen auch mit einem strahlend zähnebleckenden »Bussi-allerseits« noch auch etwa mit einem ausreichend inferioren und doch verblüffenden »So long, friends«. Sondern mit den drei noch viel überraschenderen Abschiedsworten: »Alles wird gut«. Mit einem augenzwinkernd halb gehauchten, halb schlafzimmerschwül gegurrten, zudem noch utopische Zukunft beschwörenden, aber auch den schon waltenden Status quo fixierenden »Alles wird gut«.

Auf den ersten Klangzauber hin gemahnt das Ruge-Wort an den alten langjährigen *Bild*-Zeitungs-Appell »Seid nett zueinander«. Auf den zweiten an den längst verblichenen und derart wiedererweckten Fünfziger-Jahre-Schlager »Es wird ja alles wieder gut, nur ein kleines bißchen Mut«. Auf den dritten sodann an die Genesis: »Und Gott sah, daß es gut war«. Erst auf den vierten und längst vollends berauschten Hörblick aber wird das Wort wirklich klassisches Fleisch und findet seine wahre Zitatheimat – Eichendorff, der berühmte Schlußsatz seiner berühmtesten Novelle, des »Taugenichts«: »Und von fern schallte immerfort die Musik herüber, und die Donau rauschte dazwischen herauf – und es war alles, alles gut!«

Eichendorff. Eine Liaison Nina Ruge – Joseph von Eichendorff. Es darf nicht wahr sein. Eine Liaison schon gar zu dangereuse? Neinnein, es hat schon seine Ordnung. Es kann kaum wahr sein. Ist es aber.

Nina Ruge, vor etlichen Jahren Erfinderin der ZDF-Spätnachrichtensendung »heute Nacht«, seit mehreren Monaten führend tätig für die noch etwas törichtere und unerquicklichere »Leute heute«-Melange, deren offenbarer Zweck es ist, schon vor der ZDF-heute Nachrichtensendung die Hirne restlos aufweichend hinschmelzen zu lassen – Nina Ruge hat gleichwohl erst mit »Alles wird gut« zu sich selbst, zu ihrer eigenen TV-Entelechie gefunden. »Alles wird gut«. Eine Innovation, fraglos. Mehr noch: eine Revolution. Überwunden endlich und endgültig das so altmodisch stereotype, das so saftlose wie ohnedies unglaubwürdige »Guten Abend«, das blöde »Auf Wiedersehen«, das doofe »Schlafen Sie gut« und ähnlicher obsoleter und peinigender Quatsch – ab jetzt regiere wahrlich Oberons Reich, Eichendorffs altneue Traumromantik: »Alles wird gut«.

Was allerdings, nochmal, könnte sie genau meinen

wollen, Ruges Nina? Heißt das »Alles wird gut« im Klartext und forciert durch den unwiderstehlich lippengespitzten Kußmund »Ich hab euch alle ganzganz lieb«? Ober doch vielleicht vielmehr »Wir sind eh alle nicht ganz dicht«? Bedeutet das dem dezimeterweit aufgerollten Kußmaul entschwallte neue Abschiedszauberwort »Fürchtet euch nicht, ich bin bei euch«? Oder »Aber heitschi bumbeitschi«? »Pax vobiscum«? »Venceremos«? Gar noch tieftraumschichtig somnambulischer ein etwas modernes »Menemenesubaquasubaqua«? »Kommt alle zu mir, die ihr mühselig und behämmert seid«? »Scheiß die Wand an, heut' ist Polen offen«?

Untiefen einer Fernsehsendung, tieftiefe Mysterien einer TV-Topschaffenden in Richtung auf das langerhofft neue gesamtgesellschaftliche Kompaktkunstwerk. »Tiefer als der Tag gedacht« (Nietzsche), diese »seltene weibliche Kraftseele« (Jean Paul, Siebenkäs), dieser weizenblonde Unglaublichkeitsbomber, der selbst verwandte Seelen und Koryphäinnen wie Sabine Christiansen, Gertrud Höhler, Hildegard Hamm-Brücher, Annemarie Renger, Barbara Eligmann, Lady Di, Verona Feldbusch, Ilona Christen und wie gesagt Bärbel Schäfer an unerforschlicher Unerträglichkeit mit links ins gegenüberliegende BH-Schälchen steckt – Nina Ruge, diese neue und deutsche und strohfeuerblonde Unität von »Blanziflor und Helena« (Orff, Carmina Burana), diese so maßlos unerwünschte wie unermeßlich unverzichtbare neueste »Venus generosa« (ebd.) – Nina, so scheint es, hat es gewagt und als erste des Präsidenten Roman Herzog Weisewort vom April d. J. wahr gemacht, durch Deutschland müsse wieder ein Ruck gehen, auf daß es doch bald abermals tage und dereinst wieder gut werde, auf daß der Zauberbann sich löse und der Arsch einen Rüge-Ruck sich gebe und das Wort erfüllet würde und – – »Aus der Heimat hinter den Blitzen rot/Da kommen die Wolken her« (J. v. Eichendorff). Und mit ihnen mitten im Monat November Eichendorffs jüngste Tochterbraut Nina (ZDF). Es darf dies alles gar nicht wahr sein. Ist es aber doch.

Mut zur Pumpel

Aus der Welt der Frauenproblematik

Wer heute sich die Zeit nimmt und einen langen sowohl als aufmerksam soziologisch orientierten und ideologiekritisch geschärften Blick auf die internationale und zumal nationale Frauenlandschaft wirft, auf ihre Probleme und Psychostrukturen, dem schwerlich dürfte entgehen, daß, wenn schon nicht die Psychostrukturen und Gesinnungen selber, so doch jedenfalls die Namen gerade unserer Top-Frauen und Frauenpower-Frauen in letzter Zeit immer schmutziger, schmuddeliger und letztlich schamloser werden. Beweise? Nun, da haben wir einerseits die Schauspielerin Esther Schweins und andererseits die Diseuse Patricia Kaas (bayr.-österr.: Käse), wir haben dritterseits das Playboy-Playmate des Jahres Gitta Sack, und ehrlich gesagt ist ja auch eine Claudia Schiffer mit ihrem Potential an ziemlich obszönen Assoziationen seit langer Zeit schon nicht so ganz koscher.

Jedenfalls: früher war alles anders. Vorbei die Zeiten einer Sophia Loren und Grace Kelly, passé auch die einer Maria Schell und Ruth Leuwerik, einer Rut Brandt und Erna Berger und Erna Sack, tempi passati die Tage von Uschi Glas mit ihrem geradezu selbstreferentiell und exemplarisch »anständigen« (Luise Rinser) Namen, sollte auch ihr, Uschis, Vorname den nicht unpikanten Hautgout einer vulvavaginalen Assonanzbezüglichkeit in winzigster Dosis durchaus antippen – und wer dächte, werfen wir den Blick zurück, nicht immer noch hingerissen an den laszivischen Zauber und die zartest erotisierende Anmutung des wunderbaren Namens einer (jetzt bei Fernsehen nur noch in Nebenrollen eingesetzten) Silvia Reize?

Und aber heute, 1998? Kaas-Schweins-Sack-Schiffer. Es ist wie eine einzige schwere Anrüchigkeit.

Prima facie nicht leicht fällt, die psychostrategischen

Motive und Motivsyndrome und Strategeme einer solchen in Tat und Wahrheit ominösen, ja odiosen und letzten Endes auch obskuren Namenswahl zu errätseln. Ist es ein allerletztes Tabu, welches schiere Frechheit, gepaart mit Übermut, hier zu brechen sich untersteht, die zuende gehende dritte Phase der internationalen Frauenbefreiungsbewegung abwegig genug gleichsam mit der Apotheose einer in sich selbst implodierenden Emanzipationswut zu krönen, indem jene noch den »anständigen« (L. Rinser, a.a.O.) und einigermaßen wohlklingenden Namen der Frau »ins Feuer wirft« (Meister Eckart), die Männerwelt stellvertretend für den gesamtgesellschaftlichen Verblendungszusammenhang dem schieren Hohne auszusetzen und preiszugeben? Ist es, au contraire, das Tüpfelchen auf dem i am Ende einer gut hundertjährigen nietzscheanischen Alles-ist-erlaubt-Moral im späten Sinne einer Umwertung aller Werte dergestalt und der Intention, unseren geblendeten Augen und Ohren ostentativ vorzuführen, daß wahre historische Größe unserer VIPs auch noch den anrüchigsten, in einer abermals paradoxen coincidentia oppositorum aber auch ruchlosesten Familiennamen nicht allein erträgt, sondern vielmehr im heutigen desaströs globaluniversalen Simulationskontext sogar ihn erheischt, die wahren VIPs als MegaVIPs von den einfachen Arschgeigen zu scheiden?

Oder ist es ein Drittes oder gar Viertes, was da kausal korreliert und bohrt und rumort?

Wie auch immer, heute ist die Welt abermals geschieden, vom Kainsmal eines inneren Schismas gebrandmarkt. Während die einen wie Rita Süßmuth, Bärbel Schäfer, Fränzi von Almrausch und Luise Rinnsal an der alten Methode festhalten, haben wir auf der anderen Seite in breiter Front anrennend und zur Weltherrschaft drängend die neuen Schweins und Kaas und Sack; und auch der Name der Volksmusik-Kaiserin Carmen Nebel ist ja schon ein mehrfacher Grenzfall; Frauen, die da offenbar, gerade weil sie ja so schön und solche Winnertypen sind, auf die ihnen als Schönheitsköniginnen zustehenden Doppelungen durch Namen wie Schön, Smart, Süßmuth, König und Kronauer verzichten. Freiwillig verzichten! Ha! Ja. Was aber nun?

Nun, not täte entweder ein Neuer Hitler, die Einheit wiederherzustellen – und wessen Gedanken glitten da nicht sogleich zu einem kurz nach Mitternacht stundenlang im »Horizont« herumtobenden und derart eine wahre Terrorherrschaft von Wiedervereinheitlichung erwirkenden A. Greser? Oder aber, wenn das nichts bringt: dann sollten sich wenigstens, uns zur Lust, alle Frauen Namen wie Rita Pumpel, Karin Brunz, Joan Oasch, Esthermaria Schoaß, Claudia Stink und Gitta Süßmusch zulegen.

Schon auf dem rechten Wege scheinen uns diesbetrefflich die Langstreckenschwimmerin Peggy Büchse aus Rostock sowie die auch sonst weiter im Vormarsch befindliche Verona Feldbusch. Von ihrem Feldbusch zum Brunzbusch ist es ja nur noch ein kleiner Schritt, sehr sehr kleiner am Schritt belästigender Schritt...

Vita nova oder:
Pax terrae

Nun der
»alte« Ostblock
erodiert ist,
jetzt wär's halt gut,
wenn nun bald auch noch
China
explodiert.
Dann, wahrlich, wär' endlich
»Friede«.

Eckhard O. Henscheid
Dichter

Traumpaare

Ein weiterer sehr eindrucksvoller Essay

Früher bzw. ganz früher waren schon mal gelegentlich Siggi Held und Lothar Emmerich ein Traumpaar oder auch Rainer von Monaco und Grace Kelly oder noch etwas früher Goethe und Johann Peter Eckermann, wenn auch noch relativ selten mit diesem Schmucknamen belegt. Übersichtlich wurden die Lage und Rangfrage diesbezüglich aber erst im Dezember 1960 mit der Installierung von John F. und Jaqueline Kennedy als »Traumpaar im Zentrum der Macht« (*Die Zeit*, 17.10. 1997 anläßlich einer überaus kritischen Rückschau), und das galt dann auch verbindlich bis mehr oder weniger circa 1990; dann wurde die Lage wieder verworren:

Denn unterdessen Uli Hoeneß im Frühjahr 1994 seine neue »Traumelf« bei Bayern München endgültig unter Dach und Fach hatte; währenddessen die Zeitschrift *Meine Melodie* im Dezember 1995 den künftigen »Traumurlaub« definitiv in einer »Mittelmeer-Kreuzfahrt mit dem Nockalm-Quintett« festgelegt; während die »Traumreise«, der »Traumberuf«, das »Traumhaus«, das »Traumauto«, das »Traumergebnis« (Schröder), die »Traumaufgabe« (Hombach), die »Traumzeit«, die »Traumhochzeit« und die »Traumfrau« jetzt praktisch schon alles ist: derweil ist in der Abfolge bzw. der Hierarchie der Traumpaare alles wieder gänzlich ungeklärt.

Noch erinnern *Bild* und Fernsehen mehrfach an das einstige und ja immer noch lebende Traumpaar Marika Kilius und Hans Jürgen Bäumler, da platzt andererseits schon 1996 das bis dahin führende »Traumpaar« Hillu/ Schröder, und da werden dritterseits schon gleichzeitig und sehr überraschend von RTL zwei zum »Traumpaar mit Hindernissen« ausgerufen, die auf die Namen Eduardo Caperilli und Thalia hören und nämlich in dem Film »Feuer der Liebe« »Romeo und Julia auf mexikanisch« darstellen. In der Opernwelt drängelt sich zur selben Zeit das Tenor-Sopran- und seit 1996 auch Ehepaar Angela Gheorghiu und Roberto Alagna als das neue »Traumpaar« (*Deutsche Grammophon-Nachrichten* 8/97) nach vorn – Grund genug für die konkurrierende Wagner-CD-Anthologie »Nacht der Liebe«, mit dem Gegen-»Traumpaar aus Bayreuth« Waltraut Meier und Siegfried Jerusalem aufzuwarten. Noch diffuser ist die Lage allerdings auf der U-Musik-Ebene: Zwar gelten der ARD-Sendung »Zauberhafte Heimat« Stefanie Hertel und Stefan Mross als das führende »Traumpaar« und insofern be-stefan-Gruppe ihrer selbst; allein in der bereits erwähnten Fachzeitung *Meine Melodie* dementieren sie praktisch schon wieder und geben nämlich selber im Gegenteil zu: »Ehrlich gesagt, hätte ich damals« – 1990 in Hof beim Grand Prix der Volksmusik – »nicht im Traum daran gedacht, daß wir einmal ein Paar werden würden«; so S. Mross, 20, heute »lächelnd«.

Allerlei Halbseidenes, ja Abwegiges meldet sich jetzt auch zu Wort: »Traumpaar – das ist doch eine schöne Aufgabe« erkennen laut *HörZu* vom 29.11.97 zwei Filmschauspieler namens Ann-Kathrin Kramer und Jan Josef Liefers im Sinne der Pro 7-Komödie »Kidnapping Mom & Dad« – andererseits ernennt noch im selben Jahr ein gewisser Christian Schmidt einen Gerhard Henschel und eine Corinna Stegemann zum »Traumpaar der Satire«.

Seit Februar '98 gibt es laut Zeitschrift *Bravo Girl!* auch den »Traumboy«, vor allem in Gestalt von Leonardo DiCaprio, der allerdings mit seiner »Titanic«-Filmpartnerin seltsamerweise kein Traumpaar formiert. Prinz Pierre Frederick d'Arenberg und Silvia de Castellane feiern zwar etwa um die nämliche Zeit wieder mal eine »Traumhochzeit«, ja die »Hochzeit des Jahres«, als Traumpaar gehen aber auch sie für die *Bunte* deshalb noch lange nicht durch – diesen Status erreichen am 13.11.97 für das Blatt erst wieder Nina Ruge, 41, und ihr Neuer, »einer der Kreativsten« (ebd.) von BMW, Wolfgang Reitzle, 48. Es sind diese beiden aber nicht allein »ein Traumpaar«; sondern, indessen es Iris Berben, 47, für *Bild am Sonntag* nur zur »Traumfrau« und zusammen mit ihrem Sohn Oliver, 26, lediglich zum »Power-Duo« gebracht hat, gleichzeitig und noch im gleichen Artikel auch schon »ein neues und strahlendes Power-Paar«.

Man sieht es richtiggehend – Nina zeigt ca. 41 weißgefegte Zähne im weit aufgerissenen Maule. Noch hat sie gut lachen, noch weiß sie nicht, daß schon einen Monat zuvor der Kennedy-Clan wieder so unnachgiebig wie unnachahmlich zugelangt hat, jetzt gleich vier Mann hoch: Während Jackie und Jack erst jetzt am 17.10.97 vom *Zeitmagazin* als »ungekröntes Traumpaar an der Spitze einer Weltmacht« gekrönt werden, derweil sehen sich beider Sohn John F. und seine Ehefrau Carolyn schon eine Woche später ihrerseits und wieder von der *Bunten*, dem führenden Fachblatt, zu »Amerikas Traum- und Dramen-Paar Nr. 1« geschlagen – belegt letzteres durch ein Foto, auf dem sie mitten im Central Park in New York sich aber schon ganz gewaltig anschreien und -keifen. Und -bellen.

Keine Chance jedenfalls für Clinton und Hillary, da mitzuhalten. Mit und ohne Lewinsky.

Seine Chance jedoch erwittert, währenddessen die nordamerikanischen Eishockey-Cracks dort ein »Traum-Turnier« ohne »Dream Team« *(FAZ)* gewärtigen, für die Winterolympiade von Nagano ein neuester Kandidat, nämlich »unser Eistraumpaar« (*Bild* vom 10.2.98), welches für einen vorausgegangenen ARD-Film vom 31.1. namens eines schon restlos geisteskranken Titels und anders als Ruge/Reitzle aber auch sogar ein »Traumpaar zwischen Zoff und Zwang« ist: Ingo Steuer und Mandy Wötzel; welche zwei allerdings vorher schon »privat« als Traumpaar gescheitert sind; und die dann auch tatsächlich in Nagano nur mit Müh' und Not Bronze holen – für ein Traumpaar eigentlich ganz schön läppisch.

Aber auf der anderen Seite deshalb schon wieder Initialzündung für Guildo Horn und Verona Feldbusch, zumindest im *stern* vom 5.3.98 als »Traumpaar« der »Peinlichkeit« anzutreten (als ob er, der *stern*, minder peinlich wäre); obschon »das Traumpaar Veronica Ferres und Helmut Dietl sich treu bleibt« (*HörZu*, 10.10.98); indessen die *Bunte* gleichzeitig schon wieder das neue alte »Traumpaar« Schröder/Doris im Rahmen seiner allg. »Traumkoalition« *(stern)* feiert; und aber ein Hans Christian Meiser (laut *SZ* vom 3.3.98) im Briefwechsel mit Luise Rinser über das »ideale Paar« Diotima/Hyperion bzw. Yoko Ono/John Lennon nachdenkt. Subaquasubaquaquveckloaschvotznsauhundquecklquaquaquoque.

Die Begriffskonfusion nutzt ein bis dahin nicht mal als Außenseiter geführtes Tandem, anläßlich des Frankfurter Opernballs 1998 keine acht Tage vorher einen Überraschungscoup zu versuchen – und siehe, der Versuch klappt: Zumindest für die *Bild*-Zeitung vom Rosenmontag sind die in die Frankfurter Oper verirrten und photobildlich überhaupt recht verstört wirkenden Catherine Deneuve und Gérard Depardieu verblüffend genug »das französische Traumpaar«; wogegen es Wirtschaftsminister Lothar Klemm und Sybille Nicolai a.a.O. bloß zum abgeschlagenen »schönen, strahlenden Paar« bringen; und Gina Lollobrigida aber, vielleicht noch stupender, »mit 70 Jahren eine der aufregendsten Frauen des Abends« ist.

Tscha. Schreibt eiskalt in ihrer Ballberichterstattungs-Hotline Kitti Pohl (Text), der neben Vincenzo Manusco (Fotos) andere Teil des nagelneuen *Bild*-Reporter-Traumpaars. Welches in Text und Bild aber auch noch mitgekriegt hat, wie der grunzhagelb'suffene und kreuzteufelswiderliche angebl. Schauspieler Helmut Berger den Part des Festdeppen übernimmt und als dessen Höhepunkt der davon erkennbar halb entgeisterten, halb begeisterten, halb angeekelten, halb schon hingerissenen Frankfurter Oberbürgermeisterin Petra Roth vor Rausch und Gier und Bier egalweg und wirklich brenzlig, ja bremsig in den Hals beißt. Und dieses allerjüngste Traumpaar hat mir jedenfalls, ehrlich gesagt, unter allen doch am allerbesten gefallen.

Von ihm erwarte ich deshalb auch auf dem nächsten Opernball so einiges.

P.S. 1: Auch wenn man auf der anderen Seite die Stärke von Frankfurts noch neuerem »Traumpaar Tanja und Ragant« (*Bild* vom 11.12.98) i.e. Tanja Traupe und Wallach Ragant – »es war Liebe auf den ersten Blick« (ebd.) – nicht unterschätzen sollte.

P.S. 2: Aber es hört noch immer nicht auf damit. Laut *HörZu* vom 26.2.99 muß man nun plötzlich in Elea Geissler (10) und in Max Felder (10) kraft ihrer Gestaltung von Kästners »Pünktchen und Anton«-Neuverfilmung »Das neue Traumpaar« sehen.

P.S. 3: Laut *Deutsche Grammaphon-Gesellschaft* (Frühjahr 1999) sollen aber jetzt, weil's eh wurscht ist, doch als tertium comparationis mehr Renee Fleming und Placido Domingo das »Traumpaar der Oper« vorstellen.

P.S. 4: Dagegen nun wieder zum »Traumpaar der Volksmusik«, es hört u. hört nimmer auf, haben es doch noch im letzten Moment (*HörZu* 15.5.99) wer gebracht? Genau, Marianne und Michael, no freili, jo mi leckst am Orsch.

P.S. 5: Einen späten Überraschungscoup-Sieger meldet am 24.6.99 allerdings die *Frankfurter Rundschau*: »Traumpaar: Der alte und der neue Rinaldo«.

P.S. 6: Hingegen ist das Traumpaar John F. jun. und Carolyn Kennedy seit dem 17.7.99 sturzflugartig aus dem Rennen ausgeschieden; by Gosh.

Sepp Herberger und ich

Eine echte historische Begegnung

Es ist nicht zu leugnen, daß meine Begegnung mit dem damals schon 71jährigen ehemaligen Bundestrainer Sepp Herberger zu Regensburg 1969 zu den bemerkenswerten meines Lebens zählt, zu seinen Lichtmomenten, zu jenen nicht eben zahlreichen, in denen das Gefühl für eine gewisse Geschichtsmächtigkeit, ja Jahrhundertdimension sich einstellt. Obschon wir uns inhaltlich nicht ganz einigen konnten. Noch fünfzehn Jahre nach Bern 1954 wollte es mir nicht recht einleuchten, daß und warum der Bundestrainer damals Alfred Pfaff von der Frankfurter Eintracht, meinem Lieblingsverein, zwar zur Weltmeisterschaft in die Schweiz mitgenommen, aber nur einmal, in dem unerheblichen und nämlich pur taktischen ersten Ungarn-Spiel (3:8), eingesetzt hatte. Gut erinnere ich mich aber, daß es auch Herberger bei seinen sehr ernstlichen nachträglichen Erklärungsbemühungen noch immer selber schmerzte. Auch er sei ja ein großer Fan des deutschen »Don Alfredo« gewesen, seiner Spielmacherfähigkeiten und Freistoßkünste, seiner Torgefährlichkeit. Aber Fritz Walter, der Spielführer und Stammhalblinke, sei eben, so tragisch das sei oder jedenfalls gewesen sei, der noch unentbehrlichere Mann gewessen. Und quasi zweimal Fritz Walter – er selber und Pfaff – sei halt nicht gegangen, das werde ich, der offenbare Experte, doch um Gotteswillen verstehen, setzte Herberger listig und fast dringlich nach, als befänden wir uns in einer Pressekonferenz vor dem 54er-Finale, ja als wollte ich ihm, Herberger, dafür eineinhalb Jahrzehnte nach dem triumphalen Gewinn des Weltmeistertitels ungerechtfertigterweise noch ans Leder.

Leicht vergrätzt gab ich es zu, und Herberger, daran erinnere ich mich noch genau, schmunzelte befriedigt. Fünfzehn Jahre nach der normativen Kraft des Faktischen hatte er da einen letzten zäh Zögernden auch noch argumentativ geschlagen. Vor allem vor dem Hintergrund auch der taktischen Familienbindung Fritz und Ottmar Walter und dessen auf die vertrauten Flanken seines Bruders gestützter Kopfballstärke. Und obgleich, wie gesagt, auch er, der verantwortliche Aufsteller, keinen lieber als Alfred Pfaff in jener Weltmeistermannschaft gesehen hätte – deren Berner definitive Formation zu Herbergers Befriedigung ich selbstverständlich noch alle elf Mann auswendig wußte und hersagte.

Und das im Schlaf, und das kann ich bis heute und bis ans Ende meiner Tage.

Die Begegnung fand statt im Regensburger Privathaus von Hans Jakob, dem Torwart der berühmten Breslauer Elf von 1936 ff., anläßlich dessen Geburtstag. Es gab zu Ehren des durchreisenden Ehepaars Sepp und Ev Herberger ein nichtendenwollendes Bratwurstfrühstück – und ich entsinne mich, daß nach getätigter Presse-PR-Mitesserei der alte Tormann den an der Donau volontierenden Journalvertreter gern wieder losgehabt hätte, um mit dem Trainer noch inniger und dringlicher über Heiner Stuhlfauth, Willibald Kress, Lutte Goldbrunner zu reden und das Nötigste abzufackeln – allein, Herberger hatte Feuer gefangen und scheint's Gefallen gefunden an mir, der von der strategischen Begabung her, wenn die Schicksalsfäden nur ein bißchen anders verlaufen wären, es sicherlich auch zum Bundestrainer gebracht hätte. Und noch einmal, unter Jakobs unwillig flackernden Blicken, erläuterte mir Herberger, wieso und warum er den damaligen Berner Sturm so und nur so zusammenfügen habe können, so schmerzhaft dies gleichzeitig für Berni Klodt, den ausgezeichneten Alternativrechtsaußen, gewesen sei, und abermals noch schmerzender für ihn, Herberger. Und daß aber umgekehrt eine andere Zwickmühle, die Besetzung des Mittelläuferpostens durch den langjährigen Amtsinhaber Posipal oder aber durch Werner Liebrich außer von seinem, Herbergers, persönlichen Genius vom Fatum selber entschieden worden sei, nämlich durch die Verletzung des Rechtsverteidigers Erich Retter, auf dessen Posten Posipal eben kürzestfristig nachrückte und voll einschlug, infolgedessen Liebrich nun im Verein mit Eckel und Mai den damaligen ungarischen Wundersturm mit Kocsis-Hidegkuti-Puskas an die Kette habe legen können. Soweit, ich begriff, das bei derartig unheimlichen Kanonen überhaupt möglich sei.

Ich nickte. Das leuchtete ein. Und inhaltlich voll befriedigt verabschiedete ich mich, nicht ohne Herberger alles Glück für seine künftigen schweren Aufgaben – am Abend in Bogen im Bayerischen Wald Anstoß zu einem Prominentenspiel, anderentags die Beobachtung des Amateur-Länderpokal-Finales in Straubing – zu wünschen.

Sepp Herberger hatte noch acht Jahre zu leben, und daß ihn der Fußball bis dahin und weit über seine Verabschiedung nach der Chile-Weltmeisterschaft (1962) im Jahr 1964 hinaus nie freigab: Wer es noch nicht oder nicht mehr wüßte, würde es wissenschaftlich ausreichend erhärtet aus der vorstehenden Biografie von Lothar Mikos und Harry Nutt erfahren. Er war ein Fußballbesessener ein Leben lang; ein Fußballdenker fast ebenso lang; und, man weiß es genauer erst seit einigen Jahren, seit einiger Einblick in seine Notizbücher und sonstigen Hinterlassenschaften gewährt wurde, in nicht unerheblichem Maß auch ein Fußballgeschädigter. Das freundlich ikonografische Legendenbild, so es denn je wirklich so bestand, ist etwas nachgedunkelt oder hat sogar unschöne Flecken gekriegt. Wie wahrscheinlich alle seines Fachs, wenn sie in vorderster Front dienen, übers Wohl und Wehe von 50 oder jetzt sogar 80 Millionen Sports- und Fußballfreunden entscheidend mitzuentscheiden haben, war Josef Herberger schon mit dem Beginn seiner Reichstrainerkarriere 1938 Opfer seines seltsamen Berufs, vielleicht ja auch seiner ihn dazu bestimmenden genetischen Ausrüstung – schwer zu entscheiden, was da Henne, was Ei. Erstaunlich und z.T. beunruhigend alberne, regressive und infantile Aufzeichnungen gibt es da von ihm – daß er seiner Prägung und Überzeugung nach immer autoritär, eben der Fritz Waltersche »Chef«, war, wußte man ja immer, daß seine diesbezüglichen Aktivitäten das Pathologische, Paranoische und auch Phantasmahafte manchmal mehr als nur streiften, weiß man inzwischen genauer aus dem Datenspeicherwahn von 361 gefüllten Leitzordnern. Der »penible Organisator seiner Karriere« (Mikos/Nutt) erweist sich darin etwa in Form recht irrationaler Machtphantasien und selbstauferlegter Kontrollausübungsmacken hinsichtlich der ihm temporär wie einem Anstaltsaufseher anvertrauten Männer zwischen 18 und 38 als durchaus »zwanghafter Charakter« (Mikos/Nutt), dem sadistisch-voyeuristische Züge evident ebenso eignen, wie sein auch noch nach dem Krieg unverblümt völkisch-nationalsozialistisches Vokabular den Zeitgenossen Kaiser Wilhelms wie Hindenburgs und Hitlers schnell verrät. Die schriftliche Offenlegung solcher Defizite eines Sportsmenschen mochte manchen überraschen. Sie zeigen Herberger, mehr als seiner Legende lieb sein konnte und jenseits aller insinuierten Kernigkeit und Knorrigkeit, als Produkt seines politischen Milieus und der eben davon schwerstens infizierten Sportlerwelt zumal: als sozusagen freundlicheres Komplement des wilhelminischen Professor Unrat wie dann späterhin das des autoritären Prototyps Adenauer, mit dem Herberger außerdem nicht zufällig das Legendenetikett des »schlauen Fuchses« teilt. Wenn in seiner griechischen Version der »Idiot« den vornehmen, von keinen politischen Unannehmlichkeiten belasteten Privatmann meinte, dann wäre Herberger – hier rundet sich ein semantischer Zirkel – in diesem Sinn der Sportidiot schlechthin; die unpolitische Version des ihm auch generationsmäßig nahen Typus Adenauer vor allem.

Wenn auch nicht vollständig so, aber ähnlich sehen es wohl auch die beiden Verfasser der vorliegenden recht kritischen, nämlich unterscheidenden, wenig hagiografischen Herberger-Biografie.

Ein Leit- und Vorbild, wie es letzten Endes heute noch sein Adlatus und Chefsprecher Fritz Walter sportlichmenschlich ungebrochen zu sein vermag, wie auf ihre Art auch noch Seeler oder Netzer relativ unhinterfragbar sind: Ein solches zeit- und zeitgeistüberstrahlendes und -überdauerndes Inbild war und ist ausgerechnet der so volkstümliche und zur Identifikation einladende Josef Herberger insofern nur recht bedingt. So allürenfern er zeitlebens agierte, so ohne Maske und Fassade er offenbar meist mühelos auskam – so freundlich-partnerschaftsdemokratisch er in Regensburg meinen strategisch-taktischen Erwägungen lauschte.

Aber: Ein Guter war er unterm Strich wohl schon. Nicht gerade als aktiver Spieler; eindeutig aber als Stratege und – so wurde das jedenfalls genannt – »Psychologe« neben dem Spielfeld; und mehr noch: hinter ihm. Es war und ist das »Auratische«, was uns an Herberger vor allem anderen so anheimelt und letztlich doch für ihn sehr einnimmt, was ihn sogar in Maßen zu einem »Repräsentativmenschen« seiner Zeit im Egon Friedellschen Sinne (Kulturgeschichte der Neuzeit) macht. Von »charismatischer Ausstrahlung« reden halb zitierend-wägend, halb zustimmend Lothar Mikos und Harry Nutt – dafür gab es dann auch immer Benennungsversuche, vom »Weisen von Bern« bis zum »Fußballmagier«, vom »Bundessepp« bis zum »Nationalheiligtum« und was dergleichen mythossuchende und mythosbenennende und mythosverfestigende Journalistensprüche mehr sind. Das »Auratische«: Von ihm zeugten und zeugen mehr noch als die bekannten Fotos mit den Spielern und vom Spielfeldrand vor allem des Schweizer Championats jene vom anschließenden »Triumphheimreisezug« quer durch Südwestdeutschland nach München; die Bilder und Szenen der sich langsam steigernden, ja erst hier sich kristallisierenden Wir-sind-wieder-wer-Kollektivgenugtuung derer, die plötzlich den Krieg gar nicht mehr so sehr, nicht mehr gar so sehr verloren hatten.

Kamera- und Filmbilder, die sich übrigens natürlich nach heutigen hochmedialen Verwurstungsmaßstäben geradezu ärmlich und beinahe schäbig ausnehmen. Und gerade deshalb so seltsam für sich einnehmen. Wie für eine letzte moderne Idylle: 22 Männer, die da beinahe gratis und eben nur von Sports- und Vaterlandsliebe beseelt dafür gesorgt hatten, daß Deutschland eben doch wieder eine achtunggebietende Nation war; und die es nun zufrieden waren, nach vier Wochen Trainingslager und sechs auslaugenden Spielen noch einmal gute Miene zum schon gewonnenen Spiel zu machen und nochmals tagelang durch die dankbar winkenden Dörfer und Provinznester zu brummen, von nichts anderem bei Laune gehalten als von etwas Kartenspiel im Sonderzug-Speisewagen und von der beinahe schon ein wenig gespensterhaft erstarrten, nämlich immer noch väterlich-verschmitzten Miene des »Chefs«: der sich da wohl jetzt erst die Legenda aurea des Großstrategen als Familienvater mal Schalksnarr, ja Bauernschlau endgültig verdient hatte. Und offenbar hochzufrieden mit all dem war. Und allzeit einverständig schmunzelte. Worüber wohl? Nun, es ist schon ein Rarissimum in der bekannten Fußballgeschichte, daß nicht einmal so sehr ein gewonnenes Endspiel die Unsterblichkeit eines Trainers begründet; sondern ein zuvor mit Pauken und Trompeten haushoch verlorenes Vorrundenspiel gegen den nämlichen Gegner aus taktischen Motiven. Seither ist Herberger der »Fuchs«. Den vielleicht jedes Volk braucht, als mythische Gestalt aber vor allem eins, das kurz zuvor auf den Schlachtfeldern baden gegangen war und 1954 angeblich noch immer nicht so genau wußte, daß seine Regierung zwei bis sechs Millionen Juden hatte ermorden lassen. Noch wissen wollte.

Im Mythos Herberger paaren sich, sicher nur halbwahr, aber wohl auch nicht gänzlich falsch, Schlauheit und Güte. Lobend erwähnt findet sich immer wieder Herbergers moralischer, fast sozialer Einsatz zugunsten des nach dem Bern-Rausch etwas auf Abwege geratenen Rechtsaußen und 3:2-Torschützen Helmut (»Boss«) Rahn, der dann wiedergeboren auch tatsächlich bei der WM in Schweden nochmals gut einschlug und etliche scharfe Einschläge zu verzeichnen hatte. War er, Herberger, mehr Stratege, Psychologe? Müßige Frage, das war bei ihm das gleiche. Zumal er eh vor allem ein Drittes war: der berühmte »Geist von Spiez«, dem sagenhaften Trainingslager.

Auf einen anderen, viel weniger bekannten Zusammenhang macht mich der Hamburger Sportpädagoge Armin Schreiber brieflich aufmerksam. Herberger wirkte gewiß völkerverbindend, aber auch, mehr als ihm werweiß lieb war, völkererzieherisch. Und in der Folge im jedenfalls deutschen Interesse sogar kontraproduktiv:

Am Montag nach dem WM-Gewinn, berichtet Schreiber, sei er zu einer Radtour in die Niederlande, nach Enschede, aufgebrochen, da habe sich am Zoll ein Gespräch mit Holländern über Herberger und seine siegreichen Leute ergeben, da habe einer von denen in Not und Wut geschrien: »Noch schießen sie mit Bällen, bald wieder mit Kanonen!« Insofern habe Herberger, so deutet es Schreiber, bei den derart doppelt geschädigten Holländern ein Denen-werden-wir-es-zeigen-Gefühl ausgelöst und so den Grundstein für die holländische Fußballhochblüte in den 70er Jahren gelegt.

Gottseidank war dieses Fußballwunder beim Münchner Endspiel 1974 nicht gar zu übermächtig, und die Deutschen konnten die Cruyff und Neeskens etwas unverdient, aber so gerade noch einmal abwehren. Nein, zum internationalen Erneuerer und Erlöser war der Bundessepp denn doch nicht geboren. So weltumspannend dialektisch mochte der Fuchs mitnichten denken. Dazu war er denn doch zu klein und deutsch.

Kaiserreich

Aus der Welt der Altersobszönität

Seltsam ist es ja schon, daß die beiden in den letzten Jahrzehnten sog. führenden deutschen Literaturkritiker Kaiser und Reich hießen, wie in einer realsymbolischen Regression in fernes voraufklärerisches Mittelalter Kaiser und Reich hießen und noch immer heißen – aber jetzt, auf ihre hochreifen Tage, sind sie mehr oder weniger unabhängig voneinander und offenbar gleichfalls realsymbolisch, wie im Sinne einer gerechten Strafe für ihren merkwürdigen Beruf, auch beide einzeln und aber gleich doppelt narrisch geworden.

Erstens causa pecuniae. Der eine, Prof. Kaiser, verscherbelt sein restliches Seelenheil mitsamt seiner bis dahin noch halbwegs dignen und ästimablen Biblio- und Biografie seit einigen Jahren für ein Schweinegeld an die *Bunte*, für die er grunzdumme Riemen über längst kanonisierte Klassiker-Evergreens runterschleimt. Der andere, Prof. Reich-Ranicki, läßt sich's seit noch viel längerer Zeit nicht verdrießen, im Monatsrhythmus zugunsten der Frankfurter Juden, die das offenbar sogar noch toll finden, für sündteures Honorar 10-Minuten-Einführungen zu wahrlich allem und jedem rauszuschnarren, zu Walser und Will Quadflieg, zu Grass und pfeilgrad zu Alois Maria Brandauer, zu Schubert-Sängerin Edda Moser wie zu, weil's wurscht ist, Monika Maron; und zuletzt, weil die Krägen immer noch nicht ganz voll sind, auch noch das vom Fernsehen her leidlich weltbekannte Literarische Quartett bei den gleichen literarisch offenbar restlos inferioren Juden anzuschleppen; und denen dabei seinen alten Seich über Koeppen anzudienen; während Karasek und Löffler egalweg ihrerseits ihren Schrott zu Th. Bernhard und Frisch draufstülpen.

Und das, obschon er, Reich-Ranicki, 77, längst satt ausgesorgt und weder ehelichen noch unehelichen Kindern die gierigen Mäuler mehr zu stopfen hat. Es ist wie der reine – der helle, nein: der dunkle Wahn. Geld ist der alleinzige Gedanke, der sie irgend noch bewegt; samt dem vielleicht noch lustvolleren: an den Neid der gleichfalls geldanstarrenden Konkurrenz, die indessen durch den zusammen mit den Frankfurter Plakaten simultan geklebten Plakataufklebern »Ausverkauft« aber ja doppelt abgestraft wird, was den Genuß ein weiteres Mal und annähernd bis zum Platzen aufbläst.

Die Räudigkeit der fast schon mythischen Kaiser-Reich-Geldsackmotivik wird im Torheitskoeffizienten noch in die Schranken verwiesen durch beider Greise Sexualwahnverfinsterungen. Während Kaiser, 68, in der sog. Kulturzeitschrift *Rondo* einer offenbar restlos ahnungsfreien Interviewerin andient, er könnte, wenn er nur wollte, ihr »Tausende von Liebesbriefen zeigen«, die ein weiblicher und sogar berühmter Lesungsfan, »diese Ziege«, ihm geschickt – allein, bei den »grauen Mäusen« unter seinen Stuttgarter Musikhochschülerinnen von heute sehe er, Kaiser, doch schmerzlich beides vermissend: »kein Busen und kein Popo« (wohlgemerkt, hier redet der nämliche Joachim, der uns seit sieben Lustren und heute noch immer in der *Süddeutschen* in einer speziellen Tonfarbe rhapsodischer Geschraubtestheit über Beethoven und Beckett, über Mozart und Richard und Botho Strauß unterrichtet) –

– derweil stellt der andere, Reich, in raumgreifenden Leserbriefen z. B. am 4.11.96 an die Lokalredaktion des *Schwäbischen Tagblatts* noch einmal dar und klar, daß das »so bedauerliche wie überflüssige Zerwürfnis zwischen Walter Jens und mir« zwar wahr sei; und wahr auch, was er, Reich, ein paar Jahre vorher im *Bonner Generalanzeiger* gesagt habe, daß nämlich Jens, wegen seiner Dauerehefrau Inge und aber auch vor dem Hintergrund von Max Frischs »Montauk«, nichts von Erotik verstehe – wenn Jens aber nun öffentlich seinerseits kontere, sein, Reichs, Urteil sei »von Sexualinstinkt umnebelt« gewesen, dann wäre, Frisch und Montauk hin und her, das ja auch nicht schön, es dürfe aber die von ihm, Reich, »heftig erwünschte Versöhnung« keineswegs verhindern, auch wenn »das Glück seiner (Walters) Ehe mit Inge Jens« ihn, Reich, unter uns und zwischen den Zeilen ein bissel weitergegiftet, ein reichlich »ungewöhnliches eheliches Glück« dünke. Usw.

Lobenswerterweise blieb das derart schleimspurfett umgarnte Ehepaar diesen Anbiederungswürgereien gegenüber ausnahmsweise resistent. Es wäre denn sonst, gewährt mir die Bitte, der Frankfurter Sexualnarr werweiß als Dritter im Bunde und vollends sexualinstinktsumnebelt zu ihm gestoßen; aus schierer Neugier und um die spermafeucht üble Nachrede weiter zu forcieren. Und aus München einrauschend über Stuttgart, der dortigen busenlosen Groupies überdrüssig, Richtung Tübingen sodann Kaisers Professor Joachim noch drüberraus; das *Schwäbische Tagblatt* positiv zur unterhosengerontologisch führenden Porno-Prawda zu verwandeln.

Kurz vor der Verwandlung in Asche und Staub werden sie offenbar alle nochmals besonders popofreudig. Als überantworte ihr sehr sonderlicher Beruf sie ein letztes Mal und ganz besonders sicht- und nachlesbar der puren Arschigkeit.

Neulich auf dem Neujahrsempfang

Es schaute wirklich sehr scheel Scheel,
Wie er plötzlich über Herzog herzog...

Eckhard Harald Henscheid

Dumm-Bilanz 1997

Eine der schönsten Blödheiten des Jahres, die insgesamt drittschönste, ereignete sich noch kurz vor Jahresende und Torschluß und in Dortmund mit der Willy-Brandt-Oper »Kniefall in Warschau« von Philipp Kochheim im Einvernehmen mit seinem Komponisten Gerhard Rosenfeld und im Auftrag des auf Unsterblichkeit oder doch Medienrummel erpichten und tätig gewordenen Intendanten John Dew; mit welcher »buntscheckigen Fleißarbeit« *(FAZ)* der Bearbeitung des bekannten Knie- und Vorfalls vom 7. 12. 1970 zugunsten einer »andächtigen Grundstimmung« (ebd.) und der SPD und knapp über Schulfunk- auf gutem Volkshochschulniveau es der Kampfbahn-Rote-Erde-Metropole zwar noch immer nicht ganz gelungen ist, nach dem fußballeuropäischen nun gar Weltniveau zu ersteigen; aber doch noch die konkurrierenden anderen Operntorheiten der letzten Jahre, Zürichs »Schlafes Bruder« und Helmut Lachenmanns Hamburger Gudrun Ensslin-Schwefelhölzel-Raspelmusik-Melodram knapp auf die Plätze zu verweisen. Und immerhin: die Darsteller des Willy Brandt und des Egon Bahr schauen, dem dpa-Foto nach zu urteilen, beiden frappant und wirklich auf Weltniveau ähnlich.

Dafür aber kriegte wiederum der tönende Lachenmann-Schmarren von der Siemens-Stiftung, auch nicht verkehrt, ein Preisgeld von 250.000 Mark draufgesattelt.

Die Avantgardeoper hatte sodann auch noch mit der Züricher Welturaufführung von Udo Zimmermanns »Weißer Rose« einen Kandidaten im Rennen; nachdem die Hauptdarstellerin der Sophie Scholl aber weder Otl Aicher noch Hildegard Hamm-Brücher, sondern Christiane Boesinger hieß und auch wohl mehr tanzte als sang, kriegte dieser Dresdner Komponist von Siemens nichts; und er kriegt auch von uns nichts.

Auf dem Gebiet der Bildenden Kunst zeichnete sich dagegen vor allem *Focus* aus, dessen Titelbildmacher am

17. 3. 97 C. D. Friedrichs »Wanderer über dem Nebelmeer« zum 4582. Male in der Nachkriegszeit zu frevlerischem Wiedereinsatz brachten, diesmal merkwürdigerweise stellvertretend für die nachwachsenden Jugendlichen und ihre neue »Sehnsucht nach Werten« sowie die »Rückkehr der Tugenden« – diese Jugendlichen konterten aber noch im gleichen Monat, indem sie eine Sendung des Planet-Radio von deren Machern mit der Plakat-Perle für sich werben ließen: »Deine Eltern werden kotzen.«

Die Jugendlichen reiherten 1997 allerdings auch selbst viel, in der Nachwuchsliteratur z. B. unterm Namen der aber auch schon 23jährigen Zoë Jenny einen bestsellernahen Debut-Roman »Das Blütenstaubzimmer« zusammen, welcher die *FAZ* diesmal besorgt, ja bedenklich stimmte: »Man weiß gar nicht, woher diese Schmerzen alle kommen.« Wahrscheinlich, weil die Eltern trotzdem nicht kotzen. Der Para-Kinderbuch-Dreck des altjugendlichen Österreicher-Schluris Robert Menasse, der sich namens der Verlagsgruppe Suhrkamp mit viel Larifari schleunigst an den Di-Dodi-Vorgang dranhängte, wurde hier schon im Vormonat gewürdigt; überhaupt scheint bei Suhrkamp jetzt doch viel vorwärts zu gehen, auf neue Erlebniswelten und Käuferschichten zu, so auch mit »Lisa's Liebe« in drei Bänden der item Österreicherin Marlene Streeruwitz – und das, obwohl unser jüngster Augapfel auf Verdacht, Thedel von Walmoden, als bereits veranschlagter Unseld-Nachfolger leider nun doch schon wieder die Mücke nach Göttingen zurück gemacht hat, und Siegfried wie gehabt allein mit seinem alten Habermas und dem neuen Diskursquark weitersumpft.

Die obsolet-törichteste Buchreihe des Jahres durfte sich mit »Querkopf 1997« gleichwohl ein anderer, der Ex-Juvenilen Verlag Eichborn, auf die Stirn nageln, dies wiederum, obschon wir laut *Zeit*-Feuilleton vom 27. 3. lauter »Rossini Deutsche« sind; mit diesem besinnungsfreien Quatschwort des Jahres haben allerdings, glaubt man seinem Erfinder, Thomas Assheuer, eigentlich andere, nämlich »über Nacht« Karriere gemacht (a.a.O.) – und drum prämieren wir hier doch lieber gleich mit Präsident Roman Herzogs »Ruck« zum 1. Mai 97 einen eindeutigeren Fall. Und auch die Dummdeutsch-Kanone ist diesmal einsilbig: ganz knapp vor dem ähnlich gesinnten »krass« hat sich u. E. diesmal »grell« an die Spitze gekrallt, bis hin in die seriösesten und verschlafensten Feuilletons hinein.

Unabhängig vom neuen Duden, für dessen vergebliche Verhinderung der national verantwortliche Weilheimer Lehrer Friedrich Denk aber immerhin den *Bild*-Zeitungs-Kulturpreis abgriff.

Während gleichzeitig die *Zeit* in ihrer Besorgtheit, ob wenigstens der alte literarische Kanon gehalten habe, in einer eben so großdisponierten wie sternhagelwissenschaftlichen Umfrage feststellen durfte: er hat gehalten (Goethe, Thomas Mann, Erich Fried).

Neues, ja Revolutionäres dagegen hört man aus der Welt aber nicht nur des Musik-, sondern ja auch des Sprechtheaters: Schon ausgiebig gewürdigt wurde in diesem Journal das Werk »Droge Faust Parsifal« aus der Feder des alten Theaterkaspers Einar Schleef – dagegen mußte selbst die »Kroetzsche Fassung« von Georg Büchners »Woyzeck«, obwohl sie »zu überraschenden und neuen Einsichten gelangt« (Rotbuch), abfallen und abermals den Büchnerpreis grell verfehlen – den kriegte aber vielmehr auch nicht sondern, noch besser und krasser, gleich den Nobelpreis: Dario Fo.

Tja, gleich nach seinem »Ruck« hatte der Präsident Herzog eben auch noch mehr »Wagniskultur« eingefordert...

Und deshalb verscherbelte die Stadt Düsseldorf zum jetzt endlich mal ausgelaufenen Heine-Jahr 1997 auch gleich noch den Ehrendoktortitel an M. Reich Ranicki, und aus irgendwelchen gleich abstrusen Gründen aber vorerst noch nicht an Raddatz Fritz. Noch an Harald Juhnke. Obwohl sich für den nach seinem Vollrauschgeseier pro Hitler sogar Koryphäen wie A. Vollmer und U. Wickert wiedergutmachungsmäßig einsetzten. Bzw.

solidarisch erklärten oder was. »Das schönste Gesicht des ZDF« ist, laut *BamS* u. v. a., auch weiterhin und trotz mancher bedenklicher Strafsanktionen Nina Ruge, die kurz vor Jahressaldo aber auch noch einen Neuen abgekriegt hat, diesmal von BMW, »einen der Kreativsten« *(Bunte)* dort nämlich – dagegen nahm Steffi Graf 1997 halbwegs irgendwie Abschied und sucht ab sofort »eine zweite Identität außerhalb des Platzes« (*FAZ* 26. 2. 97) für sich und vielleicht sogar für ihren auch schon wieder freien Herrn Vater.

Im Sport überragten ansonsten die zur Meisterfeier diesmal überzeugend, ja richtig wild lachenden Bayern München-Fußballer; Michael Stich mit der Ankündigung von »Gedichten« durch seine Ehefrau Jessica Stich; Lothar Matthäus durch seine bereits fertige und gedruckte und ausgelieferte Teil-Autobiografie; und K. H. Rummenigge durch seinen Kommentar zu dem schon allzu bizarr brisanten Werk: »Ich gehöre nicht zu den 50.000 Deppen, die es schon gekauft haben« – ob der Rummenigge dies Statement wirklich genau bedacht hat? Ob es nicht so ist, daß diese 50.000 Deppen akkurat sein durchschnittliches Stammpublikum im Olympiastadion – –?

Gleichviel, Stefan Effenberg traf es diesmal dagegen und im Verein mit seiner Frau Martina Effenberg mit einem Strafbefehl wegen verbaler Gemeinheit und Körperverletzung eines schwerbetrunkenen Herumliegenden, dem aber »Effe« mit ein paar gezielten Fußtritten nur das Leben retten wollte. So daß F. Beckenbauer zu Recht schon am 30. 1. (!) 97 entnervt zusammenfaßt: »Wenn ich zum Beispiel Schopenhauer lese – ich verstehe ihn nicht.«

Der schönste uns 1997 untergekommene Name war ausnahmsweise keine Doppelwopper-Frau, sondern der bildende Künstler »Christian Holzknecht-Holzhacker«, doch, genau so heißt er und hackt er seine Holzschnitte vor sich hin.

Den 2. Platz aber verleihen wir 1997 insgesamt doch noch lieber dem schwedischen Nobelpreiskomitee, das mit Dario Fo und traumhafter Sicherheit diesmal nicht allein eine der erhabensten Dummschwarten der letzten drei Jahrzehnte und des europäischen Einzugsbereichs herauswürfelte; sondern sich nachher auch noch zerstritt und wechselseitig als »Verrückte«, »Inkompetente«, »Opportunistische« und »Wahnsinnige« outete; doch, sehr brav.

Das Dümmste überhaupt, und damit logisch auch das dümmste Volk knapp vor dem deutschen, war diesmal, und damit Jahressieger 1997, das englische Volk aus den bekannten Di-Dodi-Gründen heraus – ein Förderlob geht in dem Zusammenhang aber an den *stern*: für den Druckfehler, aus dem letzten Bespringer von Di (†), Dodi (†), zu Recht einen »Doldi« zu machen, requiescat in Inferno, das ganze G'schwörl miteinander.

P.S.: Meine sozusagen private 1. Preis-Plakette geht allerdings an jenen Jugendlichen und dem Sound nach in Düsseldorf Beheimateten, der da im Eingedenken an das Heine-Jahr und daß die Eltern kotzen sollen und jedenfalls schon am 6. 4. 1997 im Wintersportort Arosa angesichts des ihm knapp entwischten Skibusses seiner Frau Mutter gegenüber sich so äußerte: »Scheiße, da isser, fuck, ey!« Obwohl vielleicht »Oh leck, kack, Scheiße, da war er fuck, du, ey« noch um einen Kick jugendforschtmäßiger gewesen wäre.

P.P.S.: Aufmerksame Leser haben's gemerkt: Mentz/Henscheid war ausnahmsweise unaufmerksam und zettelkastenverwirrt. »Grell« war schon in der Jahres-Dummbilanz 1996 Champion gewesen.

Gemach, Freunde!

Hurra! Das letzte Jahr (»1999«) bricht an
Vom alten – ha! – Jahrtausend:
Eintausendneunneunneun schon Jahr'
Zählt man; so jubelt's brausend.

Gemach, ihr Freunde – nicht so eilig,
Noch ist der Jahr' nicht Abend:
Noch ist die runde Zahl nicht voll,
Noch nicht des Säk'lums Stab-End.

Zeit-Leser haben's rausgebracht,
So manchen hat's gewundert:
2000 erst ist's *letzte* Jahr
Vom Jahrtausend wie Jahrhundert.

Das neue – ha! – Millennium:
Zweitausendeins erst anhebt's.
Geduld derweil – und habt gut acht:
Am *nächsten* Jahrs-End dranklebt's.*

Eckhard (»2000«) Henscheid

* gemeint: das dritte Jahrtausend

Zwei neue Wahne

Altleser Robert Kuhn macht mich auf eine Erscheinung, ein Phänomen, ja eine Seuche aufmerksam, die da neuerdings mit offenbar zunehmender Wucht im zumindest westlichen Radio wütet und die uns gerade noch gefehlt hat: ein MischWahn nämlich dergestalt, mehr oder weniger alle Sendungen mit Einsilber-Komposita wie »Frühreif« oder »Hotline« oder »Stau-Schau« zu betiteln;

oder aber, die forcierte und schlimmere Variante, mit eigentlich doch noch dudenverbotenen Artefakten wie »NachtSicht«, »MonTalk«, »ZeitZeichen«, »SpielArt« (alles: WDR), »NachtShow«, »HörenSagen«, »OrtsZeit«, »KalenderBlatt«, »NeonLicht«, »WortSpiel« und »FunkKolleg« (alles: DeutschlandRadio) – bis hin zu Mysterien wie »BeispielsWeise – Aus Religion und Gesellschaft«.

Ja, die beiden sind wohl letztlich gleichermaßen verantwortlich für den vielleicht auch schon funkhäusisch gruppenpsychotischen MassenWahn – werweiß auch der jahrzehntealte ÜberkompensationsDruck derer, die immer nur Wellen ausSenden, nieMals kunstVoll WörterSchreiben dürfen, weil's im AutoRadio eh nieMand lesen kann –

– ja, der Quatsch wird vielleicht eines schon nahen Tages noch schlimmer, beinahe noch ärger als die schon etwas ältere Falsch-Apostrophe-Seuche von »Erika's Nähshop« bis »Iri's Würst'leck'l«. Bloß zu »Hans'is Ment'z HumorBoutiqu'e« wird's, ich schwör's, glaubt mir's, nieNie ja niemal's kommen'.

Horx anerkannt

Aus einer Hanser Verlags-Anzeige aus dem Jahr 1988 erfahre ich nachträglich, Matthias Horx sei »der bundesweit anerkannte Subkultur-Spezialist«.

Nicht nur bundesweit, o inzwischen trotzdem wieder etwas von Horx abgerückter Verlag! Auch Österreich, die Schweiz, Luxemburg und Teile der Lombardei haben ihn damals anerkannt. Und zwar »amtlich anerkannt«, das, Verlags-Werbeabteilung, wäre eine Idee genauer gewesen. Anerkannt nämlich vom damaligen Subkultur-Amt, noch genauer: vom Bundesamt für Subkultur-Angelegenheiten. Mein Gott, was eine Verlags- und Gauner- und Deppenwelt.

Memento »68« ff.

»Entweder Schwein oder Mensch«,
So lehrte einst Holger Meins.
Jetzt gibt es ein Drittes längst;
Es lautet: Esther Schweins.

Eckhard Hans Henscheid

Gottesreim

Ob es so ganz neu ist, weiß ich nicht; aber unter den recht wenigen Reimwörtern, die dem jedenfalls deutschen Gott zustehen, ist das vom Anakreontiker J. W. L. Gleim gefundene vielleicht das scharmanteste: »›Es ist ein Gott, ein Gott!‹ / Sagt Grieche, Römer, Hottentott.«

Das scharmanteste und das irgendwie selbstreferentiell-spiegelreflexivste.

Drucknachweise:

Neues von Gott. In: *Titanic* 11/94 (Hans Mentz).
Geist und Fahne. In: *Titanic* 11/93 (Mentz).
Marion Gräfin Dönhoff. In: *Titanic* 10/93 (Mentz).
Die Tafelrunde der Goethe-Gekränkten. In: *Weimar-Merian* 1994 – dort Textteile ein paarmal umgestellt. Der Passus über die Augen findet sich praktisch kongruent in: E. H. u.a., »Kulturgeschichte der Mißverständnisse«, Stuttgart 1997, S. 454 ff.
Dumm-Bilanz 1993. In: *Titanic* 1/94 (Mentz).
Das politische Gedicht. In: *Titanic* 9/98.
Schach – zwischen Gesamtkunstwerk und Krach. In: *Spiegel-Special Sport* 6/96.
Meine Jahre mit Helmut Kohl. In: *Die Zeit* 18.3.94.
Kohl, sei wachsam. In: *Titanic* 3/97.
Gallettiana. In: *Titanic* 3/97 (Mentz).
In Närmberch. In: *Titanic* 7/95 (Mentz).
Allen und der Humor. In: *Titanic* 3/97 (Mentz).
Gross, Nietzsche, Adorno. In: *Titanic* 12/90 (Mentz). Ein partiell identischer längerer Text dazu findet sich in: E. H., »Kulturgeschichte der Mißverständnisse«, S. 707.
Der alte Kaiser. In: *Titanic* 8/91 (Mentz).
Avanti popolo. In: *Titanic* 6/97.
Ich habe gelesen. In: *konkret* 1/88.
Unter Cosimo gab es keinen Libero. In: *art* 12/93.
Gâwâns Humor. In: *Titanic* 10/96 (Mentz).
Fußballerhumor. In: *Titanic* 8/95 (Mentz).
Komische Memoiren. In: *Titanic* 7/87 (Mentz).
Dencker. In: *Titanic* 8/95 (Mentz).
Polt. In: *Titanic* 7/97 (Mentz).
Ottfried Fischer. In: *Titanic* 11/98 (Mentz).
Dichterlachen. In: *Titanic* 10/95 (Mentz).
Mnemosyne. In: *Titanic* 8/98.
Aus der Deppenwelt. In: *Titanic* 1/93 (Mentz).
Rätsel über Rätsel. In: *Titanic* 1/93 (Mentz).
Raddatz rehabilitiert. In: *Titanic* 1/93 (Mentz).
»Scheu sein«, Peter Handke. In: *Titanic* 12/87.
Von Wolff zu Kuschel. In: *Titanic* 11/93 (Mentz).

Präludium zur Wahl »98«. In: *Titanic* 3/98.
Die Einsamkeit des Amokläufers. In: *pardon* 5/72.
Die Exoten der Republik. In: *pardon* 1/76.
Kuddl Schnööf. In: *Titanic* 2/99 (Mentz).
Die Kultur als Kneipe und Denkverhinderung. In: *Deutsche Zeitung* vom 10.12.76
Denkanstoß. Ursprünglich – erweiternd das Kapitel in »Dummdeutsch« – in: »Das Wörterbuch des Gutmenschen«, Berlin 1994; identisch nachgedruckt in einer Lizenzausgabe des Piper-Verlags 1998 – ungeachtet der massiven Beleidigung eben dieses Piper Verlags zu Beginn des Texts. Anything goes eben.
Anything goes. In: *Titanic* 7/93. Auch in: E. H., »Kulturgeschichte der Mißverständnisse«, S. 546.
Euro-Europa ahoi! In: *Titanic* 1/99.
Von Frankfurt nach Freiburg. Ursprünglich in: Wolfgang Frank (Hg.), »Nach dem Spiel ist vor dem Spiel«, Reinbek 1996, S. 91 ff.
Ach, Sepp Maier. In: *Titanic* 12/87.
Gott zum Gruß, Erwin Huber. In: *Titanic* 8/88.
Zum 95. Wiegenfest, Luis Trenker. In: *Titanic* 12/82.
T. Jens' Berührungen. In: *Titanic* 4/90 (Mentz).
Wie dumm darf ein deutscher Professor sein? In: *pardon* 9/75.
Der Krypto-Komiker. In: *pardon* 7/73. Vgl. dazu: Berufsberatung mit Thomas Bernhard, in: E. H., »Die Wolken ziehn dahin«, Zürich 1992.
Ein Heiliger für die Unmündigen. In: *Deutsche Zeitung* vom 26.8.77.
Lillehammer? Hör mir doch auf! In: *Stuttgarter Zeitung* vom 11.2.94.
Was ich mir vom Radio wünsche. In: *Deutschlandfunk* 1/97 (Programm-Broschüre).
P. G. Wodehouse. In: *Titanic* 11/96 (Mentz).
Bierce, Lügen, Kapitäne. In: *Titanic* 9/88 (Mentz).
Muriel Spark. In: *Titanic* 7/98 (Mentz).
Tage wie von Armani. In: *Titanic* 6/94 (Mentz).
Frauen und Reisen. In: *Titanic* 11/94 (Mentz).
Sagen Sie, Ingeborg Bachmann, was. In: *Titanic* 8/87.
Ich, Mönch für vier Tage. In: *pardon* 5/73.
Über Chlodwig Poth. Rede am 7.3.86 im Frankfurter Presseclub.
» – « » – – «, » – – – «. In: *Titanic* 2/99 (Mentz).

Dickenbergers Maulwürfe. In: *Titanic* 8/98 (Mentz).
Neues vom Hüsch. In: *Titanic* 2/95 (Mentz).
Erquickende Wiederholungen. In: *Gong TV-Zeitschrift* (Serie: Notizen aus Zappland) vom 11.6.97.
Kunst des Schreibens. In: *Titanic* 1/94 (Mentz).
Preisbequemes Weltwächtertum. In: *Titanic* 2/94 (Mentz).
Lustige Legasthenie. In: *Titanic* 3/94 (Mentz). Erweitert auch in: E. H., »Kulturgeschichte der Mißverständnisse«, S. 253 ff.
Schönheit Musik? Kunstform Oper? Ach was! In: *Vivace Journal* 1992.
August Everding †. In: *Junge Welt* 28.1.99.
Frau Prof. Uta Ranke-Heinemann. In: *Titanic* 8/88.
Luiserinser. In: *Titanic* 8/88.
Dumm-Bilanz 1995. In: *Titanic* 1/96 (Mentz).
Jean Baudrillards Amerika. Bayerischer Rundfunk (E. H.s Serie »Zitat des Monats«) 2/1990.
Jonathan Lynn. In: *Titanic* 9/97 (Mentz).
David Baddiel. In: *Titanic* 12/97 (Mentz).
Köpfs Hemingway. In: *Titanic* 11/93 (Mentz).
Wie die Alten singen. In: *Titanic* 11/95 (Mentz).
Millöcker-Mahler-Krakau. In: *Titanic* 5/98 (Mentz).
Er wurde weggeputzt von dieser Welt! In: *Deutsche Zeitung* 4.11.1977.
Meine Tabus. In: *Titanic* 7/93 (Mentz).
Subject grabbing. In: *Titanic* 11/94 .
Unbequeme Querdenker. In: *Titanic* 11/97.
Pädagogik, Zeitgeist, Dummdeutsch. In: *aviso* Okt. 98.
Fußball und Zerebralkultur. In: *Journal Frankfurt* 17.6. 1994.
Fußball-Sommer-Bilanz '96. In: *Titanic* 8/96 (Mentz).
Dumm-Bilanz 1996. In: *Titanic* 1/97 (Mentz).
Eine nicht ganz marginale Abwägung. In: *Jungle World* 11/97.
Hermann Lenz zum 85sten. In: *Berliner Zeitung* 26.2.98.
Peter Handke ins Stammbuch. In: *Luke & Trooke* 2/97.
Ganghofer im Wunderland. In: *Titanic* 3/95 (Mentz).
Der Herr Karl. In: *Titanic* 4/95 (Mentz).
Republik Österreich. In: *Titanic* 12/97 (Mentz).
Noch ein politisches Gedicht. In: *Titanic* 8/98.
Kafka, dies und jenes. In: *Titanic* 4/95 (Mentz).
Heine, Ringelnatz, Brecht u. ff. In: *Titanic* 4/97 (Mentz).
Fontane-Jahr 1998. In: Fontane-Jahrbuch '98.
Fontane. In: *Titanic* 8/98 (Mentz).
Nochmals: Fontane-Herzog. In: *Titanic* 9/98 (Mentz).

Nach dem Fontane-Jahr. In: *Titanic* 5/99.
Allerlei los. In: *Titanic* 1/97 (Mentz).
Alles wird gut. In: *Titanic* 11/97.
Mut zur Pumpel. In: *Titanic* 3/95.
Vita nova oder: Pax terrae. In: *Titanic* 9/97.
Traumpaare. In: *Titanic* 5/98.
Sepp Herberger und ich. Erstdruck als Nachwort in: Lothar Mikos, Harry Nutt, »Als der Ball noch rund war. Sepp Herberger – ein deutsches Fußballeben«, Frankfurt 1997, S. 205 ff.
Kaiserreich. In: *Titanic* 9/97.
Neulich auf dem Neujahrsempfang. In: *Titanic* 1/98.
Dumm-Bilanz 1997. In: *Titanic* 1/98 (Mentz).
Gemach, Freunde! In: *Titanic* 2/99.
Zwei neue Wahne. In: *Titanic* 10/98 (Mentz).
Horx anerkannt. In: *Titanic* 11/96 (Mentz).
Memento »68« ff. In: *Titanic* 5/98.
Gottesreim. In: *Titanic* 4/94 (Mentz).

Alle Texte wurden für diese Buchausgabe neu durchgesehen und in einigen wenigen Fällen nachgebessert und ergänzt.

Aus der Reihe Critica Diabolis

21. Hannah Arendt, Nach Auschwitz, 26.-DM
33. Wolfgang Pohrt, Das Jahr danach, 36.-DM
36. Eike Geisel, Die Banalität der Guten, 26.-DM
44. Das Wörterbuch des Gutmenschen Bd.1, 28.-DM
45. Bittermann (Hg.), Serbien muß sterbien, 28.-DM
50. Harry Mulisch, Die Zukunft von gestern, 38.-DM
52. Rebecca West, Gewächshaus mit Alpenveilchen, 32.-DM
53. Das Wörterbuch des Gutmenschen Bd.2, 28.-DM
54. Wiglaf Droste, Brot und Gürtelrosen, Neuausgabe: 24.-DM
55. Wolfgang Pohrt, Theorie des Gebrauchswerts, 34.-DM
56. Mathias Wedel, Erich währt am längsten, 26.-DM
57. Georg Seeßlen, Natural Born Nazis, 28.-DM
59. Bittermann/Roth (Hg.), Wieder keine Anspielstation, 28.-
60. Guy Debord, Panegyrikus, 32.-DM
61. Albert Hefele, Grauenhafte Sportarten, 24.-DM
62. Susanne Fischer/Fanny Müller, Stadt Land Mord, 29.80
63. Jane Kramer, Unter Deutschen, 44.-DM
65. Guy Debord, Die Gesellschaft des Spektakels, 40.-DM
66. Fritz Eckenga, Kucken, ob's tropft, 24.-DM
68. Wolfgang Pohrt, Brothers in Crime, 32.-DM
69. Mathias Wedel, Wie ich meine Kinder mißbrauchte, 22.-DM
70. Fanny Müller, Das fehlte noch! 28.-DM
73. Robert Kurz, Dabeisein ist alles, ca. 28.-DM
74. Kurt Scheel, Ich & John Wayne, 39.80 DM
75. Eike Geisel, Triumph des guten Willens, 30.-DM
76. Kahl/Schneider, Böse Mädchen kommen überall, 24.-DM
77. Fritz Eckenga, Ich muß es ja wissen, 24.-DM
78. Hefele/Roth (Hg.), Alle meine Endspiele, 30.-DM
79. Susanne Fischer, Versuch über die Sahnetorte, 26.-DM
80. Das Who's who peinlicher Personen, Jahrbuch 1998, 26.-DM
81. Elke Schubert (Hg.), Wenn Frauen zu sehr schreiben..., 24.-DM
82. Bittermann/Roth (Hg.), Journalismus als Eiertanz, 34.-DM
83. Roger Willemsen, Bild dir meine Meinung, 32.- DM
84. Wolfgang Nitschke, Bestsellerfressen, 24.-DM
85. Robert Kurz, Die Welt als Wille und Design, 28.-DM
86. Wie Dr. Joseph Fischer lernte, die Bombe zu lieben, 30.- DM
87. Bittermann (Hg.), It's a Zoni, 10 Jahre Wiedervereinigung, ca. 24.-
88. Das Who's who peinlicher Personen, Jahrbuch 1999, ca. 26.- DM
89. Eckhard Henscheid, Meine Jahre mit Sepp Herberger, 39.80 DM

Internet: http://www.txt.de/tiamat